U0806787

智能化融媒体新形态教材

新能源汽车整车控制技术

主　编　游志平　张丽凤

副主编　李　剑　李兆平　宋为真

　　　　江　伟　程　杰　胡　承

　　　　张美霞　秦显峰　陶先刚

　　　　杨　钢　丁　成　李晓微

　　　　邱家彩　张计军

参　编　黄慧颖

合肥工業大學出版社

HEFEI UNIVERSITY OF TECHNOLOGY PRESS

图书在版编目（CIP）数据

新能源汽车整车控制技术 / 游志平，张丽凤主编 .—合肥：合肥工业大学出版社，2023.10
ISBN 978-7-5650-6456-2

Ⅰ.①新…　Ⅱ.①游…②张…　Ⅲ.①新能源—汽车—控制系统　Ⅳ.① U469.7

中国国家版本馆 CIP 数据核字（2023）第 194821 号

新能源汽车整车控制技术

XINNENGYUAN QICHE ZHENGCHE KONGZHI JISHU

游志平　张丽凤　主编

责任编辑　郭　敬
出版发行　合肥工业大学出版社
地　　址　合肥市屯溪路 193 号
网　　址　press.hfut.edu.cn
电　　话　理工图书出版中心：0551-62903004
　　　　　　营销与储运管理中心：0551-62903198
规　　格　787 毫米 ×1092 毫米　1/16
印　　张　14.5
字　　数　343 千字
版　　次　2023 年 10 月第 1 版
印　　次　2023 年 10 月第 1 次印刷
印　　刷　三河市海新印务有限公司
书　　号　ISBN 978-7-5650-6456-2
定　　价　49.80 元（全 2 册）

前言 PREFACE

发展新能源汽车是我国从汽车大国迈向汽车强国的必由之路，是应对气候变化、推动绿色发展的战略举措。2020 年 11 月，国务院办公厅印发《新能源汽车产业发展规划（2021—2035 年）》，新能源汽车已成为全球汽车产业转型发展的主要方向和促进世界经济持续增长的重要引擎。

党的二十大报告强调，教育、科技、人才是全面建设社会主义现代化国家的基础性、战略性支撑。随着新能源汽车产业的迅速发展，新能源汽车产业对技术技能型人才的需求不断增大。为满足高等院校新能源汽车技术专业课程建设及教学的实际需要，遵循教材建设规律和高等教育教学规律、技术技能人才成长规律，紧扣产业升级和数字化改造，满足技术技能人才需求变化，依据高等教育国家教学标准体系，对接职业标准和岗位（群）能力要求，我们编写了本书。

全书采用项目任务式编排，共分为八个项目十七个任务，特别强调标准引领、校企双元、自主学习。具体表现如下。

1. 校企双元、以德为先、课程思政自然融入

本书将《新能源汽车整车控制技术》的基本知识与职业道德、职业素养的传达相统一，形成协同效应。本书通过介绍新能源汽车行业的大国工匠精神，增强学生全心全意为人民服务的意识和精益求精的工匠意识；引入宁德时代新能源科技股份有限公司、比亚迪股份有限公司（以下简称“比亚迪”）、北京新能源汽车股份有限公司（以下简称“北汽新能源”）等在动力电池、驱动电机、充电等技术领域的创新发展成果，激发学生的民族自豪感和爱国情操；增加国家关于新能源汽车最新的政策《新能源汽车产业发展规划（2021—2035 年）》《2030 年前碳达峰行动方案》等加强绿色可持续发展观的相关内容，提升学生解决能源危机、突破新能源汽车技术发展瓶颈的紧迫感，培养学生正确的时代观，让其认识到信息技术的重要性。

2. 标准引领，“岗课赛证”融通

在内容的选择上，本书编写组通过对新能源汽车技术服务岗位的职业技能进行调研，选取岗位所需要的知识、技术、技能，对接岗位需求，融入教育部颁发的新能源汽车技术专业教学标准、职业标准、1 ＋ X 职业技能等级标准，对接“汽车故障检修”赛项赛点，

实现“岗课赛证”融通。

3. 突出特色，实现自主学习

本书突出实际操作特色，采用项目实训任务式编排。相关实训任务配备的任务工单可以指导学生的实践操作过程，方便教师对学生进行考核和评价。同时，本书配备信息化教学资源（课件 + 实训练习册 + 在线测试）、在线开放课程、相关案例的设计过程等参考文件，赋能线上线下混合教学，方便学生自主学习。

本书配有《实训练习册》，方便学生进行实际操作训练。由于篇幅有限，书中的思政园地、在线测试与知识拓展等内容，提供对应的二维码供学生使用。

本书可作为高等院校汽车相关专业的教学用书，也可作为智能新能源汽车“1 + X”职业技能等级证书考试的培训用书。为方便院校开展一体化教学和信息化教学，本书配备了智慧教学融媒体平台，借助该平台，教师可开展线上和线下教学活动。平台还为本书配备了课程标准、PPT 课件、实训工单等课程资源。读者可扫描下方的微信小程序码浏览相关资源。

《新能源汽车整车控制技术》微信小程序码

由于编写时间紧张，编者水平有限，书中难免有疏漏等不足之处，敬请广大读者批评指正。

编　者

2023 年 6 月

目录 CONTENTS

项目一

新能源汽车高压安全与防护

新能源汽车，如比亚迪 e5 和北汽 EU5 等，在运行过程中电压多为数百伏，有的工作电压可达到 750 V 以上，这与传统燃油汽车的工作电压相比是十分高的。如何安全用电、进行高压安全防护就显得尤为重要。本项目介绍新能源汽车安全操作及防护措施、维修新能源汽车对工位及维修环境的要求、新能源汽车维修专用工具的使用、触电急救方法等方面的知识。

知识目标

1. 掌握安全防护装备的类型和检查、使用方法。
2. 了解新能源汽车火灾的特点和灭火器材的种类、使用方法。
3. 掌握触电急救方法。
4. 掌握新能源汽车维修绝缘拆装工具和检测设备的使用方法。
5. 掌握绝缘测试设备和钳形电流表的使用方法。

技能目标

1. 能够检查和使用新能源汽车安全防护装备。
2. 能够检查和使用随车灭火器。
3. 能够进行高压触电现场救护。
4. 能够使用新能源汽车维修绝缘拆装工具和检测设备。
5. 能够使用绝缘测试设备测量高压部件绝缘电阻。
6. 能够使用钳形电流表测量高压电流。

任务一　新能源汽车电气防护

思政园地　　《新能源汽车产业发展规划（2021—2035 年）》

发展新能源汽车是我国从汽车大国迈向汽车强国的必由之路，是应对气候变化、推动绿色发展的战略举措。2012 年以来，我国坚持纯电驱动战略取向，使新能源汽车产业发展取得了巨大成就，成为世界汽车产业发展转型的重要力量之一。为推动新能源汽车产业高质量发展，加快建设汽车强国，我国制定了《新能源汽车产业发展规划（2021—2035 年）》。

故障现象

一名维修技工在维修电动汽车高压系统时，没有按照安全操作规程进行操作导致触电。

基础知识

一、高压安全警告标识

在高压维修工位或车辆、高压部件附近放置明显的警告标识，防止无关人员进入工位或触摸高压部件发生触电事故。高压安全警告标识如图 1-1 所示。

图 1-1　高压安全警告标识

二、个人安全防护装备

1. 绝缘手套

在拆卸及安装高压部件时应使用绝缘手套。橡胶材质的电工绝缘手套具备两种性能：一是在进行高电压部件或线路操作时，能够承受 1 000 V 以上的工作电压；二是具备抗酸碱性，当工作中接触来自动力电池的氢氧化物等腐蚀性化学物质时，橡胶材质的电工绝缘手套能防止这些物质对人体造成伤害。绝缘手套如图 1-2 所示。

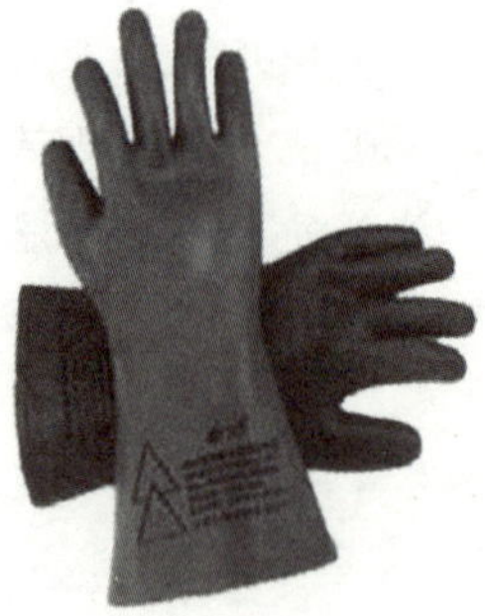

图 1-2　绝缘手套

绝缘手套需要定期检验，而且在每次使用前必须进行泄漏检查。检查的方法是向手套内吹入一定量的空气，观察手套是否漏气。

在使用过程中绝缘手套的检查流程如下。

第一步：检查绝缘手套是否在有效检验期内。

第二步：检查绝缘手套橡胶是否完好，外表有无损伤破漏现象。

第三步：吹气检查绝缘手套是否有漏气现象。

第四步：正确佩戴好绝缘手套，并按要求使用。

第五步：使用后擦净、晾干，最好撒上一些滑石粉，以免粘连。

2. 护目镜

护目镜（图 1–3）除了具有正面防护眼睛的功能外，还应该具有侧面防护功能，防止维修过程中产生的电火花及动力电池的电解液对眼睛的伤害。护目镜使用前应检查外观是否有破损。

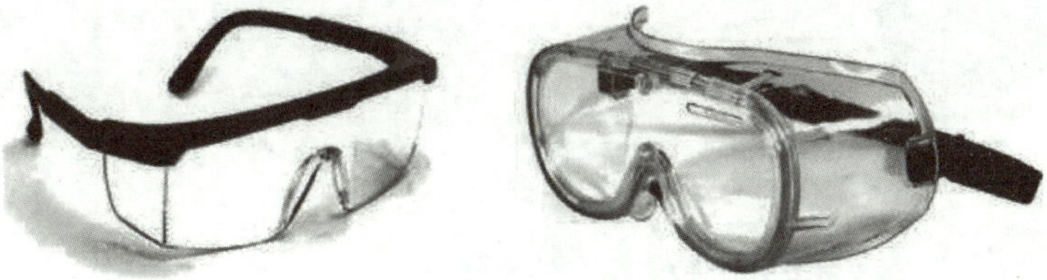

图 1–3　护目镜

3. 绝缘安全鞋

绝缘安全鞋（图 1–4）也称电绝缘鞋。其作用是使人体与地面绝缘，防止电流通过人体与大地之间构成通路，对人体造成电击伤害，把触电时的危险降到最低程度。因为触电时电流是经接触点通过人体流入地面的，所以高压电气作业时不仅要戴绝缘手套，还要穿绝缘安全鞋。

图 1–4　绝缘安全鞋

绝缘安全鞋除了应具备透气性能好、防静电、耐磨、防滑等功能外，还应该满足电性能要求。电性能要求是绝缘安全鞋产品的核心和关键技术指标。国家标准《足部防护 安全鞋》（GB 21148—2020）规定了绝缘安全鞋的术语和定义，分类、式样和标记，基本要求，防护性能，附加要求，标识，制造商应提供的信息。按国家标准规定，安全鞋的泄漏电流需小于 0.3 mA/kV，即使实验电压达到 30 kV，泄漏电流值也不会大于 10 mA。

4. 绝缘安全帽

在举升车辆和拆卸、安装动力电池时，工作人员应戴绝缘安全帽，以保护头部安全。绝缘安全帽如图 1–5 所示。使用前，工作人员应检查外观是否有破损、固定装置是否正常。

5. 非化纤工作服

维修高电压系统时，维修技工必须穿非化纤类（纯棉等非化工合成材质）的工作服。化纤类的工作服会产生静电，并且当发生火灾事故时，化纤会在高温环境下粘连人体皮肤，对维修技工产生严重的二次伤害。图 1-6 所示为纯棉工作服。

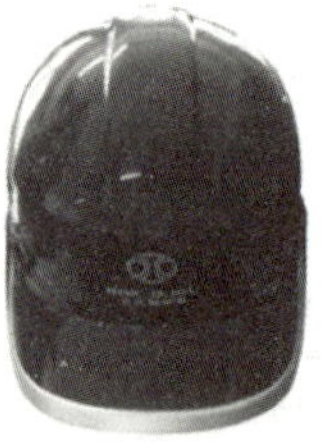
图 1-5　绝缘安全帽

图 1-6　纯棉工作服

三、新能源汽车火灾的特点及施救器材

1. 新能源汽车火灾的特点

新能源汽车涉及高压电路，发生电气火灾的概率及危害远大于传统的内燃机汽车，因此必须预防车辆自燃等火灾的发生，及时处理机舱内的油污、插接件松动或线束老化等隐患。

电动汽车发生火灾时，如果只是线束冒烟，或小范围明火，推荐使用灭火器灭火。

如果发生大面积火灾，特别是动力电池部位的火灾，最有效的灭火方式是用大量的水（即采用消防栓及其他消防设备）灭火。因为电动汽车起火多为电路短路起火，使用大量的水会使短路产生的热量快速降低，并使电能耗尽，达到有效灭火的目的。但是如果使用少量的水，例如只用一桶，则更加危险，因为这会加剧动力电池火灾的程度。

2. 灭火器的分类和适用范围

不同国家和地区对灭火器的分类略有不同，但基本上是按火灾的种类进行分类的。以下是常见的分类标准（欧盟和我国采用同一种分类方式）。

A 类（Class A）：含碳可燃固体之火警，如木、草、纸张、塑胶、橡胶。

B 类（Class B）：可燃液体之火警，如汽油、柴油、油、机油。

C 类（Class C）：可燃气体之火警，如石油气、天然气、乙炔、甲烷。

D 类（Class D）：可燃固体金属之火警，如镁、铜、铁、铝。

E 类（Class E）：通电物体之火警，指带电物体和精密仪器等设备的火灾。

电动汽车的火灾类型属于 E 类，需要使用满足电气绝缘要求的灭火器来扑救。在扑救未切断电源的电气火灾时，推荐使用以下几种灭火器。

（1）二氧化碳灭火器

二氧化碳灭火器（图 1-7）适合扑救电气设备发生的火灾，因为二氧化碳没有腐蚀作用，不损坏电气设备。

二氧化碳作为灭火剂价格低廉，获取容易。由于二氧化碳具有较高的密度，约为空气的 1.5 倍，因此二氧化碳灭火器主要依靠窒息作用和部分冷却作用灭火。

（2）干粉灭火器

干粉灭火器（图 1–8）一般称为 ABC 干粉灭火器，适合扑救 A 类、B 类、C 类火灾，也适合扑救电气火灾，灭火速度快。

图 1–7　二氧化碳灭火器

图 1–8　干粉灭火器

干粉灭火器内部装有磷酸铵盐等干粉灭火剂，这种干粉灭火剂具有易流动性、干燥性，由无机盐和粉碎干燥的添加剂组成，可有效扑救初起火灾。但干粉几乎没有冷却作用，使用时要防止复燃。

（3）水基灭火器

水基灭火器的灭火剂主要成分为表面活性剂等物质和处理过的纯净水，搅拌后两者以液态形式存在，因此称为水基灭火器。

水基灭火器在喷射后液体呈水雾状，能瞬间蒸发火场大量热量，迅速降低火场温度，抑制热辐射。表面活性剂在可燃物表面迅速形成一层水膜，可隔离氧气，起到降温、隔离的双重作用，从而达到快速灭火的目的。

水基灭火器适合扑救固体或非水溶性液体的初起火灾。水基灭火器及其适用范围和使用方法如图 1–9 所示。水基灭火器可以扑救 36 kV 以下的电气火灾。

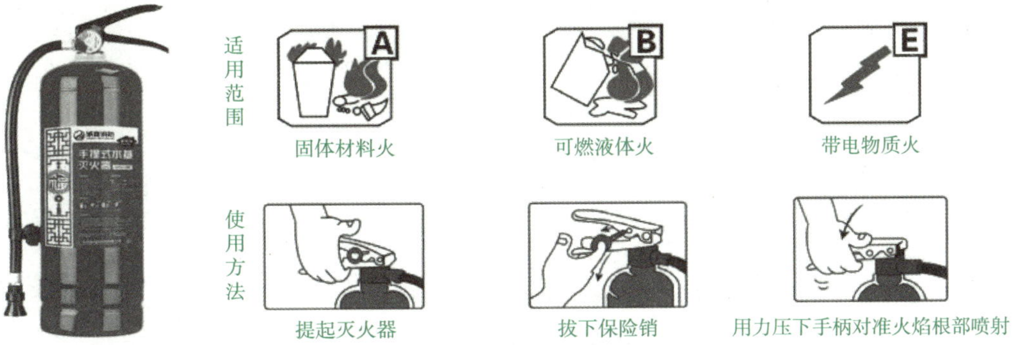

图 1–9　水基灭火器及其适用范围和使用方法

有些专业人士认为，水基灭火器更适合不会使用灭火器的普通人员。即使喷射位置不准确，喷过去的水雾也能自动扩散，甚至喷到着火点表面后，还能继续扩散直到将火焰覆盖。

以上几种灭火器应该根据实际条件使用。注意，绝对不能用酸碱或泡沫灭火器来扑救电气设备火灾，因为其灭火剂有导电性，而且酸碱药液会强烈腐蚀电气设备，事后不易清除。

3. 灭火器的使用方法

各种类型灭火器的使用方法大同小异，使用时应参照灭火器上标注的说明，并严格按照消防部门的培训（消防演习）执行。下面主要介绍干粉灭火器的使用方法。

站在上风方向，距离燃烧处 1～2 m，先将开启把上的保险销拔下，然后将喷嘴部迅速对准火焰的根部扫射灭火。当干粉喷出后，手始终压下压把不能放开，否则会中断喷射。操作要点如下。

①先晃动几下灭火器瓶身，使瓶内干粉松动，然后拔下保险销。

②左手托住瓶底，右手握住把手，按下压把。

③一只手拿喷管对准火焰根部，另一只手用力压下压把，使喷管左右摆动，干粉在气体的压力下由喷嘴喷出，形成浓云般的粉雾，直至火焰熄灭。

④最后扑救地面的火时，要平射，且左右摆动，使干粉掩盖火势面积，根据火势情况，慢慢向火靠近，将火彻底扑灭。

注意事项

因灭火器射程和喷射时间有限，灭火时要选准距离和角度，在保证自身安全的前提下尽量接近火源，同时要掌握好灭火方向。

在线测试与知识扩展

扫一扫　测一测

高压触电现场救护

《电动汽车安全要求》（GB 18384—2020）

任务二 新能源汽车维修的安全操作

思政园地 《2030 年前碳达峰行动方案》

2021 年国务院印发《2030 年前碳达峰行动方案》，明确提出加快绿色交通基础设施建设，有序推进充电桩、配套电网、加注（气）站、加氢站等基础设施建设，提升城市公共交通基础设施水平；加快建设新型电力系统，大力提升电力系统综合调节能力，加快灵活调节电源建设，引导电动汽车充电网络等参与系统调节，建设坚强智能电网，提升电网安全保障水平。

故障现象

一辆纯电动汽车仪表盘高压系统故障警告灯、动力电池断开故障警告灯都被点亮，车辆不能行驶。

基础知识

一、绝缘拆装工具

1. 绝缘与绝缘材料

绝缘是指用不导电的物质（绝缘材料）将带电体隔离或包裹起来，以对触电起保护作用的一种安全措施。良好的绝缘是保证设备和线路运行的必要条件，也是防止触电事故、漏电、短路的重要措施。

绝缘材料是指使带电体与其他部分隔离的材料。绝缘材料的主要作用包括散热冷却、机械支撑和固定、储能、灭弧、防潮、防霉及保护导体等。

2. 绝缘工具

绝缘工具是采用绝缘材料进行加工并适用于电气系统拆装等操作的工具。使用绝缘工具可以有效防止意外触电事故的发生，新能源汽车涉及高压的零部件拆装必须使用绝缘拆装工具。绝缘拆装工具必须装有耐压 1 000 V 以上的绝缘柄。常用的绝缘拆装工具包括套筒、扳手、螺钉旋具、钳子、电工刀等。图 1-10 所示为带绝缘柄的拆装工具。

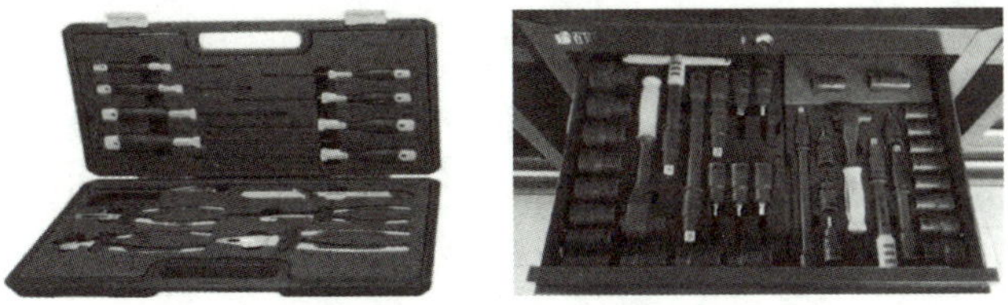

图 1-10 带绝缘柄的拆装工具

绝缘工具的使用方法与普通工具相同，但是需要注意以下事项。

①绝缘工具应有专门的工具室存放，室内应通风良好、清洁、干燥。

②如果发现绝缘工具损伤或受潮，应及时进行检修和干燥处理，试验合格后方可使用。

③绝缘工具必须按规定定期进行绝缘性能的试验，不符合试验要求的，禁止使用。

图 1–11 所示为储存绝缘工具的工具车。图 1–12 所示为带绝缘垫的零件车，用于放置拆卸下来的高压部件。

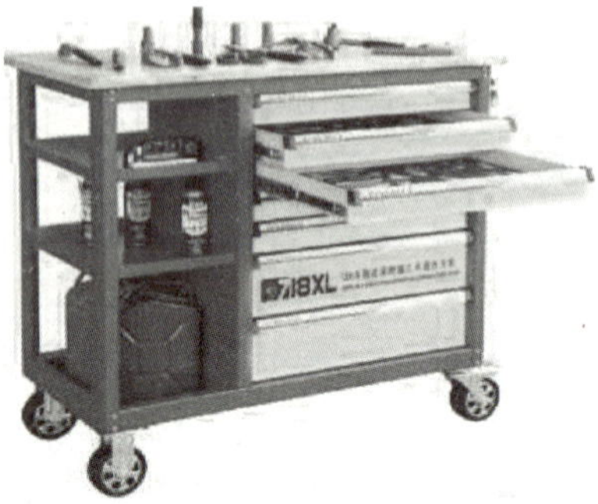

图 1–11　储存绝缘工具的工具车

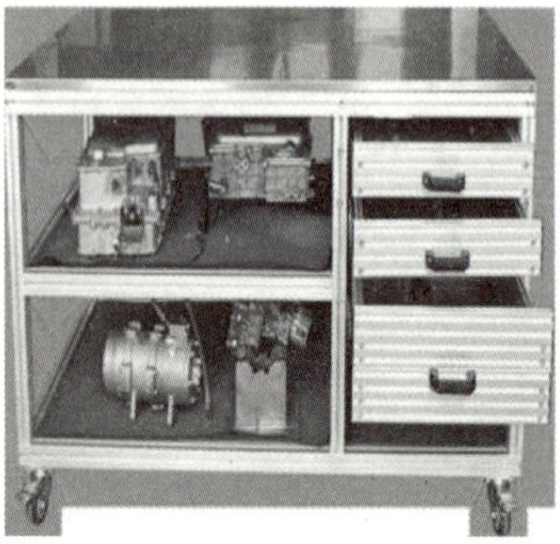

图 1–12　带绝缘垫的零件车

3. 举升设备 / 动力电池举升机

纯电动汽车的动力电池重量高达 400 ～ 500 kg，拆装时必须使用动力电池举升机。动力电池举升机与双柱龙门举升机配套使用，顶部带绝缘垫，举升动力有液压动力、气动、电动等类型。图 1–13 所示为动力电池举升机。

图 1–13　动力电池举升机

4. 绝缘测试设备

新能源汽车检测与维修中，工作人员对高压电气系统的绝缘性能检测时需要使用专用的绝缘测试仪器，测量高压电缆及高压部件对车身的绝缘电阻是否位于规定值范围内。

利用数字式万用表、绝缘电阻表、数字式绝缘测试仪等仪器可以完成绝大多数的绝缘测试，只是测试的量程和精度有所区别。

（1）绝缘电阻表

绝缘电阻表的种类有很多，但其作用大致相同。最常用的是手摇绝缘电阻表，俗称摇表。它是用来测量大电阻和绝缘电阻的检测仪表，计量单位是兆欧（MΩ），故习惯称之为兆欧表。图 1-14 所示为常见的手摇绝缘电阻表及接线柱。绝缘电阻表有 3 个接线柱，分别是“接地”(E)、“线路”(L) 及 “保护环” 或 “屏蔽”(G)。

① E 端：接地端，接被测设备的接地部分或外壳。

② L 端：接线端，接被测设备的导体部分。

③ G 端：保护环，主要用于高压电缆（导线）绝缘电阻的测量。

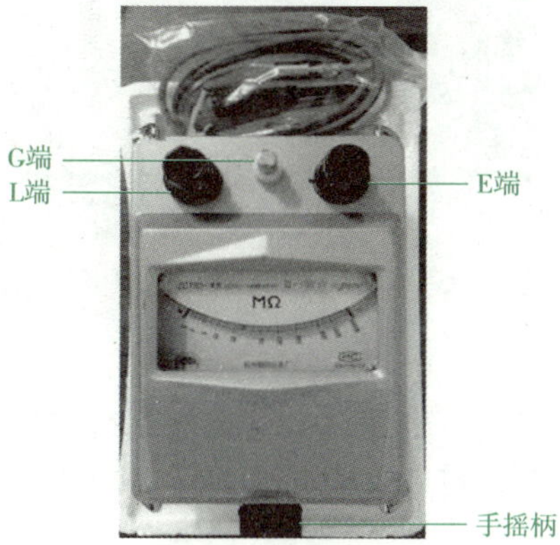

图 1-14　常见的手摇绝缘电阻表及接线柱

常见的手摇绝缘电阻表的玻璃显示屏保护盖背面会贴有使用说明书，使用时可以方便地参照说明书操作。

（2）数字式绝缘测试仪

以 Fluke 公司的产品为例，Fluke 1503 绝缘测试仪、1508 绝缘测试仪、1577 绝缘多用表、1587 绝缘多用表、Fluke 1550B 5 kV 绝缘电阻表和 1520 绝缘电阻表都可以进行电动汽车的绝缘测试，这些仪器虽然具有不同的名称，但都可以被称为绝缘测试仪。图 1-15 所示为 Fluke 1508 数字式绝缘测试仪。

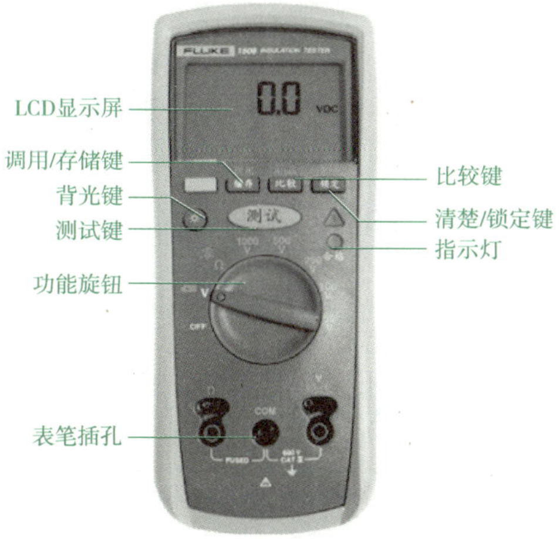

图 1-15　Fluke 1508 数字式绝缘测试仪

5. 钳形电流表

在新能源汽车检测与维修中，经常需要测量高压导线中的电流。由于驱动系统的导线（如逆变器与电机之间的导线）中存在较大的交变电流，必须使用钳形电流表（也称数字式电流钳）进行间接测量。

常见的钳形电流表品牌较多，典型的有 FLUKE 317/319 钳形电流表（图 1-16）等。

图 1-16　FLUKE 317/319 钳形电流表

（1）功能简介

钳形电流表工作部分由一只电流表和穿心式电流互感器组成。由穿心式电流互感器铁芯制成活动开口，且呈钳形，故名钳形电流表，它是一种不需要断开电路就可测量电路中电流的携带式仪表。

钳形电流表的测量原理是建立在电流互感器工作原理的基础上的。当握紧钳形电流表扳手时，电流互感器的铁芯可以张开，被测电流的导线进入钳口内部作为电流互感器的一次绕组；当放松扳手，铁芯闭合后，根据互感器的原理在其二次绕组上产生感应电流，从而显示出被测电流的数值。

（2）测量操作步骤

以 FLUKE 317 钳形电流表为例，可以按以下步骤进行电流测量：

①估算电流大小，选择正确挡位与电流类型（交流或直流）；

②打开电流钳，将被测量线路放入电流钳口中；

> 注意：测量时应该保持电流钳的钳口闭合，导线垂直于钳口中心，否则将测量出不正确的电流。

③启动被测量装置；

④如需测量一个变化的电流，应在上一步的基础上按下“INRUSH”（涌流，即测量瞬间电流）键后再启动电流钳；

⑤读取电流值。

二、新能源汽车维修工位布置及操作规范

1. 高压车间场地与设施要求

工作环境的好坏将直接影响事故率的高低，新能源汽车维修车间的场地与设施比普通汽

车维修车间要求要高。

（1）使用面积

高压维修车间的面积根据实际要求确定，并符合国家相关规定。

（2）采光

明亮的车间可以让车辆维护技工更加清楚地观察周围的部件及物体，避免因为视线不好意外触碰到高压而发生事故，同时也有利于其他人员及时观察到可能存在的隐患。

（3）照明

当天然光线不足时，应配置人工照明设施，人工照明光源应选择接近天然光的光源。

（4）干燥

干燥是为了降低维护区域人员的触电风险。当湿度增加时，人体和空气的绝缘电阻就会增加，在相同的电压下，人体触电的风险也就增加了，因此高压车间必须保持干燥。

（5）通风

通风有利于将车辆维护期间产生的有害物排出，同时，在发生触电事故的情况下，通风的环境更加有利于伤者的呼吸。

（6）防火

高压维修车间的防火设施应符合有关厂房、仓库防火的规定及国家相关规定。

（7）卫生状况

高压维修车间的卫生状况应符合国家相关规定。

（8）安全标志

高压维修车间的安全标志应符合国家相关规定。例如，比亚迪汽车要求维修其新能源汽车时必须具有单独的维修工位，该工位的设备采用特殊的颜色与其他工位进行区别。

当工位上有高电压车辆进行维修时，要求在工位周围必须布置明显的警示标识，避免他人未经允许进入高电压工位而发生事故。

（9）高压安全防护规定

①应遵循 5 条安全规定。

a. 断开；

b. 防止重新接通；

c. 确定处于无电压状态；

d. 接地和短路；

e. 遮盖或阻隔相邻的带电部件。

②应使用个人防护装备。

a. 应向维修技工提供合适的个人防护装备，以便在工作场所内进行作业；

b. 所提供的个人防护装备必须附有符合性声明。

③应遵循维修场地的要求。为避免发生危险或造成损坏，车辆的停放位置必须干净、干燥、无油脂，且不会接触到飞溅的火星，要避免与车辆清洁和其他车辆维修工位过近。

（10）高压维修工位布置

高压维修工位的布置应满足以下要求：

①专用的维修工位；

②清洁，干燥，通风良好；

③维修作业前设置安全隔离警示；

④维修工位上必须配有防护用品；

⑤避免无关人员靠近。

2. 车间维修人员要求

在执行车辆维护与维修期间，必须同时有两名具备上岗证的人员进行工作，其中一名人员作为工作的监护人，工作职责为监督维修的全过程。

（1）新能源汽车维修操作人

①新能源汽车维修操作人必须持证上岗（图 1-17 所示为特种作业操作许可证），并经过培训，才能操作。

图 1-17　特种作业操作许可证

②新能源汽车维修操作人必须经过新技术新车型培训，并通过考核。

（2）新能源汽车维修监护人

监护人的安全技术等级应高于操作人，具有丰富的实际工作经验并熟悉现场及设备情况。其监护内容如下：

①进行高压切断时，监护所有操作人的活动范围，使其与带电设备保持规定的安全距离；

②带电作业时，监护所有操作人的活动范围，使其与高压部件保持规定的安全距离；

③监护所有操作人的工具使用是否正确，工作位置是否安全，以及操作方法是否正确等；

④工作中监护人因故离开工作现场时，必须另指派了解有关安全措施的人员接替监护人并告知操作人，使监护工作不致间断；

⑤监护人发现操作人有不正确的动作或违反规程的做法时，应及时提出纠正，必要时可令其停止工作，并立即向上级报告；

⑥所有车间维修人员（包括工作负责人）不准单独留在维修保养中的新能源专用工位区内，以免发生意外触电或电弧灼伤；

⑦监护人应自始至终不间断地进行监护，在执行监护时，不应兼做其他工作，但在动力电池与新能源汽车断开的情况下监护人可参加班组的工作。

3. 高压维修作业标准

（1）新能源汽车维修流程

新能源汽车维修时必须严格按照流程进行。图 1-18 所示为高电压车辆维修风险分析。

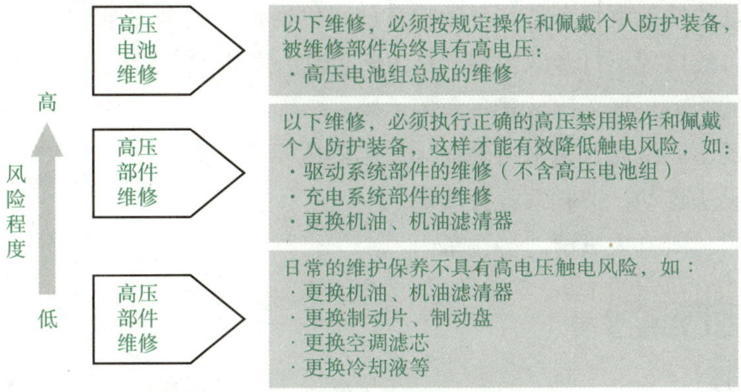

图 1-18　高电压车辆维修风险分析

（2）新能源汽车维修规范

维修高电压车辆时，必须遵循高电压安全操作规范和机动车维修操作规范。

①对于车辆维修过程中的高压配件，必须立即标记明显的高压勿动警示，并禁止将带有高压电的部件放置在无人看管的环境中。

②高电压维修与维护过程中，维修技工禁止将手表、金属笔等金属物品带在身上。

③严禁非专业人员对高压部件进行移除及安装。

④未经高压安全培训并未取得许可证的维修技工，不允许对高压部件进行维修等操作。

⑤在车辆充电过程中，不允许对其高压部件进行拆装、维修等工作。

⑥维修前必须进行高电压禁用操作。

⑦维修完毕后上电前，确认车辆无人操作。

⑧更换高压部件后，测量搭铁是否良好。

⑨电缆接口必须按照标准扭矩拧紧。

⑩在执行车辆维护与维修期间，必须同时有两名持有上岗证的人员进行工作，其中一名人员作为工作的监护人，工作职责为监督维修的全过程。如发生触电事故，监护人应该立即采取有效措施进行急救。

（3）高压安全操作个人安全防护装备

高压安全操作个人安全防护装备参见本项目任务一。

（4）高压禁用操作程序

拆解维修高电压系统前，必须首先执行高压禁用操作程序！高电禁用操作程序如下。

①移：移除车辆上所有外部电源，包括 12 V 蓄电池充电器。

②拔：拔出充电枪（仅针对插电式混合动力或电动车）。

③关：关闭点火开关，把钥匙放到安全区域。

④断：断开 12 V 蓄电池负极，并远离负极区域。

⑤取：取下 MSD（手动分离开关），放到安全区域。

⑥等：等待 5 分钟，以保证高压能量全部释放。

⑦查：佩戴个人安全防护装备，拆卸高压连接器，开始下一步的电压验证。

（5）电动汽车外出救援注意事项

①在车辆能动的情况下将车移到不影响其他车辆通行、安全的地带。

②在条件许可的情况下打开双闪警示灯（夜间也可以用发光体代替）。

③按照规定的距离立即正确放置三角警示牌 。

④如果在现场不能维修，请采用硬连接将车辆拖回维修点。

⑤如果确定无法移动，请联系救援车辆。

⑥等待救援时，所有人员请勿待在车内。

在线测试与知识扩展

扫一扫　测一测

示波器的使用

新能源汽车诊断仪用户手册

项目三

整车控制器检修

整车控制系统是电动汽车的神经中枢，承担了各系统的数据交换、信息传递，动力电池能量管理，驾驶人意图解析，安全监控，故障诊断等功能，对电动汽车动力性、经济性、安全性和舒适性等有很大的影响。本项目主要学习整车控制系统的组成与功能及与其他子系统的关系，整车控制电路的上电、下电控制策略等方面知识。

知识目标

1. 掌握整车控制系统的基本组成与功能。
2. 掌握整车控制器与其他子系统的关系。
3. 会分析整车控制电路的上电、下电控制策略。

技能目标

1. 能向客户介绍整车控制系统的作用及主要部件的安装位置。
2. 能根据客户的描述进行综合分析，确认整车控制器的故障。
3. 能根据故障现象进行整车控制器电源电路故障检修。
4. 能根据故障现象进行整车控制器通信故障检修。
5. 能根据整车控制电路的上电、下电的流程进行整车故障分析。

任务一　整车控制系统的组成与功能

思政园地　　云辇——中国人自己的车身控制系统

2023 年 4 月 10 日，由比亚迪自研的云辇技术正式发布，该技术是全球首个新能源专属智能车身控制系统。云辇的发布，打破了海外品牌和海外零部件供应商长期以来对高端车型主动式车身控制系统的技术垄断，摆脱了国内整车垂直方向控制技术发展“卡脖子”的状态。

故障现象

打开一辆纯电动汽车启动开关后，仪表盘上有多个故障灯被点亮，不显示“READY”，将换挡旋钮旋至“D”位或“R”位，车辆均无法行驶。

基础知识

一、控制系统

控制系统一般包含传感器、控制器和执行元件。传感器采集信息并转换成电信号发给控制器，控制器根据传感器的信息进行运算、处理和决策，并向执行元件发出控制指令以完成某项控制功能。控制系统的组成如图 2-1 所示。

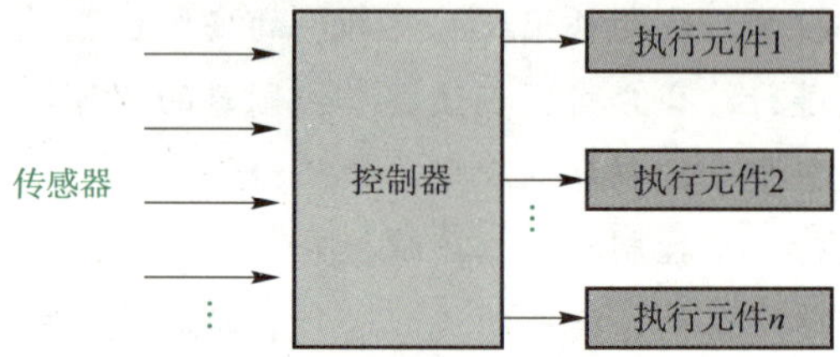

图 2-1　控制系统的组成

当系统中有两个控制系统并且需要相互通信时，可以通过 CAN（控制器局域网）总线将两个控制系统连接起来。两个控制系统之间的通信如图 2-2 所示。

当系统有多个控制器且控制器需要通信时，多个控制系统可以连接在总线上实现控制系统之间的信息通信。多个控制系统之间的通信如图 2-3 所示。传统汽车的控制系统是对等的，没有主次之分；纯电动汽车的控制系统一般有一个主控制器，主控制器除了完成自身的控制功能以外，还肩负着整个控制系统的管理和协调功能。

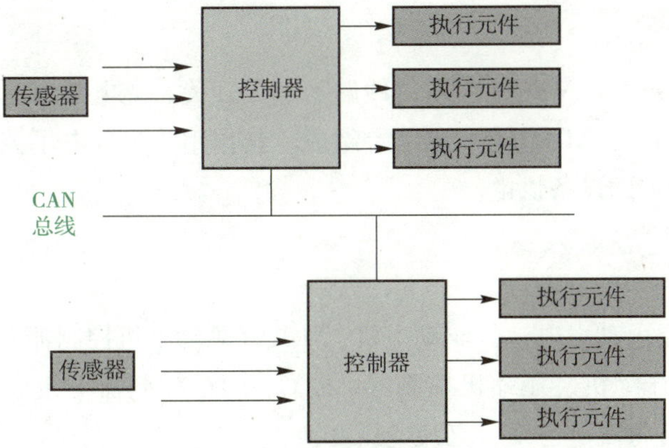

图 2-2 两个控制系统之间的通信

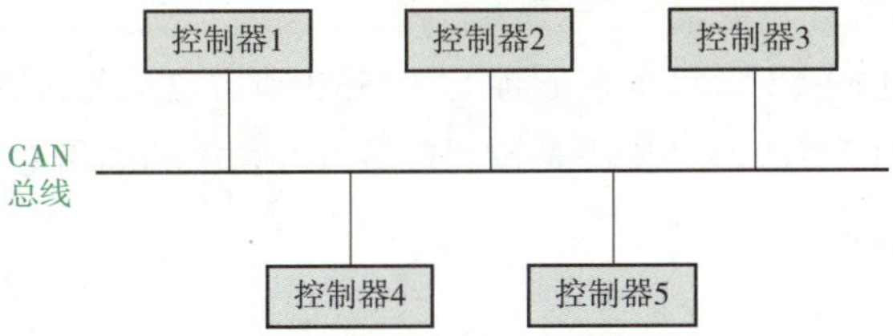

图 2-3 多个控制系统之间的通信

二、整车控制系统

整车控制系统（图 2-4）有三大子系统，包括低压电气系统、高压电气系统、网络控制系统。

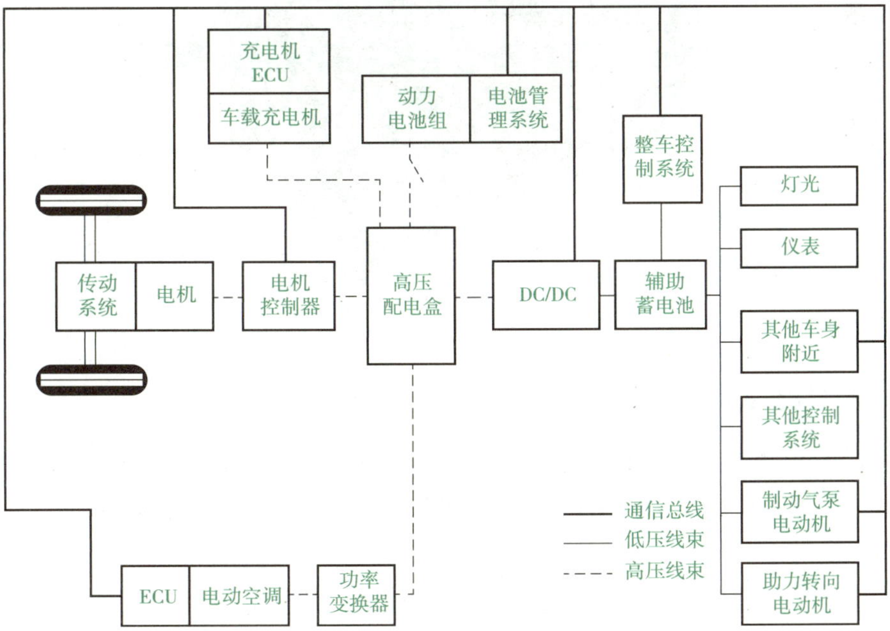

图 2-4 整车控制系统

1. 低压电气系统

低压电气系统主要由 12 V 电池、低压线路、点火开关、继电器、电动水泵、电动制动真空泵、电动助力转向器、ICM（组合仪表）等组成。其作用是为各电子控制单元、各高压部件控制器、各 12 V 电动辅助设备供电。

2. 高压电气系统

高压电气系统主要由动力电池、驱动电机、MCU（驱动电机控制器）、OBC（车载充电机）、DC/DC 变换器、空调压缩机、压缩机控制器、PTC、PTC 控制器等组成。其作用是将电能转换成机械能，或者进行整流、逆变、直流电压变换。

3. 网络控制系统

网络控制系统主要由 VCU（整车控制器）、BMS（动力电池管理系统）、RMS（远程通信终端）、网关、CAN 总线等组成。其作用是控制低压电气系统和高压电气系统。

三、整车控制器

整车控制器（图 2-5）英文缩写为 VCU，英文全称为 Vehicle Control Unit。VCU 是整车控制系统的核心部件，VCU 接收加速踏板、制动踏板、车速和剩余电量等信息，通过网络综合控制驱动车所需要的工作部件，属于整个车辆的管理协调型控制部件。

图 2-5　整车控制器

1. 整车控制器的分层管理

VCU 的组成包括微处理器、电源及保护电路模块、I/O 接口和调试模块、A/D 模数转换模块、CAN 总线通信模块等。根据信号重要程度和实现次序，我们将运算分为 4 层，如图 2-6 所示。

①数据交换管理层用于接收 CAN 总线信息，对馈入 VCU 的物理量进行采集处理，并通过 CAN 总线发送控制指令，通过 I/O 接口提供对显示单元和继电器等的驱动信号，该层的功能是实现其他功能的基础和前提。

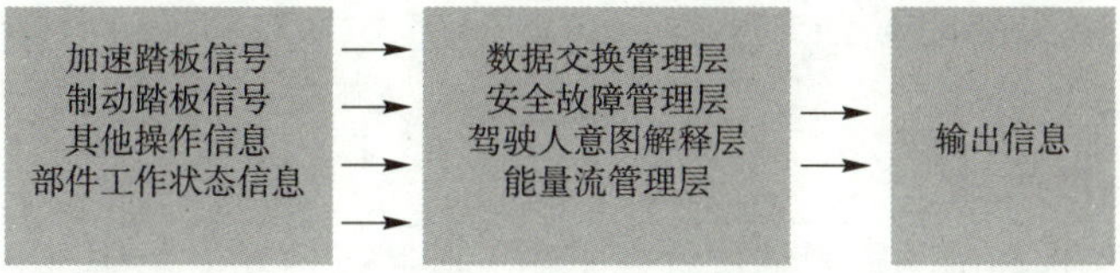

图 2-6　VCU 4 层运算

②安全故障管理层对集成的数据进行分析判断，检测出故障后做出相应的处理，在保证车辆安全的条件下，给出部件可使用的工作范围，以尽可能满足驾驶意图。

③驾驶人意图解释层对采集到的驾驶人操作信息进行分析处理，并计算出驱动系统的目标转矩和车辆行驶的需求功率。

④能量流管理层在多个能量源之间进行需求功率分配。

2. 整车控制器的功能

VCU 根据车辆运行的不同情况，包括挡位、车速、动力蓄电池荷电状态、加速踏板位置传感器、制动开关、温度等参数，来决定电机输出转矩、功率及旋转方向，同时根据辅助电气信号及充电状态信号来控制车辆运行。不同车型的整车控制器设计的工作任务不相同，VCU 的一般功能如下。

（1）驾驶人意图解释

驾驶人意图解释主要是对驾驶人操作信息及控制命令进行分析处理，也就是根据某种规则将驾驶人的加速踏板位置信号和制动踏板位置信号，转化成电机的需求转矩命令。因而驱动电机对驾驶人操作的响应性能，完全取决于整车控制器对加速踏板位置信号的解释结果，这会直接影响驾驶人的控制效果和操作感觉。

（2）换挡控制

挡位管理关系到驾驶安全，VCU 能正确理解驾驶人意图，识别车辆合理的挡位。换挡控制在基于模型开发的挡位管理模块中得到很好的优化，能在出现故障时做出相应处理以保证整车安全，在驾驶人出现误操作挡位时通过仪表盘等提示驾驶人，使驾驶人能迅速做出纠正。换挡控制如图 2-7 所示。

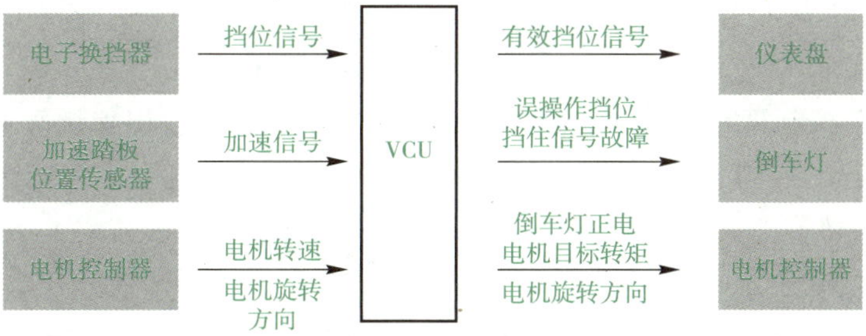

图 2-7　换挡控制

（3）驱动控制

驱动控制是 VCU 根据驾驶人对车辆的操纵输入（加速踏板、制动踏板、电子换挡器）、车辆状态、道路及环境状况，经分析和处理后发出相应的指令，控制电机的驱动转矩来驱动车辆，以满足驾驶人对车辆驱动的动力性要求。同时根据车辆状态，VCU 发出相应指令，保证安全性、舒适性。

（4）制动能量回馈控制

VCU 根据加速踏板和制动踏板的位置、车辆行驶状态信息以及动力电池的状态信息［如 SOC（荷电状态）值］，来判断某一时刻能否进行制动能量回馈。在满足安全性能、制动性能以及驾驶人舒适性的前提下，回收部分能量，包括滑行制动和踩制动踏板，制动过程中的电机制动转矩控制。制动能量回馈控制可以分为两个阶段，两个阶段能量回收的脉谱图不一样。制动能量回馈控制的两个阶段如图 2-8 所示。阶段 1 脉谱图表示在车辆行驶中，驾驶人放开加速踏板，没有踩下制动踏板；阶段 2 脉谱图表示在车辆行驶中减速，驾驶人没有踩加速踏板，踩下制动踏板。如果驾驶人放开加速踏板后立即踩下制动踏板，则能量回收直接进入阶段 2。

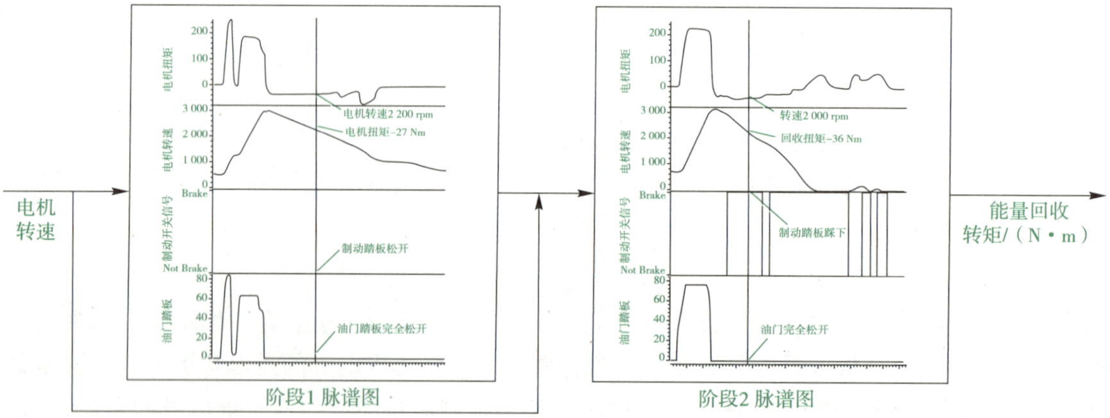

图 2-8　制动能量回馈控制的两个阶段

制动能量回馈原则：能量回收制动不应该干预 ABS（防抱死制动系统）的工作；ABS 进行制动力调节时，制动能量回收不应该工作；ABS 报警时，制动能量回收不应该工作；当驱动电机系统有故障时，制动能量回收不应该工作。

（5）防溜车控制

电动汽车在坡上起步时，从放开制动踏板到踩下加速踏板的过程中，会出现车辆向后溜车的现象。在坡上行驶过程中，如果驾驶人踩加速踏板的深度不够，车辆会出现车速逐渐降至零，然后向后溜车现象。为了防止电动汽车在坡上起步和运行时向后溜车现象的发生，车辆制造企业在整车控制策略中增加了防溜车功能。防溜车功能可以保证车辆在坡上起步时，向后溜车小于 10 cm；在车辆上坡行驶过程中如果动力不足，车速会慢慢降到零，然后保持停止状态，不再向后溜车。

（6）充电过程控制

VCU 与 BMS 共同进行充电过程中的充电功率控制。插入充电枪，VCU 接收到充电信号后，应该保证车辆在充电状态下处于行车锁止状态，并根据电池状态信息限制充电功率，保护电池。

（7）智能充电控制和电池均衡

有些车型具有智能充电系统（IBS）。例如北汽新能源 EX3，在车辆停放期间，当 12 V 电池 SOC 低于 73% 时，网络自动唤醒，充电 SOC 到达 93% 时自动停止。有些车型在慢充电结束后，VCU 自动对电池单体进行均衡。

（8）高压上电、下电控制

高压上电、下电控制是根据驾驶人对点火开关的控制，进行动力电池的高压继电器开关控制，以完成高压设备的电源通断和预充电控制。高压上电、下电流程处理可以协调各相关部件的上电与下电流程，包括电机控制器、动力电池管理系统等部件的供电，预充继电器、主负继电器及主正继电器的吸合和断开等。

（9）能量优化管理

整车能量优化管理如图 2-9 所示。VCU 能通过对高压系统的动力电池、驱动电机、DC/DC、电动压缩机、PTC（正温度系数热敏电阻），以及 EPS（电动助力转向系统）、电动真空泵、空调系统、BCM（车身控制模块）等的协调和管理，提高整车能量利用效率，延长续驶里程。

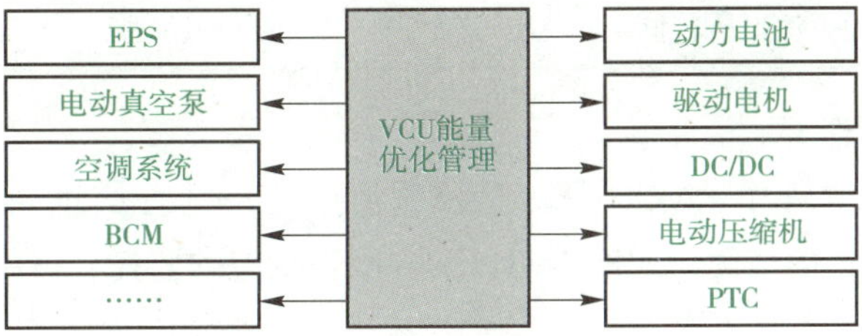

图 2-9 整车能量优化管理

（10）电动化辅助系统管理

驱动系统以外的系统称作电动化辅助系统，包括电动压缩机（高压供电）、电动助力转向（12 V 供电）、电动真空助力泵（12 V 供电）。VCU 能根据动力电池及低压电池状态，对电动化辅助系统进行监控。

（11）车辆状态的实时监测和显示

VCU 能对车辆的状态进行实时监测，并且将各个子系统的信息发送给车载信息显示系统（仪表控制单元），其过程是通过传感器和 CAN 总线，检测车辆状态及其动力系统及相关电器附件、相关各子系统状态信息，通过数字仪表显示出来。车辆行驶状态显示如图 2-10 所示。

图 2-10 车辆行驶状态显示

(12) 故障诊断与处理

VCU 连续监视整车电控系统，根据传感器的输入及其他通过 CAN 总线通信得到的电机、电池、充电机等信息，对各种故障进行判断、等级分类、报警显示、故障码存储，供维修时查看。故障处理方式分为上报不处理、限功率、待机、禁止高压上电、禁止充电、禁止行车制动能量回收、立即高压下电。故障指示灯指示出故障类别和部分故障码，VCU 将其分为三级并进行处理。故障分级见表 2-1 所列。

表 2-1　故障分级

级别	名称	故障举例	处理方式
1 级	危急故障	动力电池温度过高，绝缘电阻过低等	立即高压下电
2 级	紧急故障	绝缘电阻低，温度不均衡等	限功率、待机、禁止高压上电、禁止充电
3 级	预警故障	动力电池电压较低，充电电流较大等	上报不处理

(13) CAN 网络管理

在整车 CAN 网络管理中，VCU 是信息控制的中心，具有信息的组织与传输、网络节点（控制单元）的管理、信息优先权的动态分配、网络状态的监控、网络故障的诊断与处理等功能。

(14) CCP 在线匹配标定

CCP 是通信控制处理机，在网络中使用是为了将通信功能从主机中分离出来，以减轻主机的负荷。CCP 主要作用是监控 ECU（电子控制单元）工作变量、在线调整 ECU 的控制参数（点火控制曲线图、曲线及点参数）、保存标定数据结果以及处理离线数据等。完整的标定系统包括上位机 PC 标定程序、PC 与 ECU 通信硬件连接及 ECU 标定驱动程序三个部分。

(15) 远程查询

用户可以通过手机 App 实时查询车辆状态，实时了解自己爱车的状况，包括 SOC 值、续航里程等。远程查询如图 2-11 所示。

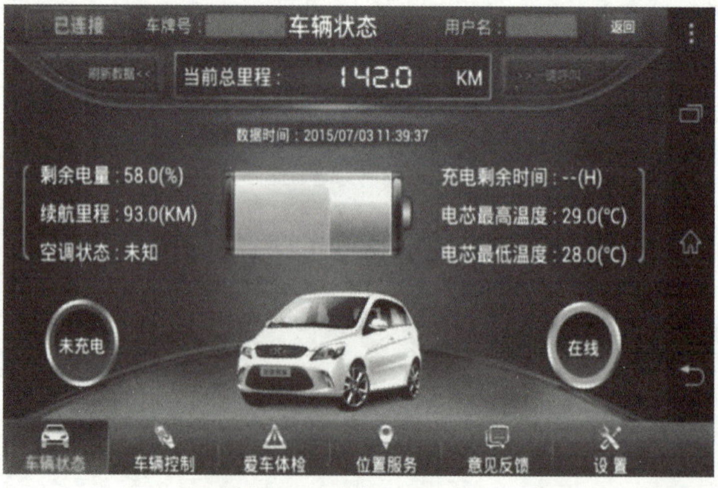

图 2-11　远程查询

（16）远程控制

用户在出门前可以通过手机指令实现充电控制、空调控制、电池预加热控制等，这样用户刚上车就能进入一个舒适的环境。远程充电控制如图 2-12 所示。用户离开车辆时将充电枪插入慢充口，可以不立即进行充电，可以利用电价波谷并在家里实时查询 SOC 值，需要充电时通过手机 App 发送远程充电指令。

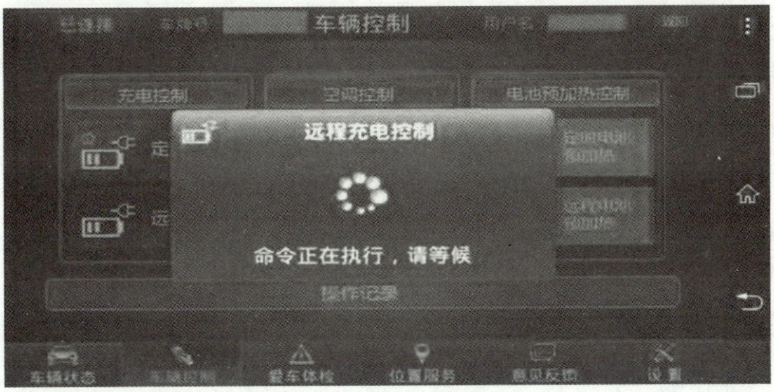

图 2-12　远程充电控制

四、CAN 总线系统

电动汽车各车型设计的 CAN 子系统个数和控制单元组合不尽相同。某车型 CAN 网络如图 2-13 所示，具有动力 CAN 系统、底盘 CAN 系统、车身 CAN 系统。动力 CAN 系统、底盘 CAN 系统是高速 CAN，传递速率为 500 bit/s；车身 CAN 系统是中速 CAN，传递速率为 125 bit/s。

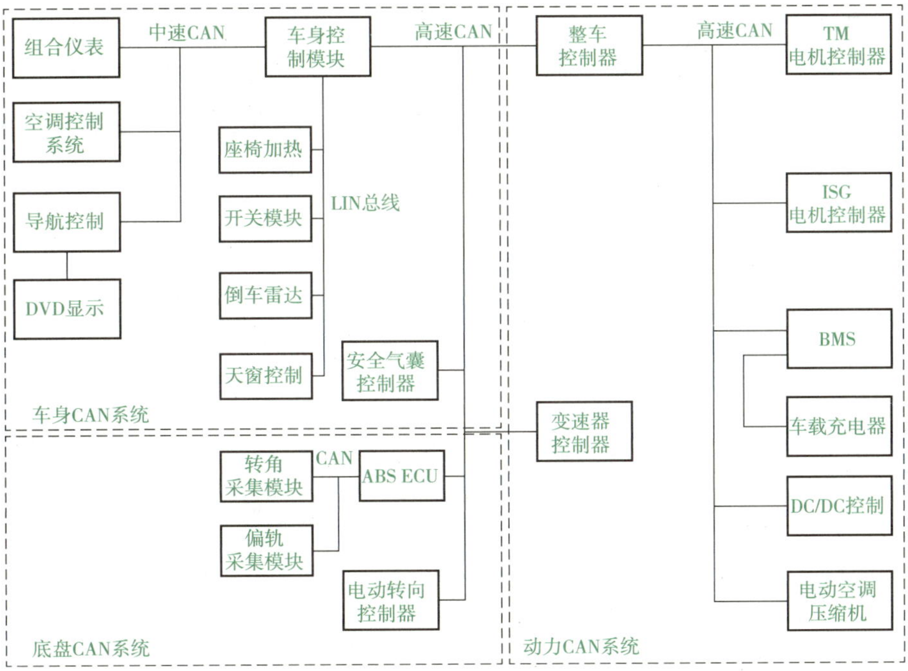

图 2-13　某车型 CAN 网络

五、整车控制系统与各系统控制逻辑

整车控制器对各主要控制对象（充电机、压缩机、电机控制器等）进行分级控制。整车控制器控制分级如图 2-14 所示。

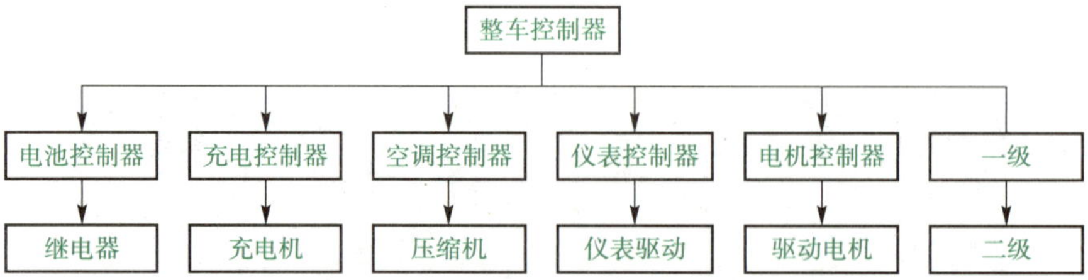

图 2-14　整车控制器控制分级

各子系统都具有各自独立的控制能力和控制条件，从而实现子系统各自管理的目的。

在线测试与知识扩展

扫一扫　测一测

CAN 总线系统

LIN 总线系统

任务二　整车控制电路的上电、下电控制策略

思政园地　　中国车企弯道超车，新能源车贡献大

党的二十大报告指出，“推动战略性新兴产业融合集群发展”“推动经济社会发展绿色化、低碳化是实现高质量发展的关键环节”。在这样的背景下，我国的汽车产业格局正在发生变化，到 2023 年第一季度，中国汽车出口 106.9 万辆，首次超过世界第一大汽车出口国日本的同期汽车出口量（104.7 万辆）。其中新能源汽车出口比例已经达到 23.2%，新能源汽车打破了海外品牌原有的生态体系，实现了弯道超车。新能源汽车让中国汽车出口进入了快车道。

故障现象

一辆北汽新能源 EV200 电动汽车出现无法上电故障。

基础知识

一、电动汽车上电特点

燃油汽车只有 12 V 电池，而电动汽车有 12 V 电池和动力电池，所以电动汽车上电方式与燃油汽车不同。电动汽车上电方式包括低压上电、高压上电。

电动汽车上电原理：VCU 控制、协调各控制单元，使各控制单元按顺序合理地发出或断开低压控制信号，控制动力电池继电器接通或断开，从而使车辆正确地完成上电和下电，同时进行信息交换和故障监测。整个过程必须保证逻辑正确、顺序合理。

二、低压上电原理

1. 低压供电途径

北汽新能源 EV200 低压供电途径如图 2-15 所示，包括常火线供电、ACC（自适应巡航控制系统）供电、IG（点火系统）供电、唤醒模式供电四种。

（1）常火线供电

常火线供电，亦称 30 号线，12 V 电池正极长期供电 OBC、“ON”挡继电器、电机继电器、倒车灯继电器、空调继电器、BMS、DC/DC、RMS、ICM、VCU 等。

（2）ACC 供电

ACC 供电，亦称辅助电器线，将点火开关拧到“ACC”挡，为辅助电器供电，例如点烟器。ACC 供电是燃油汽车电路的保留部分，因不涉及电动汽车特有部件，故在图 2-15 中未画出。

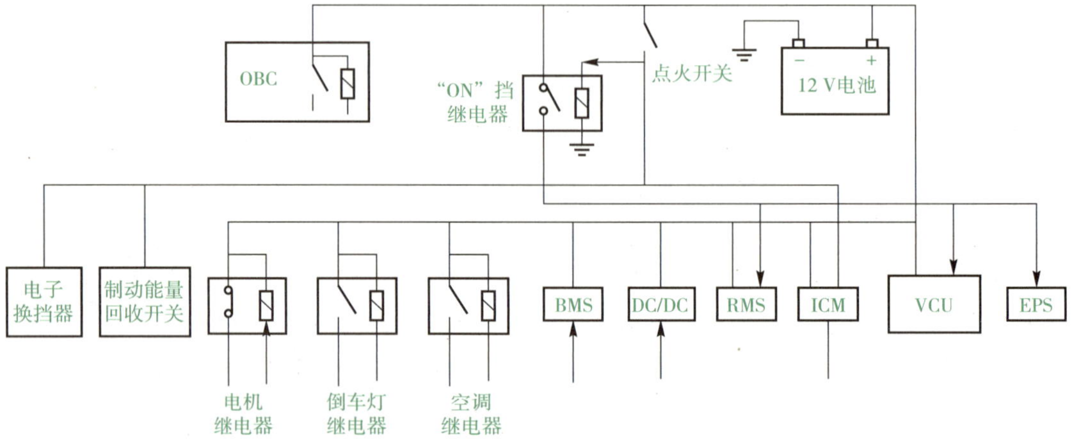

图 2-15　北汽新能源 EV200 低压供电途径

（3）IG 供电

IG 供电，亦称 15 号线，将点火开关拧到“ON”挡，12 V 电池正极供电“ON”挡继电器线圈、电子换挡器、制动能量回收开关、ICM 等。

（4）唤醒模式供电

继电器接收到唤醒信号后触点闭合，控制单元接收到唤醒信号后由待机状态转为工作状态。OBC 接收来自慢充插口的唤醒信号，电机继电器接收来自 VCU 的唤醒信号，倒车灯继电器接收来自 VCU 的唤醒信号，空调继电器接收来自空调面板的唤醒信号，BMS、DC/DC、ICM 接收来自 VCU 的唤醒信号。

2. 唤醒模式

有 5 种唤醒模式：“ON”挡唤醒（运行模式）、快充唤醒（快充模式）、慢充唤醒（慢充模式）、远程唤醒（远程慢充模式 / 远程运行模式）、网络唤醒（DC/DC 转换模式）。各模式优先级：快充模式＞远程慢充模式＞慢充模式＞运行模式＞远程运行模式＞ DC/DC 转换模式。

（1）“ON”挡唤醒

“ON”挡唤醒的点火开关如图 2-16 所示，将钥匙拧到“ON”挡，点火开关 IG 触点闭合。“ON”挡继电器收到“ON”挡信号，“ON”挡唤醒如图 2-17 所示，继电器线圈通电，触点闭合发出唤醒信号，唤醒 VCU、RMS、EPS。再由 VCU 发出唤醒信号，唤醒电机继电器、BMS、DC/DC。将钥匙拧到“START”挡，该信号发送给 BCM，防盗系统核实钥匙芯片电子代码与车辆登记 ID 代码是否一致，若一致启动驱动电机，此时慢充系统、快充系统不工作。对于智能钥匙，无钥匙启动 / 停止按键有 3 个挡位“OFF”“RUN”“ACC”，按到“RUN”位置时防盗系统核实钥匙是否授权。

图 2-16 “ON”挡唤醒的点火开关

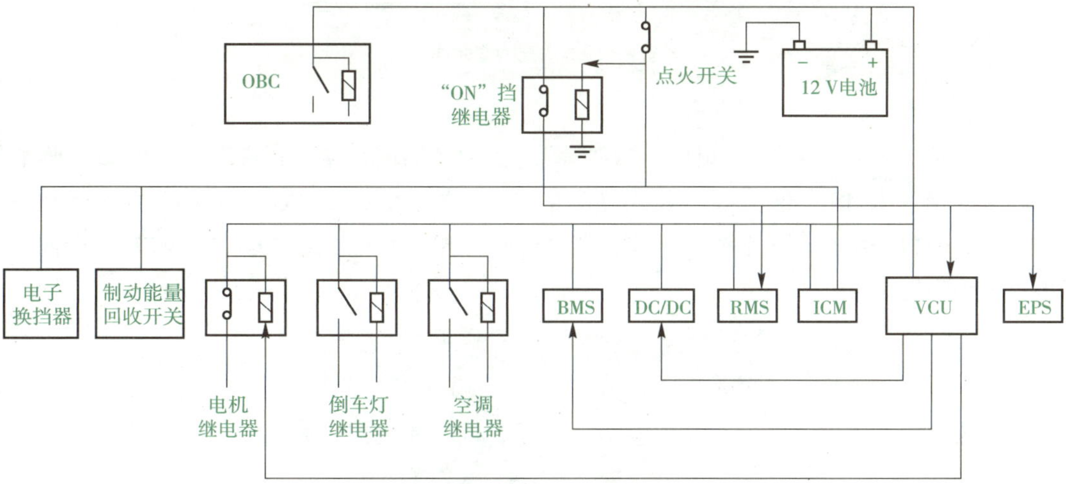

图 2-17 “ON”挡唤醒

（2）快充唤醒

插入直流快充枪，如图 2-18 所示。图 2-19 为快充唤醒原理图，直流充电桩发出的唤醒信号，实际上是 +12 V 电压，亦称双路供电。唤醒 VCU、RMS，工作后由直流充电桩供电转为车辆 12 V 蓄电池供电。再由 VCU 唤醒 BMS、DC/DC、ICM，此时快充系统工作，驱动电机系统、慢充系统不工作；如果此时打开点火开关“ON”，VCU 不会向电机继电器发出唤醒信号。

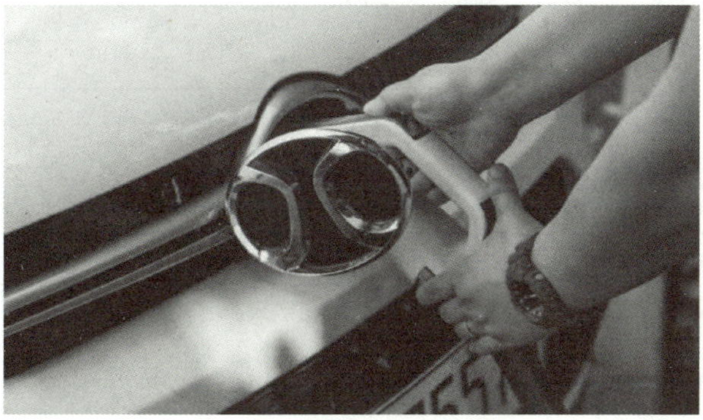

图 2-18 插入直流快充枪

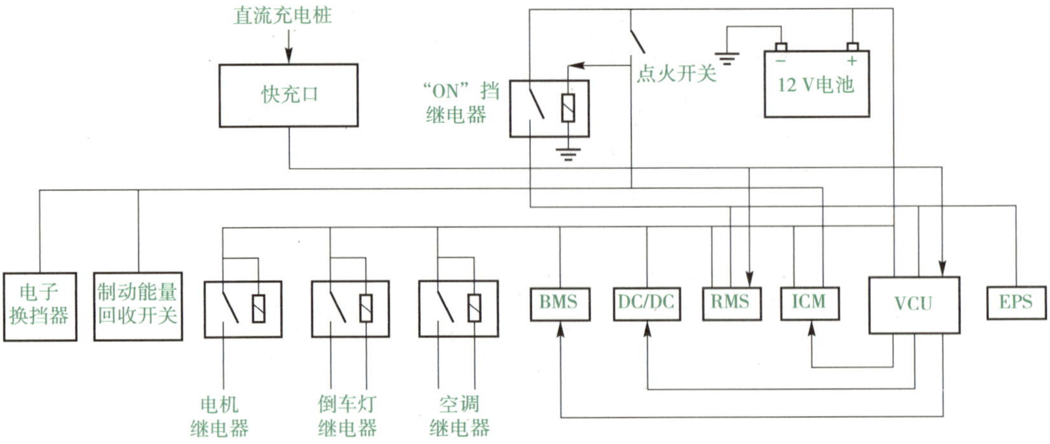

图 2-19　快充唤醒原理图

（3）慢充唤醒

插入交流 220 V 慢充枪，如图 2-20 所示。图 2-21 为慢充唤醒原理图，OBC 发出唤醒信号，唤醒 VCU、RMS。再由 VCU 发出唤醒信号，唤醒 BMS、DC/DC、ICM，此时慢充系统工作，驱动电机系统、快充系统不工作；如果此时打开点火开关到"ON"，VCU 不会向电机继电器发出唤醒信号。

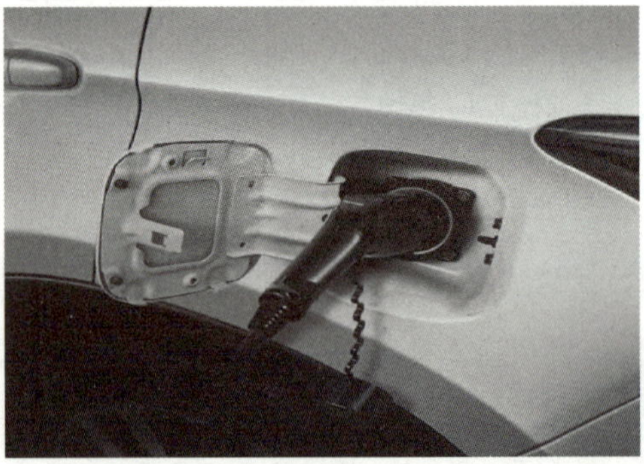
图 2-20　插入交流 220 V 慢充枪

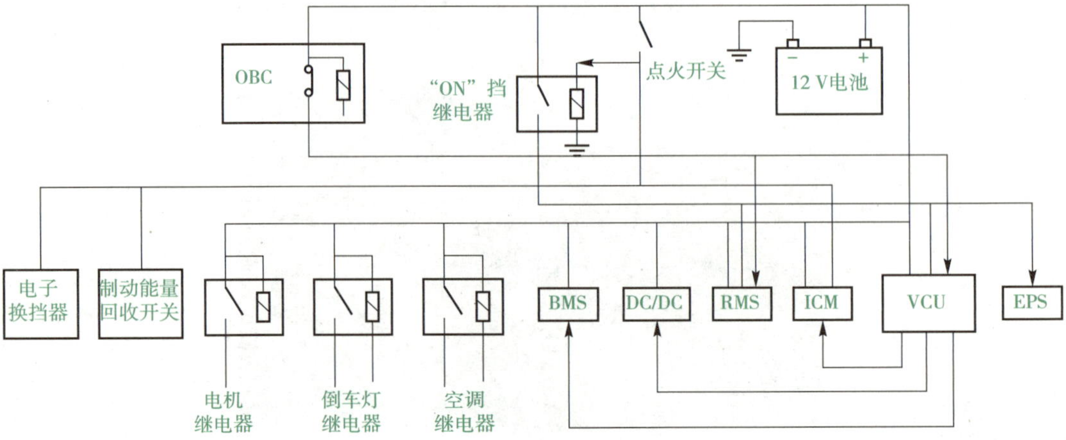

图 2-21　慢充唤醒原理图

（4）远程唤醒

北汽新能源高配车上装有远程模式开关（图 2-22），按下模式开关，远程控制功能开启。图 2-23 为远程 App 唤醒原理图，通过网络唤醒 RMS，再由 RMS 唤醒 VCU，然后 VCU 唤醒 BMS、DC/DC、ICM 等。购车时汽车销售服务 4S 店会告知用户服务网登录网址、初始账号、初始密码，用户自行下载手机 App 应用软件。

图 2-22　远程模式开关

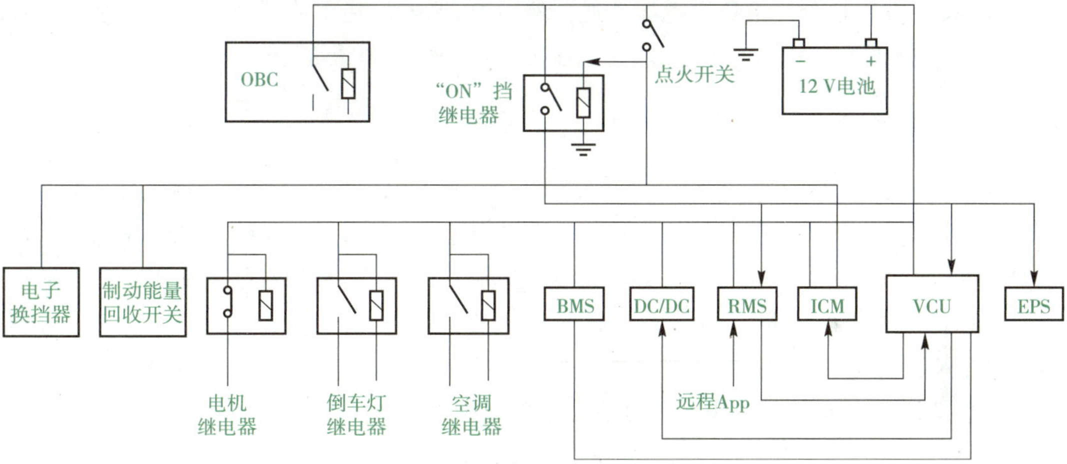

图 2-23　远程 App 唤醒原理图

（5）网络唤醒

北汽新能源 EX3 设有网络唤醒模式，蓄电池负极装有 IBS（蓄电池信息采集智能传感器，图 2-24），端子 1 为 12 V，端子 2 为 LIN 线。当蓄电池剩余电量 SOC 低于 73% 时，网络唤醒 VCU、DC/DC 等设备，SOC 达到 93% 时自动停止充电。

图 2-24　IBS

三、高压上电原理

1. 高压部件

①高压电存储部件：动力电池。

②高压电部件：驱动电机、电机控制器、高压盒（含有 PTC 控制器）、车载充电机、DC/DC、电动压缩机、电动压缩机控制器、PTC。

2. 预充继电器、预充电阻的作用

如果对驱动电机控制器直接加上动力电池电压，会对控制器高压部件形成冲击，接通高压电的瞬间造成高压部件被损毁。预充电阻的分压会降低对高压部件的冲击力度，实行预充继电器和主正继电器的接通时序，可使高压系统安全上电。

3. 高压继电器的控制顺序

首先 VCU 发出指令使主负继电器接通，然后 BMS 发出指令使预充继电器接通，最后当预充结束后，BMS 发出指令使主正继电器接通，同时预充继电器断开。

4. 高压上电流程

将换挡旋钮置于“N”挡，将点火开关拧到第 1 挡“ACC”，对车辆附属电器（例如收音机）供电。将点火开关拧到第 2 档“ON”，如果高压上电正常，仪表盘“READY”绿色指示灯点亮，允许起步行车。将点火开关由“ON”拧到“ACC”，此时高压电输出功率为零。有的车型变速杆位于“N”挡时，将点火钥匙拧到“ON”只是低压上电，拧到“START”挡后，才开始高压检测上电，如果高压上电正常，仪表盘“READY”绿色指示灯点亮，允许起步行车。北汽新能源 EV200 高压上电控制过程见表 2-2 所列。

表 2-2　北汽新能源 EV200 高压上电控制过程

点火开关挡位	VCU	BMS	MCU	ACC
OFF	暂未上电	暂未上电	暂未上电	暂未上电
ACC	暂未上电	暂未上电	暂未上电	暂未上电
ON（高压上电开始）	上电初始化	上电初始化	上电初始化	上电初始化
	VCU 自检无故障，检测 MCU、ACC 完成初始化，唤醒 BMS		检测无故障	检测无故障
		自检正常，向 VCU 报送动力电池信息正常		
	接收 BMS 动力电池信息正常，向 BMS 发送主负接触器闭合指令			

四、高压下电控制过程

北汽新能源 EV200 高压下电控制过程见表 2–3 所列。

表 2–3　北汽新能源 EV200 高压下电控制过程

点火开关挡位	VCU	BMS	MCU	ACC
OFF				
高压下电开始	当监测到点火开关由“ON”转到“OFF”或“ACC”时，请求 BMS 下电	断开主正接触器，断开主负接触器，回复 VCU	MCU 正常下电，驱动电机停止工作	ACC 正常下电，空调压缩机、PTC 停止工作
	当监测到 BMS 的接触器均为断开状态时，发送保持状态指令给 BMS	接收保持状态指令后，回复保持当前状态并进入休眠模式		
	接收到 BMS 保持当前状态的指令后，进入休眠模式		已下电	已下电

在线测试与知识扩展

扫一扫　测一测

《道路车辆　基于控制器局域网的诊断通信　符号集》（GB/T 40430—2021）

项目三

整车控制系统输入电路检修

整车控制器的输入电路是指在电动汽车上直接为整车控制器提供车辆状态信息的传感器和控制开关等，通常也指与整车控制器之间的电气连接线路。整车控制器输入电路的主要作用是传递传感器产生的信号和开关信号。

传感器能够将整车状态信息［如车速、部件工作温度、压力以及驾驶人对车辆的操作（如加速 / 制动踏板操作、换挡操作）等物理信号］转换为电信号并通过整车控制器输入电路传送至整车控制器，使得整车控制器能够实时监控整车状态，保证车辆正常运行，并对驾驶人操作进行解读，及时进行相应的控制从而满足驾驶人对车辆的操控要求。本项目介绍加速踏板位置传感器的检修、制动踏板位置传感器的检修以及挡位开关的检修知识。

知识目标

1. 掌握整车控制系统输入电路的原理。
2. 掌握电动汽车加速踏板位置传感器、制动踏板传感器和挡位开关的工作原理。
3. 掌握吉利帝豪 EV450 传感器的故障原因分析。

技能目标

1. 能够正确识读电路图并画出吉利帝豪 EV450 加速踏板传感器、制动踏板和挡位开关与 VCU 的连接线路。
2. 能正确认知整车控制系统的加速踏板位置传感器、制动踏板传感器和挡位开关。
3. 能进行吉利帝豪 EV450 整车控制器传感器的故障诊断与排除。
4. 能分析吉利帝豪 EV450 传感器的故障原因。

任务一　加速踏板位置传感器检修

思政园地　　中国新能源汽车混动技术世界领先

长久以来，人们认为混动技术是过渡技术，然而比亚迪经过十几年坚持不懈的技术开发，积累了几百项专利，使 DM-i 获得了巨大的成功，这是国家大力支持本土汽车行业使之整体得到进步的成果。

故障现象

驾驶人反映踩下吉利帝豪 EV450 纯电动汽车加速踏板时车辆无反应，不能加速，仪表面板上显示车辆进入坡行状态。现在汽车仪表盘上闪烁提示“车辆进入坡行状态”，仪表盘下部坡行指示灯及系统故障灯点亮，提示系统存在二级故障。

基础知识

一、整车控制器的主要功能

电动汽车是由多个子系统构成的一个复杂系统，主要包括电池、电机、变速箱、制动等动力系统，以及其他附件（如空调、助力转向）等。各子系统几乎都通过自己的控制单元（ECU）来完成各自的功能和目标。为了满足整车动力性、经济性、安全性和舒适性的目标，一方面电动汽车必须具有智能化的人车交互接口，另一方面，各系统还必须彼此协作，优化匹配。因此，纯电动汽车必须需要一个整车控制器来管理纯电动汽车中的各个部件。

整车控制器（VCU）是整个汽车的核心控制部件，相当于汽车的“大脑”。它采集加速踏板信号、制动踏板信号及其他部件信号，并做出相应判断后，控制下层的各部件控制器的动作，驱动汽车正常行驶。整车控制器的优劣直接决定了车辆的稳定性和安全性。

二、整车控制器的主要输入信号

采用不同类型动力源、不同动力结构的车辆应用的传感器有所不同，且整车各个子控制系统通常存在相应的部件控制器，一些相关的传感器信号将会直接传递至部件控制器，如电动汽车电机控制器直接接收电机转速传感器信号、温度传感器信号等，因此作为协调整车控制系统的整车控制器，其输入电路并非包含整车所有的输入信号。

根据整车控制器的功能可知，整车控制器需要的输入信号很多，如根据整车控制器的驾驶人意图解析功能，可知整车控制器需要获取驾驶人对车辆的相关操作，即车辆加速 / 制动踏板信号、挡位信号等。下面以吉利帝豪 EV450 纯电动汽车为例，具体介绍整车控制器主要输入信号。

吉利帝豪 EV450 纯电动汽车整车控制器中，作为整车控制输入信号的传感器信号主要有加速踏板位置信号、制动踏板开关信号、挡位信号、蓄电池故障信号、快充 / 慢充连接确认信号、安全气囊碰撞信号、真空压力信号、制动能量回收增加 / 减少信号等。

根据整车控制器功能可以对以上传感器信号进行分类，吉利帝豪 EV450 纯电动汽车整车控制器原理如图 3-1 所示。

①踏板信号（加速踏板位置信号和制动踏板开关信号）用于实现驾驶人意图解析功能。整车控制器能够通过踏板信号获知驾驶人对车辆动力的需求是加速、减速还是滑行，是否急加速或进行紧急制动等。踏板信号可以用于车辆驱动控制，整车控制器通过当前车速及加速踏板位置可以计算当前车辆运行的驱动力需求。

②挡位信号反映驾驶人的换挡需求，整车控制器据此进行挡位控制并在仪表盘上显示挡位信息。

③蓄电池故障信号来自 DC/DC 变换器，反映低压蓄电池有没有故障，若有故障整车控制器发送给仪表盘并进行故障显示。

④快充 / 慢充连接确认信号可以用于车辆的充电过程控制，当整车控制器检测到充电连接确认信号后，将控制车辆进入充电工作状态，整车控制器也将进行充电过程监控。

⑤安全气囊碰撞信号来自车辆碰撞传感器，当车辆发生碰撞时，为保证乘客安全，整车控制器会控制高压系统断电。

⑥真空压力信号可以用于车辆电动辅助系统管理，通过此信号整车控制器可以对真空助力系统中的真空罐压力进行监测和控制。

⑦制动能量回收增加 / 减少信号来自“E+”“E-”按键，整车控制器据此控制信号进行制动能量回馈强度的控制。

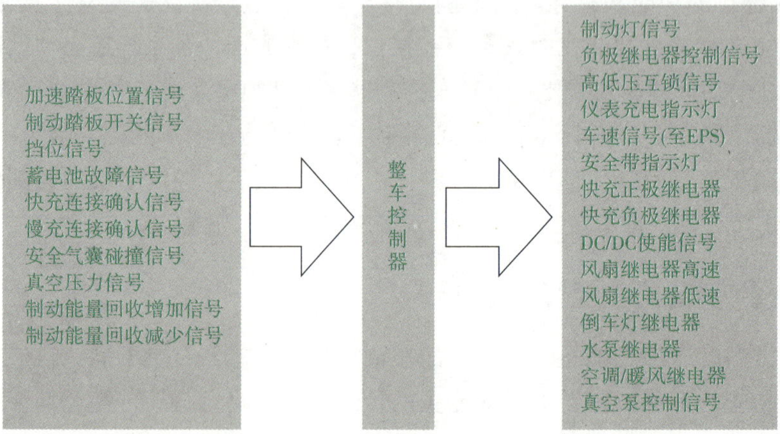

图 3-1　吉利帝豪 EV450 纯电动汽车整车控制器原理

三、加速踏板的分类

加速踏板也被称为油门踏板，分为地板式和悬挂式。地板式踏板如图 3-2 所示，由于转轴位置位于踏板底部，因此脚掌可以全部踩上去，而踏板本身是一个支点，小腿和脚踝能更轻松地控制踏板，相应地提升了脚下控制踏板的精度，减少了疲劳感。

图 3-2　地板式踏板

悬挂式踏板如图 3-3 所示，由于转轴位于支架顶端，下部结构相对简单（单薄），因此这使得它的踩踏方式更轻巧，而且在设计上可以将踏板支架做成铁棍，所以在很大程度上可以节约成本，因此一般的厂商更喜欢选用这种踏板。相对于地板式踏板而言，悬挂式踏板由于只能给前脚掌提供支点，长时间驾驶小腿会比较僵硬，这也是为什么长久开车情况下大多数人抱怨悬挂式踏板让人很累的原因。

图 3-3　悬挂式踏板

四、加速踏板位置传感器的工作原理

加速踏板位置传感器如图 3-4 所示，安装于驾驶室内的加速踏板模块中，由其感知并检测加速踏板的位置信息并转变为电信号传递给整车控制器。为了最大限度地保证信号的可靠性，在加速踏板模块处往往装设两个加速踏板位置传感器。

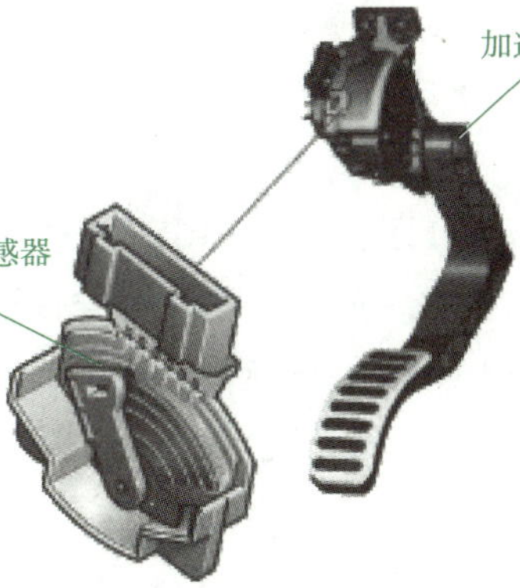

图 3-4　加速踏板位置传感器

根据结构原理的不同，加速踏板位置传感器主要分为接触式和非接触式两种。滑动触点传感器是典型的接触式加速踏板位置传感器，两个滑动触点传感器安装在同一根轴上，滑动触点传感器的电阻和传送至整车控制器的电压随着加速踏板位置的变化而变化。

1. 接触式加速踏板位置传感器

滑动触点传感器是典型的接触式加速踏板位置传感器，它的起始电压为 5 V，从信号的可靠性和安全性角度考虑，每个传感器都有独立的电源线、搭铁线和信号线。滑动触点传感器电路图如图 3-5 所示，输出信号为电压信号，在相应数据块中显示为百分数，5 V 为 100%。为了保证信号的可靠性和满足功能自测式的需要，在 G185 上另安装了串联电阻 R，因此两个加速踏板位置传感器的电阻特性不同。在工作时，G185 电阻值是 G79 电阻值的 2 倍。电阻特性的不同使两个传感器的输出特性也不同，G79 输出信号为 G185 的 2 倍，G79 范围为 12% ～ 97%，G185 范围为 4% ～ 49%。

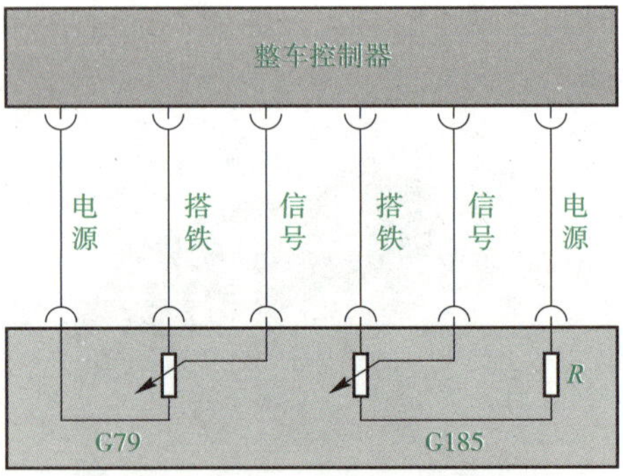

图 3-5　滑动触点传感器电路图

2. 非接触式加速踏板位置传感器

在汽车应用方面，基于电感原理的非接触式传感器的使用越来越多，该传感器包括定子（其中包括激励线圈，接收器线圈和电子评估单元）和转子（由具有特定几何形状的一个或多个封闭的导电环形成），电子加速踏板位置传感器就安装在油门踏板内部，随时监测油门踏板的位置。当监测到油门踏板高度位置有变化时，会瞬间将此信息送往 ECU，ECU 对该信息和其他系统传来的数据信息进行运算处理，计算出一个控制信号，通过线路将此信号送到伺服电动机继电器中，伺服电动机驱动节气门执行机构，数据总线则负责系统 ECU 与其他 ECU 之间的通信。

霍尔式加速踏板位置传感器（图 3-6）采用霍尔式非接触式电位器。霍尔效应（芯片）式旋转位置传感器是最常见的非接触式加速踏板位置传感器。霍尔 IC 芯片安装在加速踏板的轴上固定不动，两个磁铁安装在加速踏板的旋转部件上，可随加速踏板一起动作。为保证信号的可靠性，在加速踏板轴上安装了两个霍尔 IC 芯片，相当于两个加速踏板位置传感器，在工作时，两个霍尔 IC 芯片可同时向整车控制器输送两个加速踏板位置信号。这样不仅可获知加速踏板的开度，还能对该传感器进行故障监测。一旦发现两信号电压的差值（或两电压之和）

与标准不符，即判定该传感器有故障，立即启动失效保护模式，按“未踩踏板”来进行控制。为保证其信号的可靠性，两个电位器的控制电路完全独立，即采用各自独立的电源、搭铁和信号端子，因此加速踏板位置传感器通常有 6 个接线端子。霍尔型加速踏板位置传感器的输出特性如图 3-7 所示。

图 3-6 霍尔式加速踏板位置传感器

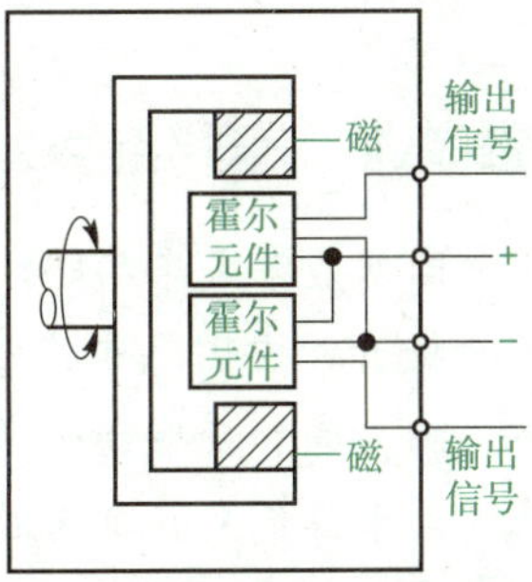

图 3-7 霍尔型加速踏板位置传感器的输出特性

在线测试与知识拓展

扫一扫 测一测

《汽车用转速传感器》
（QC/T 824—2019）

任务二　制动踏板位置传感器检修

思政园地　创新引领变革！宇通新能源商用车跑出中国品牌“加速度”

从中国新能源汽车品牌的快速崛起，到中国品牌在全球汽车市场中的地位不断提升，中国汽车产业的蓬勃发展让人们看到了一个全新的未来。在这个充满机遇和挑战的时代，只有那些掌握核心技术优势、长期耕耘专业领域、勇于拥抱全新市场的中国品牌，才能在激烈的市场竞争中勇立潮头。而在这之中，郑州宇通集团有限公司正以引领之势跑出中国品牌“加速度”。

故障现象

一辆比亚迪 e6 电动汽车出现无法上电故障，初步诊断为制动开关信号故障。

基础知识

一、制动踏板开关信号

制动开关常为触点开关，制动踏板的位置决定了制动踏板开关触点的状态，制动踏板的结构如图 3-8 所示。制动踏板开关的主要作用是将驾驶人对制动踏板的动作转换为电信号并传递至整车控制器，整车控制器据此解析驾驶人意图并控制制动灯工作。制动开关工作原理如图 3-9 所示，当驾驶人踩下制动踏板后，无论启动开关位于什么挡位，制动灯都被点亮；当车辆正常行驶时，整车控制器接收到制动开关信号后，将进行制动能量回收控制。

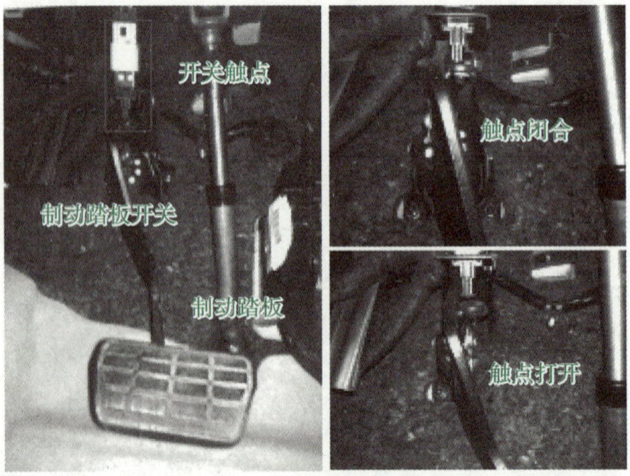

图 3-8　制动踏板的结构

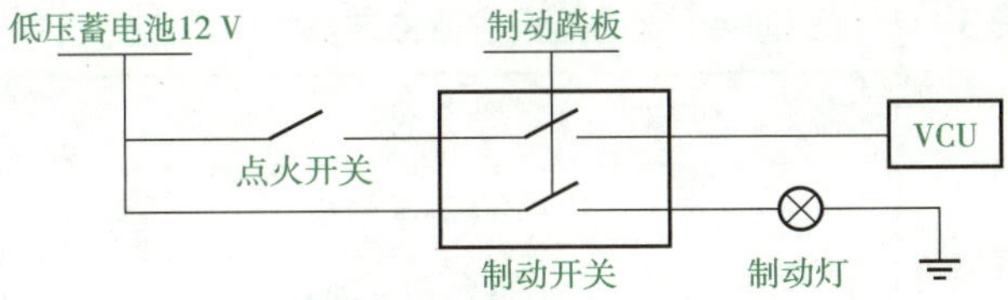

图 3-9 制动开关工作原理

二、制动踏板位置传感器的工作原理

制动踏板位置传感器也被称为制动深度传感器，其功能是接收制动踏板深度信号，通过电机控制器实现对电机的控制，如电机的转速、制动回馈、制动优选等功能。图 3-10 为比亚迪 e6 制动踏板位置传感器电路，它与加速踏板位置传感器的工作原理相同，采用两套相同的控制电路，通过可变电阻原理检测制动踏板的位置。制动踏板位置传感器的检测也需要进行电压检测和电阻检测，需要按照如图 3-11 所示的插头及脚针顺序进行检测，检测要按表 3-1 和表 3-2 的要求进行。

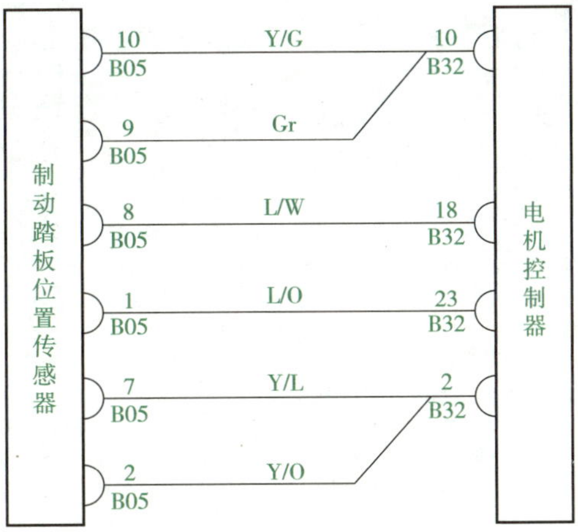

图 3-10 比亚迪 e6 制动踏板位置传感器电路

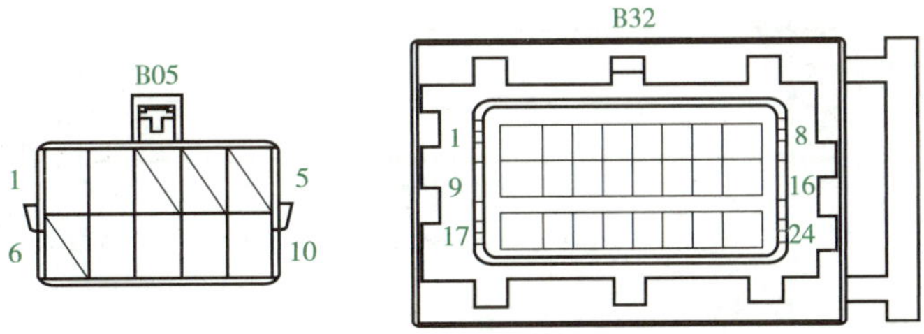

图 3-11 比亚迪 e6 制动踏板位置传感器插头及脚针顺序

制动踏板位置传感器的电压检测若不符合表 3-1 的要求，可以判断为传感器故障。

表 3-1　比亚迪 e6 制动踏板位置传感器端子电压的正常值

端子	条件	正常值
B05-1 →车身搭铁	不踩制动踏板	约 0.66 V
	制动踏板踩到底	约 4.45 V
B05-8 →车身搭铁	不踩制动踏板	约 4.34 V
	踩制动踏板	约 0.55 V
B05-2 →车身搭铁	“ON”挡	约 5 V
B05-7 →车身搭铁	“ON”挡	约 5 V
B05-9 →车身搭铁	“ON”挡	小于 1 V
B05-10 →车身搭铁	“ON”挡	小于 1 V

制动踏板位置传感器的电阻检测若不符合表 3-2 的要求，可以判断为线路故障。

表 3-2　比亚迪 e6 制动踏板位置传感器端子电阻的正常值

端子	正常值	端子	正常值
B05-2 → B32-7	小于 1 Ω	B05-2 →车身搭铁	大于 10 kΩ
B05-7 → B32-2	小于 1 Ω	B05-7 →车身搭铁	大于 10 kΩ
B05-1 → B32-17	小于 1 Ω	B05-1 →车身搭铁	大于 10 kΩ
B05-8 → B32-18	小于 1 Ω	B05-8 →车身搭铁	大于 10 kΩ
B05-9 → B32-10	小于 1 Ω	B05-9 →车身搭铁	大于 10 kΩ
B05-10 → B32-10	小于 1 Ω	B05-10 →车身搭铁	大于 10 kΩ

在线测试与知识扩展

扫一扫　测一测

《电动汽车　操纵件、指示器及信号装置的标志》
（GB/T 4094.2—2017）

任务三　挡位开关的检修

思政园地　　**一汽解放在新能源领域创新创业**

商用车行业正处于历史性的转折点，新能源商用车已成为推动国家能源转型和可持续发展的关键力量。一汽解放汽车有限公司（简称“一汽解放”）始终以创新为引领，坚守“中国第一、世界一流”的智慧交通运输解决方案提供者的使命，坚定地推进新能源商用车的发展。

故障现象

一辆吉利帝豪 EV450 电动汽车换挡手柄在“R\N\D\E”4 个挡位之间进行切换时，仪表面板上无法显示对应的挡位。

基础知识

挡位开关能保证驾驶人的驾驶安全，正确理解驾驶人意图，以及识别车辆合理的挡位。其在基于模型开发的挡位管理模块中得到很好的优化，能在出现故障时做出相应处理保证整车安全，在驾驶人出现挡位误操作时通过仪表面板等提示驾驶人，使驾驶人能迅速做出纠正。纯电动汽车常用旋钮式电子挡位开关，如图 3-12 所示为北汽新能源某款车旋钮式电子换挡开关，共设有 R（倒车挡）、N（空挡）、D（前进挡）、E（能量回收挡）4 个挡位。

图 3-12　北汽新能源某款车旋钮式电子换挡开关

当驾驶人进行挡位操作后，换挡旋钮上相应的挡位指示灯将被点亮，同时仪表面板也将给出当前挡位信息。挡位开关将挡位信号送入整车控制器，整车控制器将根据当前的挡位进行相应的模式切换控制，挡位控制原理如图 3-13 所示。旋钮电子换挡器接口针脚示意图如图 3-14 所示。旋钮电子换挡器接口功能定义见表 3-3 所列。

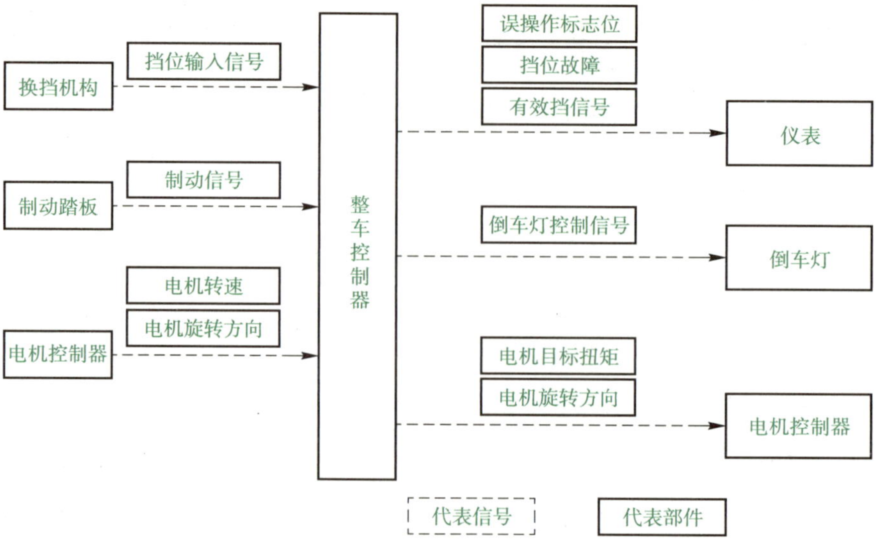

图 3-13　挡位控制原理

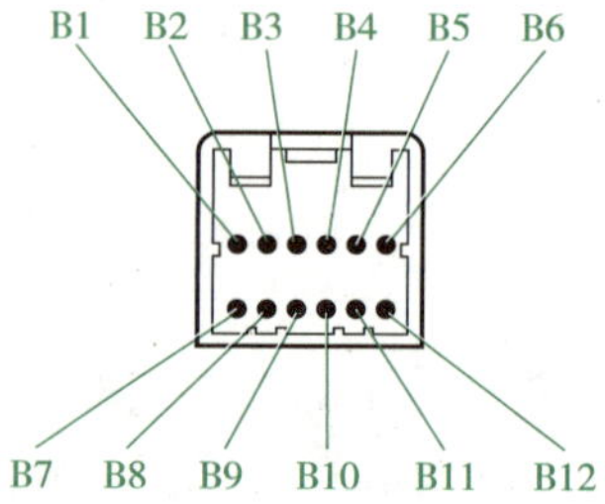

图 3-14　旋钮电子换挡器接口针脚示意图

表 3-3　旋钮电子换挡器接口功能定义

序号	功能定义	序号	功能定义
B1	电源供电	B7	背光灯电源
B2	相位信号 1	B8	备用
B3	相位信号 2	B9	背光灯地端
B4	相位信号 3	B10	方向盘换挡拨片接插件脚 1（未采用）
B5	相位信号 4	B11	方向盘换挡拨片接插件脚 2（未采用）
B6	电源地端	B12	备用

电子换挡开关内部使用光电结式结构，在不同挡位输出不同的 B2、B3、B4、B5 组合信号并传输给整车控制器，整车控制器根据不同的组合信号辨别当前的挡位，表 3-4 为挡位与输出信号关系。

表 3-4　挡位与输出信号关系

序号	E	F	N	D
B2	0.3 V	4.8 V	4.8 V	0.3 V
B3	4.8 V	4.8 V	0.3 V	4.8 V
B4	4.8 V	0.3 V	0.3 V	0.3 V
B5	0.3 V	0.3 V	4.8 V	4.8 V

在线测试与知识扩展

扫一扫　测一测

《乘用车内部凸出物》
（GB 11552—2009）

项目四

整车控制系统输出电路检修

整车控制系统输出电路主要由相应的执行器和控制线路组成。输出电路连接了整车控制器和相关的执行器，能够传输由整车控制器发出的用于控制相关执行器的控制信号。执行器是指电动汽车上进行相关动作和操作以完成某种功能的机构，电动汽车上结构相对简单的系统一般接受整车控制器直接控制，如冷却水泵、真空泵（制动）、空调压缩机等。本项目主要介绍冷却水泵控制电路、DC/DC 转换器控制电路检测知识。

知识目标

1. 掌握新能源汽车驱动电机冷却系统的总体构成与工作原理。
2. 掌握 DC/DC 转换器的功用、工作原理与特点。

技能目标

1. 能结合相关故障现象对驱动电机冷却水泵控制电路系统进行检测与维修。
2. 能结合相关故障现象对 DC/DC 控制电路系统进行检测与维修。

任务一　冷却水泵控制电路检修

思政园地　　我国高性能电子水泵处于国际高标准水平

随着自动化和物联网功能在整个汽车和工业市场上日益普及，新能源汽车市场得以快速发展，这使得新能源汽车电子水泵的市场空间逐年增大。深圳市科通技术股份有限公司作为数字化芯片应用产业的先锋，基于丰富的产品线、良好的客户生态及海量的数据，携手全球领先半导体供应商Microchip，将汽车散热水泵方案应用至深圳市健科电子有限公司的高性能电子水泵中，实现数字技术和新能源汽车产业的有效结合。

故障现象

一辆吉利帝豪EV450汽车在行驶1 km后，驱动电机过热灯亮和驱动电机功率限制灯亮，动力显示不足。经过检测，故障显示为“电机水泵继电器故障”，初步判断为电机冷却水泵故障，现需对电机冷却水泵及控制电路进行检测与维修。

基础知识

一、整车控制器的输出电路

整车控制器的输出电路主要由相应执行器和控制线路组成（图4-1）。控制线路连接了整车控制器和相关的执行器，能够传输由整车控制器发出的用于控制相关执行器的控制信号。执行器是指电动汽车上进行相关动作和操作以完成某种功能的机构，电动汽车上结构相对简单的系统一般接受整车控制器直接控制，如冷却水泵、真空泵（制动）、空调压缩机等。一些比较复杂的子系统有自己的控制器，如电机控制器、BMS等，这些控制器能够独立控制该子系统的执行器进行工作。除进行相关执行器的控制外，整车控制器还需要完成整车工作模式的判定和各子系统功能的协调动作，即在特定工作模式下控制相关的子系统进行工作。

控制器的输出信号通常有唤醒信号、开关信号及具体带参数的控制信号。一般子系统控制器的输出信号以开关信号和带参数信号为主，如电机控制器发出的电机转速、转矩输出信号；整车控制器的输出信号主要以唤醒信号（触发信号）和开关控制信号为主，唤醒信号用于子系统功能唤醒，开关信号用于执行器动作控制。

图4-1中，整车控制器除了通过CAN总线进行整车协调控制以外，还直接控制冷却风扇运转、水泵运转等。吉利帝豪EV450的DC/DC变换器与电机控制器集成在一个控制箱

中，VCU 对蓄电池进行充电控制则需要通过 PEU（电力电子集成模块）中的 DC/DC 变换器将高压直流端的高压转换成指定的直流低压（12V 低压系统），低压设定值来自整车控制器指令。

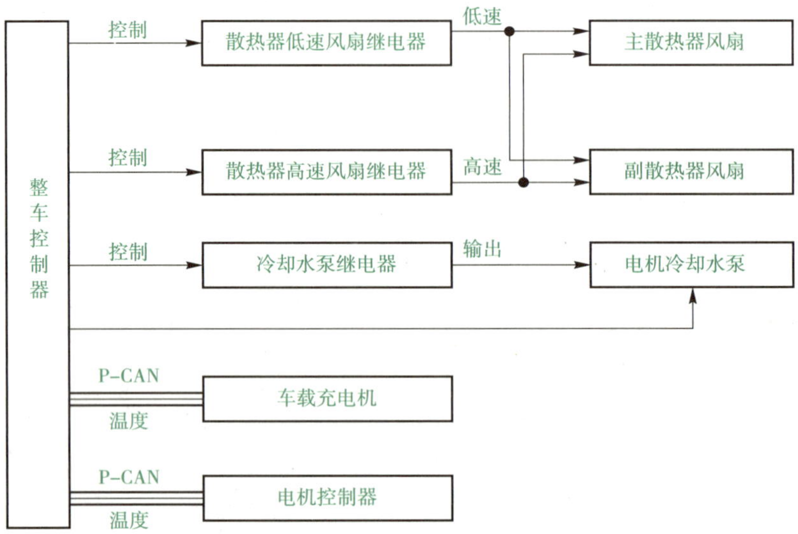

图 4-1　整车控制器的输出电路

二、冷却水泵控制电路的工作原理

1. 冷却系统的组成与工作原理

在新能源汽车中，电能转换为动能会产生大量的热能，热能导致相关零部件过热，如不适当控制热能，则会影响新能源汽车正常工作，其中产生大量热量的主要是驱动电机、车载流电机、电机控制器和动力电池等零部件和总成。

由于电机转子高速旋转会产生大量的热能，热能会通过驱动电机的机体传递，导致机体高热，如果长时间不进行冷却，则会引起驱动电机无法正常工作，因此在驱动电机机体内通常会设计冷却通道。通过冷却液在驱动电机的冷却通道中循环流动，带走驱动电机内产生的热量，并将温度维持在一定的范围内，有利于控制过热的驱动电机。

车载充电机是将高压交流电转换为高压直流电，在将高压交流电转换为高压直流电的过程中会产生大量的热能，因此车载充电机必须进行冷却。为了对车载充电机进行冷却，车载充电机内部通常也和驱动电机一样，设计冷却液通道，通过冷却液在冷却通道内的循环，控制车载充电机的工作温度。

电机控制器的功能包含控制驱动电机的三相高压供电、将动力电池的高压直流电转换为低压直流电并为低压蓄电池充电等，在电压转换和充电时会产生大量热能，因此，电机控制器也需设计冷却液通道进行散热。

动力电池工作时电流大，会产生大量热能，由于动力电池被集中封装在密闭环境，热能不容易耗散，导致动力电池温度升高。因此，动力电池也需设计冷却液通道降低动力电池的工作温度。

为了降低热量对新能源汽车关键零部件的影响，新能源汽车的冷却系统主要包括两部分：一是对驱动系统的电机控制器（PEU）和驱动电机等动力总成部件进行冷却；二是对动力电池等供电系统进行冷却。新能源汽车冷却系统的功能与传统燃油汽车基本相同，但由于新能源汽车的结构组成与工作原理和燃油汽车有区别，因此散热源和冷却方式会有相应变化。

新能源汽车冷却系统的主要功用是将动力电池、电机控制器和驱动电机等产生的热能及时耗散出去，保证关键零部件在规定的温度范围内高效稳定地工作。吉利帝豪 EV450 冷却系统主要由热管理控制模块、水泵（动力电池水泵和驱动电机水泵）、电机控制器冷却管路、车载充电机冷却管路（如配备）、整车控制器冷却管路、动力电池冷却管路、散热器、散热风扇和膨胀罐等组成。

根据动力电池和驱动电机等的工作温度，热管理控制模块控制冷却系统的工作状态。吉利帝豪 EV450 冷却系统的工作原理：冷却系统（吉利帝豪 EV450 主要包含电机 / 动力电池两个电动水泵）的水泵由直流低压电路供电，为冷却液提供水压。吉利帝豪 EV450 冷却系统工作原理如图 4-2 所示。在水泵提供的压力下，冷却液在管路中的流向如图 4-3 所示。

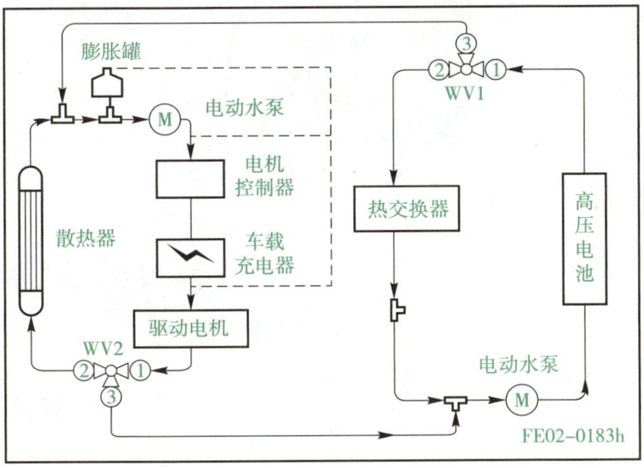

图 4-2　吉利帝豪 EV450 冷却系统工作原理

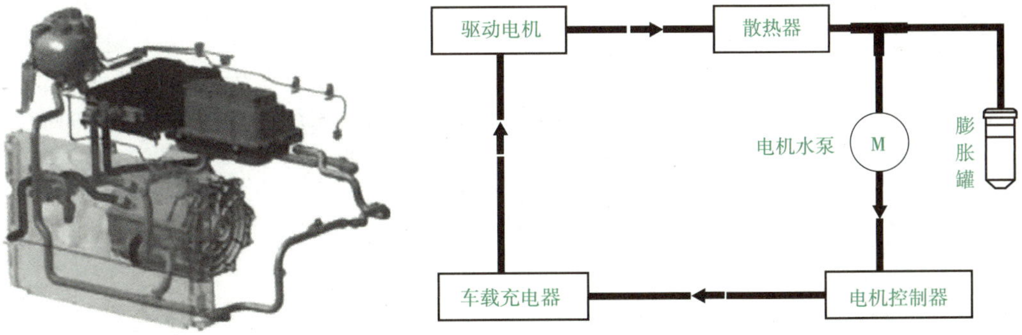

图 4-3　冷却液在管路中的流向

2. 水泵及控制电路

水泵的主要作用是通过不断给冷却液提供驱动力，使其在冷却系统管道内循环流动。冷却液在散热器和散热风扇的作用下，采用大小循环的方式，将温度保持在相应的范围内，维持电机正常工作。

由于新能源汽车和传统燃油汽车存在结构等方面的区别，水泵的工作方式由机械驱动转变为电力驱动。电力驱动水泵一般选用叶片泵，叶片泵通过叶轮旋转给管道内的液体提供动能和压力能。叶片泵的结构示意图如图 4-4 所示。叶片泵的工作过程分为吸入过程和排出过程。吸入过程：叶轮中部由于冷却液被压入循环管道形成低压区，在大气压和叶轮中部低压的压差作用下，冷却液连续补充到叶轮中部。排出过程：进水口的冷却液在叶轮的作用下进入水泵壳体的积水室和出水口，对零部件进行冷却。冷却液在压差的作用下沿轴向流入，转 90° 进入叶轮流道并径向流出。在新能源汽车中常用非金属叶轮水泵。

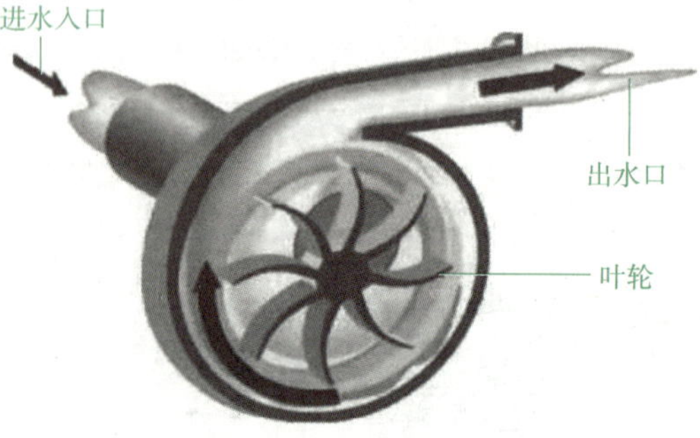

图 4-4　叶片泵的结构示意图

吉利帝豪 EV450 的冷却水泵选用叶片泵。EV450 冷却水泵的参数见表 4-1 所列。

表 4-1　EV450 冷却水泵的参数

电机冷却水泵		电池冷却水泵	
项目	参数	项目	参数
工作电压范围 /V	8 ～ 16.5	工作电压范围 /V	8 ～ 16.5
流量（10 kPa 水压）/（$L \cdot h^{-1}$）	1 100	流量（10 kPa 水压）/（$L \cdot h^{-1}$）	1 100
流量（14 kPa 水压）/（$L \cdot h^{-1}$）	900	流量（14 kPa 水压）/（$L \cdot h^{-1}$）	900
流量（20 kPa 水压）/（$L \cdot h^{-1}$）	600	流量（20 kPa 水压）/（$L \cdot h^{-1}$）	600
环境温度 /℃	-40 ～ 135	环境温度 /℃	-40 ～ 135
调速方式	PWM/LIN 信号	—	

新能源汽车的冷却水泵控制原理如图 4-5 所示，整车控制器通过继电器控制水泵与散

热风扇工作状态，供电电源通常为低压蓄电池。根据新能源汽车热源（电机控制器、电机和充电机）的温度情况，整车控制器通过水泵继电器控制水泵工作或关闭。当电机控制器等部件温度处于较低温度时，电机水泵不工作；当温度上升时，电机水泵开始工作，其中电机水泵的工作温度一般不超过 75 ℃，通常应低于 65 ℃。散热风扇有高速风扇和低速风扇之分，其中高速风扇为副风扇，低速风扇为主风扇，分别由对应的继电器控制开启或关闭。

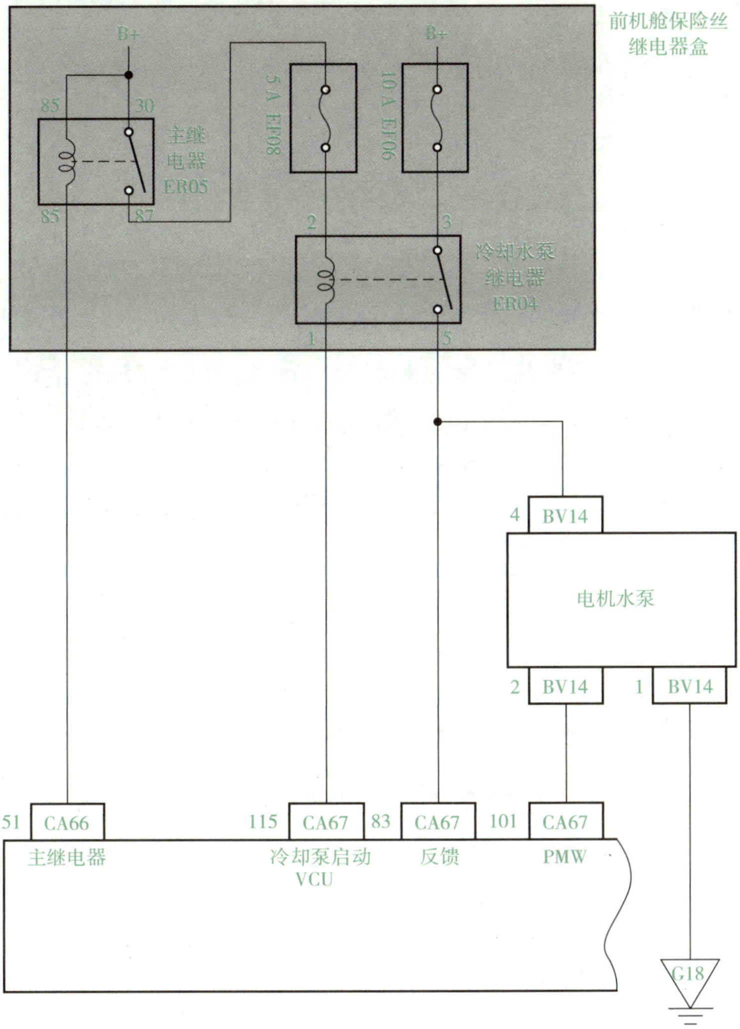

图 4-5 新能源汽车的冷却水泵控制原理

散热风扇同时对冷凝器和散热器进行冷却，因此，散热风扇的工作策略需综合整车热源和空调压力等因素，其原则为选取两者的较高值。

3. 膨胀罐总成

膨胀罐总成（图 4-6）通常是由一个透明塑料罐和水管等组成的，通过水管与散热器连接。冷却液随着温度的升高而膨胀，部分膨胀的冷却液从车载充电器中流入膨胀罐总成。散热器和冷却液道中滞留的空气也被排入膨胀罐总成。新能源汽车运行停止后，冷却液冷却温度降低并收缩，部分排出的冷却液流入散热器，膨胀罐中冷却液始终保持在合适的液位高度。当冷却系统处于冷态时，冷却液液面应在膨胀罐的 F（最高）和 L（最低）标记之间。

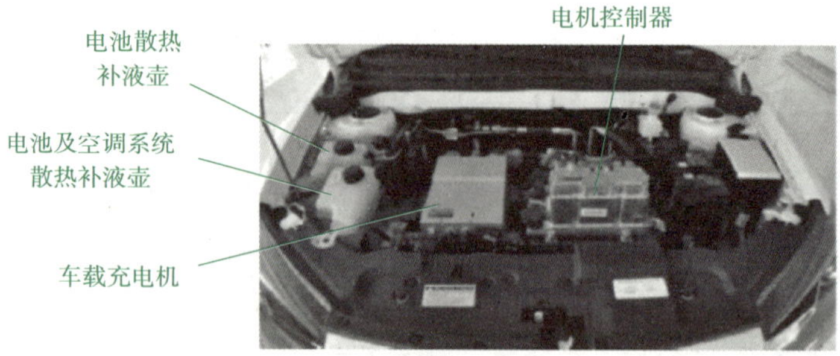

图 4-6　膨胀罐总成

4. 散热风扇总成

散热风扇通常安装在散热器的后部。散热风扇总成如图 4-7 所示，它的主要作用是提高散热器和空调冷凝器等零部件的散热速度。散热风扇采用双风扇 - 高低速控制模式，即通过两个不同的电机驱动风扇工作。如图 4-8 所示为散热风扇控制电路，高速散热风扇和低速散热风扇分别通过整车控制器控制高速继电器和低速继电器开启或关闭。在低速电路中，采用串联调速电阻的方式来改变风扇的转速。

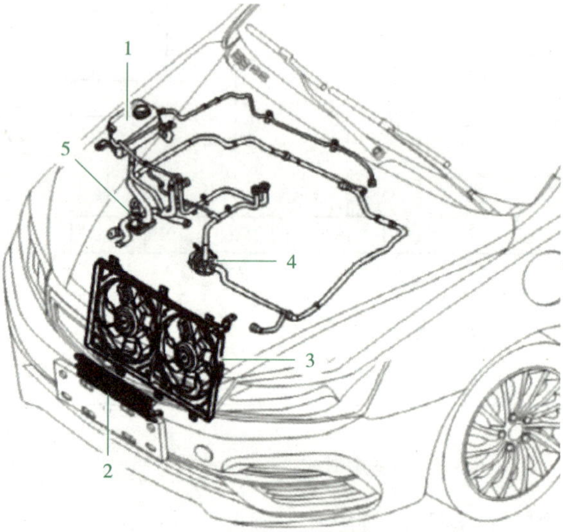

1—膨胀罐；2—散热器；3—散热风扇；4—冷却水泵；5—三通阀。

图 4-7　散热风扇总成

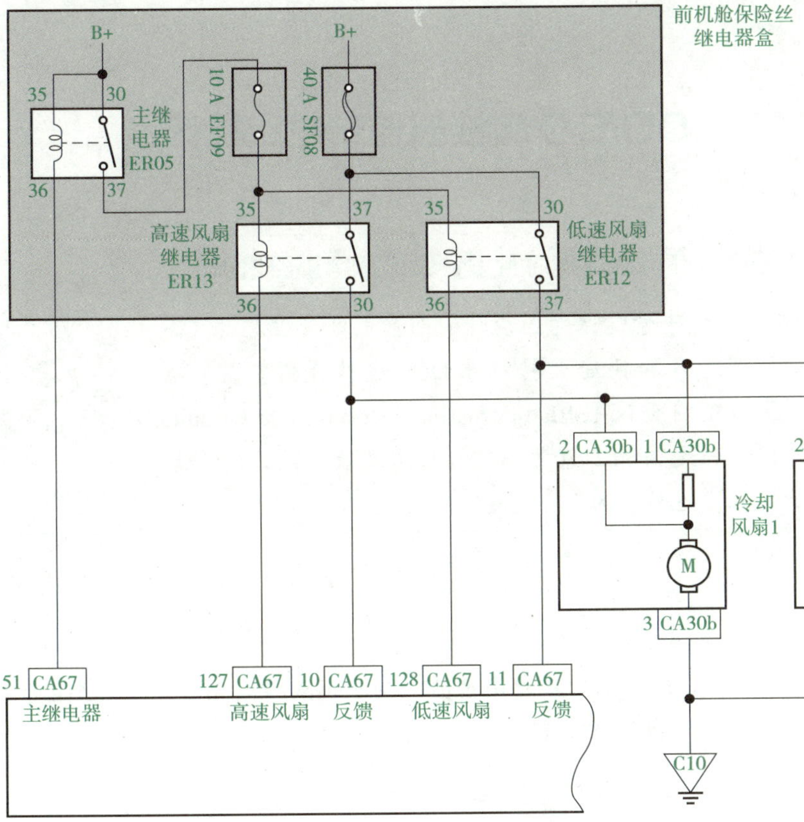

图 4-8　散热风扇控制电路

在线测试与知识扩展

扫一扫　测一测

基于傅里叶变换的高效率电动水泵
性能测试系统设计

任务二 DC/DC 转换器控制电路检修

思政园地 中国科大在电源管理芯片设计领域取得重要进展

中国科大国家示范性微电子学院课题组设计的两款电源管理芯片（高效率低电磁干扰隔离电源芯片和快速大转换比 DC/DC 转换器芯片）亮相集成电路设计领域最高级别会议 IEEE International Solid-State Circuits Conference（ISSCC）。ISSCC 是国际上最尖端芯片技术发表之地，其在学术界和产业界受到极大关注，也被称为“芯片奥林匹克”。

故障现象

一辆吉利帝豪 EV450 汽车，仪表盘显示蓄电池故障与系统故障灯亮起，动力不足。经过维修技工检测，判断为 DC/DC 控制电路故障。

基础知识

新能源汽车的电子设备工作系统通常包含各种不同的功能模块，不同的功能模块对电源、功率、电压、电流、安全性、可靠性和兼容性等参数指标的要求不同。为满足不同的参数指标要求，新能源汽车通常采用 DC/DC 转换器。

一、DC/DC 转换器的作用

1. 变压作用

由于新能源汽车转向助力电机、制动系统电机、车身电气（灯光、信号、风扇电机和仪表）和高压系统控制电路等需 12 V 直流电电源供电，因此，新能源汽车须配备 12 V 蓄电池，同时也须设置 12 V 蓄电池供电的充电系统。通常动力电池的电压为 200 V 以上的直流电，为了将高压直流电转换为 12 V 低压直流电，常采用 DC/DC 转换器。

2. 保护作用

DC/DC 转换器通常具有过电流保护、过电压保护、欠电压保护、过热保护和防反接等功能。当 DC/DC 转换器内部出现短路等故障现象时，电流会急剧增大，导致设备被烧毁。为了防止设备被烧毁，在 DC/DC 转换器的高、低压线束接口设计上，设计了不同的防反接保护装置，防止因为电路短接而烧毁设备。

3. 实现不同电池之间的特性匹配

如可利用DC/DC转换器实现动力电池与低压蓄电池之间的特性匹配。

4. 给低压蓄电池充电

在新能源汽车中，通常采用DC/DC转换器将高压直流电转换为低压直流电，给低压蓄电池充电。

二、DC/DC 转换器的安装位置

DC/DC转换器通常安装于前机舱中，北汽新能源EV160 DC/DC转换器与其安装位置如图4-9所示。目前，大多数车型将DC/DC转换器与电机驱动控制器装在一个集成箱子里，简称PEU。同时还有车型将DC/DC转换器与其他控制器集成在一起，便于布置与简化控制线路。

(a) DC/DC转换器

(b) DC/DC转换器的安装位置

图4-9 北汽新能源EV160 DC/DC转换器与其安装位置

三、DC/DC 转换器的组成

DC/DC转换器主要由逆变器、变压器和整流器等功能器件组成。

1. 逆变器

逆变器（图4-10）主要由4个二极管和4个绝缘栅双极型晶体管等组成，其主要作用是将动力电池的高压直流电转换为高压交流电。

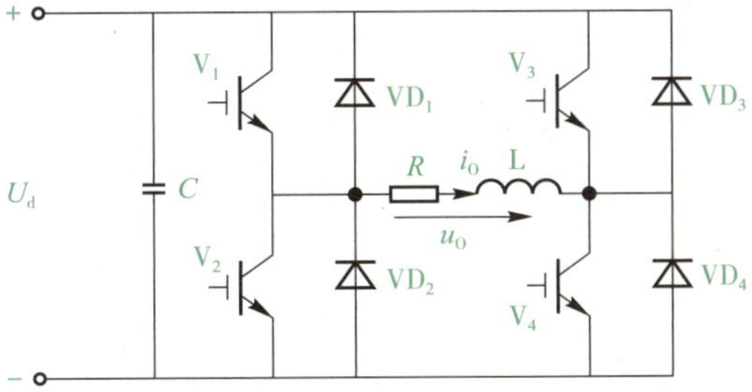

图4-10 逆变器

2. 变压器

变压器（图 4-11）主要由一次线圈绕组和二次线圈绕组等组成，根据一次线圈绕组和二次线圈绕组匝数的不同，输出不同的目标电压。

图 4-11　变压器

3. 整流器

整流器（图 4-12）主要由二极管组成。整流器使用 6 个绝缘栅双极型晶体管，但是只应用其中的 2 个极，等同于二极管，每 3 个晶体管并联在一起，增加了电流流通能力。

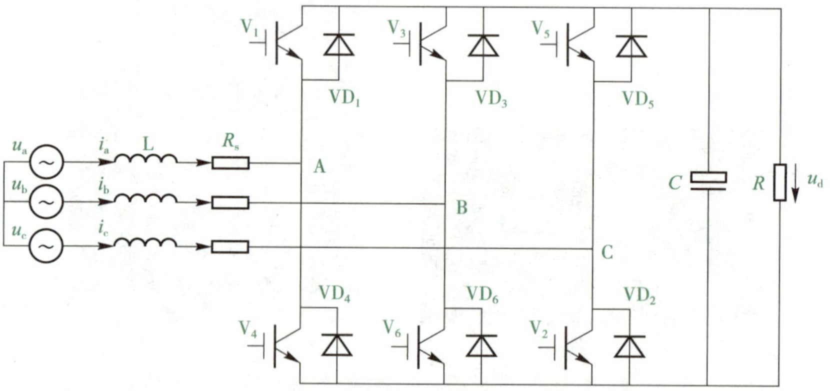

图 4-12　整流器

四、DC/DC 转换器的工作原理

DC/DC 转换器中的逆变器即将高压直流电逆变为高压交流电，变压器即将高压交流电转换为 14 V 的低压交流电，整流器即将 14 V 的低压交流电经过滤波整形，输出趋于平稳的 14 V 直流电。DC/DC 转换器工作原理如图 4-13 所示。

12 V 蓄电池通常包含供电和充电等工作状态。在高压上电前，12 V 蓄电池为低压电流系统供电；高压上电后，动力电池通过 DC/DC 转换器输出的低压直流电给 12 V 蓄电池充电。

当新能源汽车长期停放时，容易造成 12 V 低压蓄电池亏电，会导致新能源汽车无法启动上电。为了避免出现无法启动上电的问题，吉利帝豪 EV450 设置了智能充电功能。在新能源汽车车辆停放过程中整车控制器将对低压蓄电池电压进行实时监控，当电压低于设定值时，整车控制器将唤醒 BMS，通过电机控制器给 12 V 低压蓄电池充电，防止低压蓄电池发生亏电现象。智能充电示意图如图 4-14 所示。

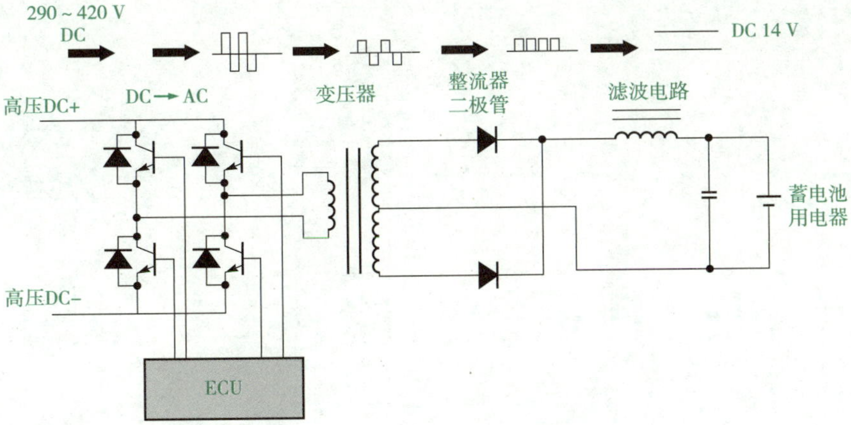

图 4-13　DC/DC 转换器工作原理

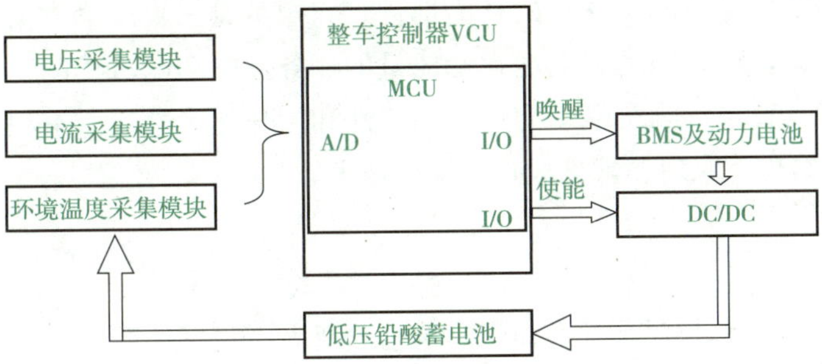

图 4-14　智能充电示意图

在线测试与知识扩展

扫一扫　测一测

《电动汽车 DC/DC 变换器》
（GB/T 24347—2021）

项目五

驱动电机控制系统检修

驱动电机控制系统是新能源汽车的核心部件，它担负着采集车辆驱动运行数据、管理车辆的动力输出方式、合理利用动力电池存储能量的任务。驱动电机控制系统的特性决定了车辆的主要性能指标，直接影响车辆动力性、经济性和用户驾乘感受。本项目介绍驱动电机控制系统的主要组成结构、原理、常见故障及检测技术。

知识目标

1. 能够描述驱动电机控制系统的组成、工作原理。
2. 能够描述驱动电机控制系统关键部件的结构组成、工作原理和特点。
3. 能够描述驱动电机控制系统的故障排除方法。

技能目标

1. 能够对驱动电机系统进行静态性能检测。
2. 能够读取驱动电机控制系统数据流。
3. 能够诊断驱动电机系统常见故障。
4. 能够对驱动电机旋变进行故障诊断。

任务一 驱动电机控制系统认知

思政园地 国产 IGBT 芯片崛起

新能源汽车是大势所趋，IGBT（绝缘栅双极晶体管）国产化也势在必行，IGBT 是事关国家经济发展的基础性产品。长期以来，我国在 IGBT 领域常常面临技术卡脖子却又不得不依赖进口的尴尬局面，市场主要被以英飞凌科技（中国）有限公司、广汽三菱汽车有限公司、富士电机（中国）有限公司为首的国际巨头垄断。而如今国内各类企业开始加紧对 IGBT 芯片的自主研发。其中比较有名的就是深圳比亚迪、株洲中车时代电气股份有限公司、杭州士兰微电子股份有限公司等。国内的 IGBT 芯片在整个产业链上基本都已有布局。整体来看，中国 IGBT 产业链正逐步具备替代国际巨头的能力。

故障现象

有一辆吉利帝豪 EV450 纯电动汽车，驾驶人反映车辆起步，踩下加速踏板后，电动车的速度没有明显变化，车辆仍然以怠速车速前行。

基础知识

一、驱动电机控制系统组成

驱动电机控制系统由驱动电机、电机控制器、冷却系统、高低压线束及安装附件等组成。驱动电机控制系统示意图如图 5-1 所示。

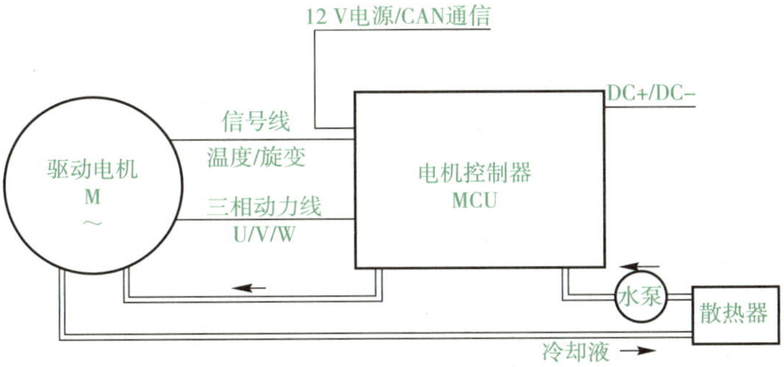

图 5-1 驱动电机控制系统示意图

二、驱动电机控制系统的功能

当前主流新能源汽车主要以电力驱动为主，通过驱动电机控制系统将电能转换成机械能，驱动汽车行驶。驱动电机控制系统作为电动汽车的动力源，需满足电动汽车加速、减速、爬坡、高速匀速行驶等复杂工况的动力需求。驱动电机通过减速器、差速器、驱动轴等拖动车轮旋转，是实现电能与机械能相互转换的关键部件，是新能源汽车驱动控制系统的执行机构。

电机控制器（MCU）采集电机温度和转子位置等状态信号，通过 CAN 总线获知车辆当前的驾驶意图，然后将动力电池的直流电变换成三相频率可调的交流电并输送给驱动电机，控制驱动电机运转。驱动电机及电机控制器在工作过程中会产生大量的热量，这些热量不及时排出将会影响驱动电机控制系统的正常工作，所以加装了冷却系统，由电动水泵驱动，使冷却液在电机控制器和驱动电机中循环流动，再将热量带到散热器散发到大气中。新能源汽车的正常行驶与驱动电机控制系统的正常工作有着直接关系。

三、驱动电机控制系统的组成部分

1. 驱动电机

驱动电机控制系统是纯电动汽车中的关键系统，纯电动汽车的运行性能主要取决于驱动电机控制系统的类型和性能。纯电动汽车主要有三种类型的驱动电机：直流电机、永磁电机、交流感应电机。尽管早期的车辆驱动电机多采用直流电机，但受其自身机械性能的制约，其功率密度和电磁兼容性难以满足新能源汽车驱动系统的要求，现已被交流电机取代。

永磁无刷直流电机通过转换永磁直流电机定子和转子的位置，实现由矩形波交变电流供电，无电刷，功率密度高，能产生大转矩，但需要配转轴位置检测器，对于控制策略要求非常高，是新能源汽车驱动技术发展方向之一；异步电机的特点是结构简单，坚固耐用，成本低廉，运行可靠 ，不需要位置传感器，转速极限高，但是效率和功率密度相对偏低，目前仍然是纯电动汽车驱动电机的主流产品。永磁同步电机由于具有结构紧凑、质量轻、功率密度高且运行效率高，特别是在低速区输出转矩大等特点，成为新能源汽车驱动电机的首选。

此外，还有开关磁阻电机和轮毂电机。开关磁阻电机的主要特点是结构紧凑牢固，成本低，性能可靠，在宽广的转速范围内效率都比较高，缺点是转矩脉动大，噪声大，需使用位置传感器，增加了结构复杂性，降低了整体可靠性。因此无传感器的开关磁阻电机也是未来的发展趋势之一。轮毂电机是一种将电机、传动系统和制动系统融为一体而设计出来的电机，可以非常方便地实现车轮的独立控制，是现阶段先进电动汽车技术研究的热点之一。

2. 电机控制器

驱动电机控制器，通常简称为 MCU，主要用于管理和控制驱动电机的运转速度、方向及将驱动电机作为逆变电机发电。目前使用在纯电动汽车上的驱动电机控制器主要有两种类型：一种是仅用于控制驱动电机的，即 MCU ；另一种是集成了 DC/DC 转换器等功能的驱动电机综合控制管理单元（图 5–2），即同时具备 MCU 与 DC/DC 转换器功能，这类驱动电机综合控制管理单元也被称为 PEU。

图 5-2 驱动电机综合控制管理单元

将 MCU 与 DC/DC 转换器集成化是目前新能源汽车驱动电机综合控制管理单元发展的趋势，集成度更高的系统既节省了成本，体积小，不占用车上较多的空间，又有利于车载零部件位置的布置设计。高度集成是趋势，最新的驱动电机综合控制管理单元甚至还集成了车载充电机、高压配电盒、整车控制器等部件。

MCU 的功能类似于传统汽车的发动机控制模块，是新能源汽车整车驱动控制系统的核心，它的作用至关重要。简单地讲，类似于传统内燃机汽车的油量调节机构，都是通过调节油门踏板的幅度来控制车速和牵引力的。但是相比于油量调节机构的结构、功能，电机控制器更为复杂全面。

电机控制器不仅接收油门踏板的加速和减速信号，同时接收制动踏板、电机转速、车速、电机电枢电压、电流、冷却水温等信号，经过对这些信号的分析完成对电机的精确控制。并且电机控制器会将这些信号的数值显示在外接显示屏上，以供驾驶员随时掌握车辆状况。此外，电机控制器在电机发生过流、过压及过热时都会自动切断主电路以保护汽车及乘员的安全。如图 5-3 所示为电机控制器。

图 5-3 电机控制器

驱动电机控制器类型为电压型逆变器，利用 IGBT 将直流电转换为交流电，额定电压为 380 V，主要功能是控制电动机和发电机，以及根据不同工况控制电机的正反转、功率、扭矩、转速等，即控制电机的前进、倒退并维持电动车的正常运转，关键零部件为 IGBT。IGBT 实际上为大容量开关，目的是控制电流，保证能够输出合适的电流参数。驱动电机控制器总成包含上、中、下 3 层，上层为电动机控制功率单元，中层为水道冷却单元，下层为控制电路板，总成还包括信号接插件（包含 12 V 电源 /CAN 线 / 挡位油门刹车 / 旋变 / 电机过温信号线 / 预充满信号线等），2 根动力电池正极、负极接插件，3 根电机三相线接插件和 2 个水套接头及其他周边附件。如图 5-4 所示为电机控制主要接口示意图。

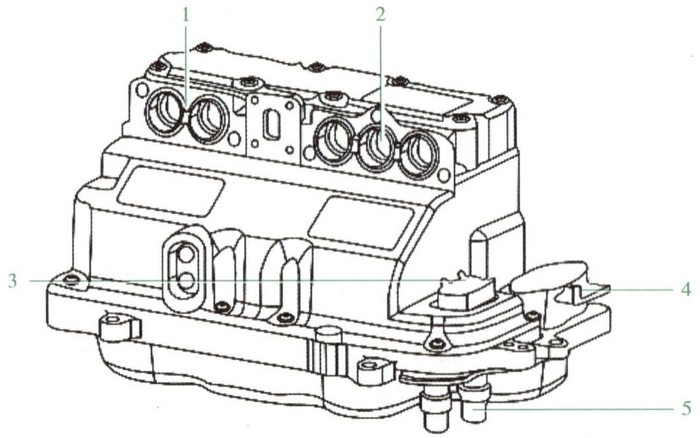

1—直流高压线束接口；2—驱动电机三相线束接口；3—低压信号接口；
4—DC/DC低压输出接口；5—冷却接口。

图 5-4　电机控制主要接口示意图

电机控制器的主要功能：

①控制电机正向驱动、反向驱动、正转发电、反转发电；

②控制电机的动力输出，同时对电机进行保护；

③通过 CAN 与其他控制模块通信，接收并发送相关的信号，间接地控制车上相关系统正常运行；

④制动能量回馈控制；

⑤自身内部故障的检测和处理。

3. 旋转变压器

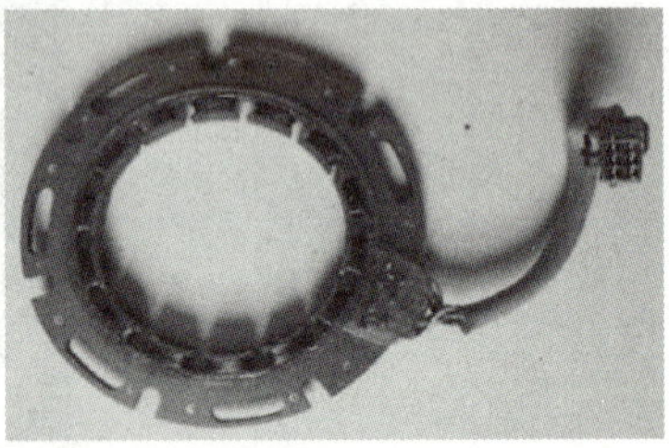

图 5-5　旋转变压器实物

旋转变压器也称为角度传感器，简称旋变。它是一种输出电压随转子转角变化的信号检测元件。驱动电机转速和转子位置信号由旋变进行测量和监测。当前很多新能源汽车驱动电机检测电机转子旋转的角度和位置传感器都采用旋转变压器形式。旋转变压器实物如图 5-5 所示。

当三相交流电被接入驱动电机定子线圈中时，产生了旋转的磁场，这个旋转的磁场牵引转子内部的永磁体（永磁同步电机），产生和旋转磁场同步的旋转扭矩。使用旋转变压器检测转子的位置和电流传感器检测线圈的电流，从而控制驱动电机的扭矩输出。

旋变信号的作用是反映驱动电机转子当前的旋转相位。电机控制器通过旋变信号计算当前的驱动电机转速。大多数新能源汽车驱动电机旋转变压器采用磁阻式旋转变压器。旋转变压器结构示意图如图 5-6 所示，旋变转子与驱动电机转子同轴连接，随电机转轴旋转。旋变定子内侧有感应线圈，安装在驱动电机定子上。驱动电机旋转时，带动旋变转子旋转。旋转变压器与电机控制器中间通过 6 根低压线束连接，2 根是从电机控制器输出的激励信号（也叫励磁信号），另外 4 根分别是旋转变压器输出的正弦信号和余弦信号。6 根线中任何一根线路出现故障都会导致驱动电机无法正常工作。电机控制器监测正弦和余弦电路输出的两组信号，当旋变转子转动时，正弦、余弦信号会发生大小和形状的变化。通过比较正弦、余弦线圈输出的信号，电机控制器能够确定电机的准确角度、转速和方向。

图 5-6　旋转变压器结构示意图

四、驱动电机控制系统工作原理

如图 5-7 所示为驱动电机控制系统框图。电机控制器安装在前舱内，整车上电后由整车控制器唤醒电机控制器。通过 CAN 通信接收整车控制器的加速踏板、制动踏板等命令，控制着从动力电池组到电机之间能量的传输。采集电机位置信号和三相电流检测信号，精确地控制驱动电机运行，同时实时监控电机内部温度状况。

电机控制器控制策略采用了经典的电机控制理论并注入了先进的控制算法，是一个既能将动力电池中的直流电转换为交流电以驱动电机，又能将车轮旋转的动能转换为电能（交流电转换为直流电）给动力电池充电的设备。

在车辆制动或滑行阶段，电机作为发电机应用。它可以完成由车轮旋转的动能到电能的转换，给电池充电。

DC/DC 集成在电机控制器内部，其功能是将电池的高压电转换成低压电，为整车低压系统供电。

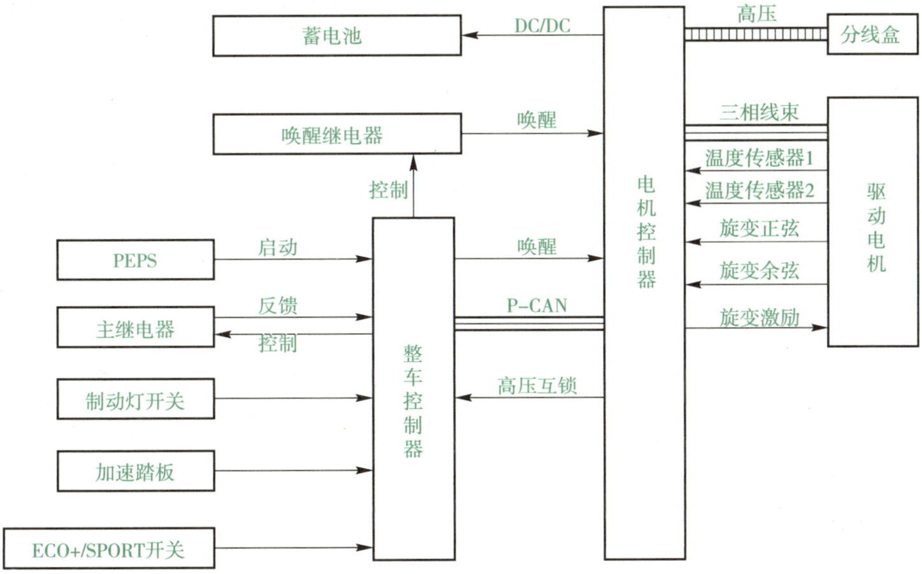

图 5-7　驱动电机控制系统框图

在线测试与知识扩展

扫一扫　测一测

《电动汽车驱动电机用永磁材料技术要求》
（GB/T 38090—2019）

任务二　驱动电机控制系统常见故障及诊断

思政园地　　炫技，掀轮边电机革命

比亚迪是第一个把四电机独立驱动系统推向量产的中国车企。新事物必然存在风险及大量亟须解决的难点。或许前路漫漫，但比亚迪在技术革新上的勇气值得中国车企学习。

故障现象

驾驶人反映车辆上电正常，挂入 D 挡，松开制动踏板，车辆无法行驶。

基础知识

一、驱动电机常见故障

驱动电机的故障集电气与机械于一体，其表现呈多样性，既有一般的机械故障，又有电气、磁场等特殊故障。长期以来，人们通过大量的故障结果分析发现，按其原因，电机故障 70% 源于机械故障（主要是轴承故障），30% 源于电气故障（主要是绕组故障）。

1. 机械故障

常见的驱动电机机械故障有扫膛、振动、轴承过热、轴承损坏等。

①扫膛一般由轴承严重超差及端盖内孔磨损或端盖止口与机壳止口磨损变形，使机壳、端盖、转子三者的轴心不同引起。电机扫膛故障如图 5-8 所示。

②振动多数是由于转子动平衡不好，以及轴承不良，转轴弯曲，端盖、机壳与转子的轴心不同，紧固件松动等造成。振动不仅会产生噪声，还会产生额外负荷。

③轴承过热多数是由于轴承的配合太紧或太松、轴承损坏等造成。轴承故障如图 5-9 所示。

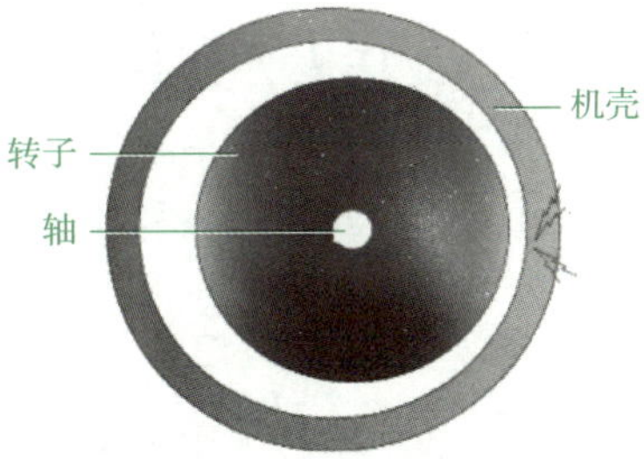

图 5-8　电机扫膛故障

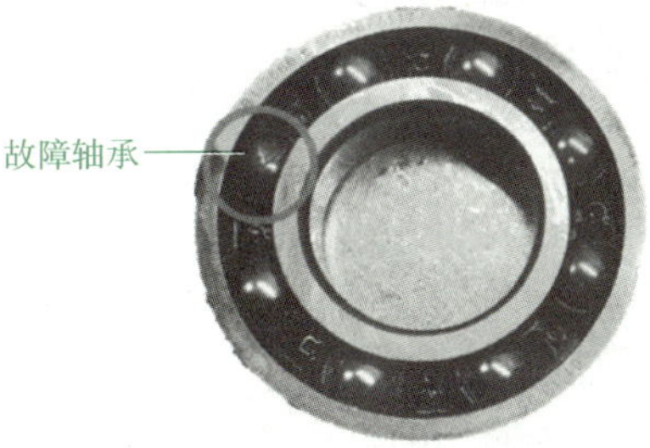

图 5-9　轴承故障

2. 电气故障

常见的驱动电机电气故障有电压不正常、绕组绝缘故障、绕组短路、绕组断路、断相运行等。

①电压偏高会使励磁电流增大，导致电机过热，过高的电压会危及电机的绝缘，使其有被击穿的危险。电压过低，电磁转矩会大大降低，相同负载下导致电机转速下降。三相绕组电压不对称，即一相电压偏高或偏低时，会导致某相电流过大，电机发热而损坏绕组。

②绕组绝缘受到损坏，使绕组的导体与铁芯或机壳之间相碰即绕组绝缘故障。电机绝缘故障时容易产生触电危险。

③绕组短路故障。绕组中相邻两条导线之间的绝缘损坏后，两导体相碰，就称为绕组短路。发生在同一绕组中的绕组短路称为匝间短路，发生在两相绕组之间的绕组短路称为相间短路。无论哪种短路，都会引起某一相或两相电流增加，引起局部过热，使绝缘老化损坏电机。

④绕组断路故障。绕组断路是指由电机的定子或转子绕组碰断或烧断造成的故障。

⑤断相运行故障。永磁同步电机在运行过程中，断了一相绕组就会形成断相运行。如果电机的负载没有改变，则电机将处于严重过载状态，定子电流将达到额定值的 2 倍甚至更高，时间稍长电机就会被烧毁 。

3. 驱动电机故障检查方法

（1）听

认真听电机的运行声音是否异常。可将车辆举升，使驱动电机运转，借助螺钉旋具或听棒等辅助工具，贴近电机两端听，以便发现电机是否存在不良振动。

（2）闻

通过闻电机的气味也能判断故障。若发现有特殊的油漆味，说明电机内部温度过高；若发现味道较重，则可能是绝缘层被击穿或绕组已被烧毁。

（3）摸

摸电机一些部位的温度也可判断故障原因。用手背去碰触电机外壳、轴承周围部分，若发现温度异常，其原因可能为散热不良、电机过载、定子绕组匝间短路或三相电流不平衡；若轴承周围温度过高，则可能是轴承损坏。

（4）绝缘电阻测量

使用绝缘电阻表或绝缘测试仪的 500 V 挡位测量电机三相绕组引出线与机壳之间的绝缘电阻，正常情况下应大于 500 V 或电机整体绝缘电阻大于 2 MΩ 表明电机绝缘性良好。

（5）绕组断路判断

使用万用表蜂鸣挡测量定子绕组三相之间是否导通，若有断路则线路不通，万用表蜂鸣器不响，且显示阻值非常大。

（6）绕组阻值测量

使用微欧计或直流电阻测试仪测量三相绕组之间阻值是否一致，阻值不一致通常会导致三相电流出现较大偏差，绕组发热不均匀，从而造成损坏。

由于绝缘故障会导致严重的触电事故，新能源汽车在上电自检过程中对线路绝缘故障均有较好的检测和报警功能。一旦检测出车辆高压供电系统出现绝缘故障，整车控制器会将故障情况通过组合仪表显示出来并断开高压，提示车主注意检修。

二、电机控制器常见故障

电机控制器在控制驱动电机的同时，还会对驱动电机、相关的传感器及自身控制模块进行实时自检。大多数新能源汽车的电机控制器主要在以下几个方面实施自检。

1. 通信故障

电机控制器通过 CAN 通信与整车控制器交换信息，当通信电路出现故障时，整车控制将无法读取 MCU 的信息，整车系统将直接报驱动电机控制系统故障或通信异常故障。

2. 电机控制器供电和程序检测故障

电机控制器内部会有来自车辆蓄电池的 12 V 参考电源，以运行驱动电机传感器及其他处理器。当连接的参考电源电压过低或过高时，电机控制器将会实行自我关闭，并对外输出诊断故障码。电机控制器内部包括电机控制单元、逆变器控制单元等，这些部件都有集成电路及 CPU 单元，在正常运行过程中，系统会对其自身读、写存储器的能力进行监测，这属于控制器的内部故障检测，如有异常将不能正常上电工作。

3. IGBT 性能异常故障

电机控制器会根据整车控制器的指令，利用脉冲测试控制 IGBT 的接通和断开，判断 IGBT 是否存在过压击穿失效故障。同时还监控 IGBT 正常工作时其内核的温度，若超过设定值则立即将其关闭。

4. 温度异常

在大多数的电机控制器内部会设置温度传感器，用于检测内部环境的温度，同时通过低压线束接口监控电机内部温度。温度传感器是一个热敏电阻，它的电阻值随温度而改变，具有负温度系数。这表示随着温度升高，电阻减小；随着温度降低，电阻增大。如果车辆上电过程中出现温度信号异常，电机控制器将报故障，高压无法上电。

5. 高压绝缘故障

高压绝缘是指高电压正极电路或高电压负极电路和车辆底盘之间存在失去隔离的情况。当检测到电机控制器或者相关电路在动力电池输出高电压，而车辆底盘的电阻过低时，系统会将这一情况反馈给整车控制器，并与整车控制器一起切断车辆的高电压，避免发生事故，并报出绝缘故障。

三、驱动电机控制典型接口电路

1. 驱动电机端信号接口

吉利帝豪 EV450 驱动电机端端子接口如图 5-10 所示，电机端端子定义见表 5-1 所列。电机端端子接口主要包括旋转变压器和电机温度传感器接口。检修电机低压插件时先确认插件是否连接到位，是否有退针现象。

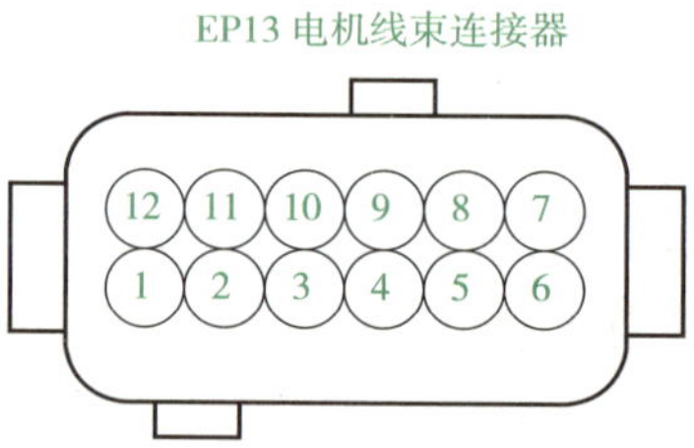

图 5-10　吉利帝豪 EV450 驱动电机端端子接口

表 5-1　电机端端子定义

端子号	端子定义	线径 /mm²	端子状态	规定条件（电压、电流、波形）
1	R1＋	0.5 L/R	NTC 温度传感器 1	—
2	R1－	0.5 R		—
3	R2＋	0.5 Br/W	NTC 温度传感器 2	—
4	R2－	0.5 W/G		—
5	GND	0.5 B	屏蔽	负极
6	GND	0.5 B		负极
7	COSL	0.5 P	旋变余弦	—
8	COS	0.5 L		—
9	SINL	0.5 W	旋变正弦	—
10	SIN	0.5 Y		—
11	REFL	0.5 O	旋变励磁	—
12	REF	0.5 G		—

2. 电机控制器端信号接口

吉利帝豪 EV450 电机控制器端端子接口如图 5-11 所示，其端子定义见表 5-2 所列。在检修电机控制器低压插件时先确认插件是否连接到位，是否有退针现象。

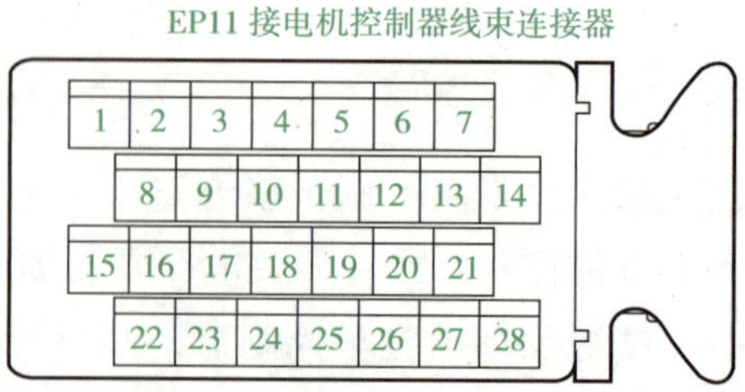

图 5-11　吉利帝豪 EV450 电机控制器端端子接口

表 5-2　吉利帝豪 EV450 电机控制器端端子定义

端子号	端子定义	线径 /mm^2	端子状态	状态
1	高压互锁输入	0.5 Br	E-S-PLTIN	—
2	—	—	—	—
3	—	—	—	—
4	高压互锁输出	0.5 W	E-S-PLOUT	
5	温度传感器输入	0.5 Br/W	E-S-EMTI	
6	温度传感器接地	0.5 R	E-S-EMTO	
7	温度传感器输入	0.5 L/R	E-S-EMTO	
8	—	—	—	—
9	—	—	—	—
10	屏蔽线接地	0.5 B	M-SCHIRM-VOGT	
11	接地	0.5 B	—	—
12	—	—	—	—
13	温度传感器接地	0.5 W/G	E-S-EMTI	—
14	唤醒输入	0.5 L/W	E-S- 唤醒	—
15	resolver+EXC	0.5 G		
16	resolver+COSLO	0.5 P		
17	resolver+SINLO	0.5 W		
18	—	—	—	—
19	—	—	—	—
20	CAN-H	L/R	总线	
21	CAN-L	0.5 Gr/O	总线	
22	resolver-EXC	0.5 O	A-F-LG-ERR-NEG	
23	resolver+COSHI	0.5 L	E-F-LG-COSHI	
24	resolver+SINHI	0.5 Y	E-F-LG-SINHI	
25	KL15	0.5 R/B	E-S-KL15	
26	KL30	0.5 R/Y	U-UKL30	
27	调试 CAN-H	0.5 P/W	总线	
28	调试 CAN-L	0.5 B/W	总线	

四、驱动电机控制系统电气原理

若驱动电机控制系统出现故障，在处理故障前，要找到车辆维修手册中驱动电机控制系统的电气原理图，结合故障现象和原理图分析可能的故障点，然后制定故障检修方案。驱动电机控制系统电路的良好状态是保证整车系统正常工作的前提。驱动电机控制系统电路包括电源电路、旋转变压器电路、电机温度监测电路、高压电路和系统与整车控制器的通信电路。吉利帝豪 EV450 驱动电机控制系统电气原理如图 5-12、图 5-13 所示。

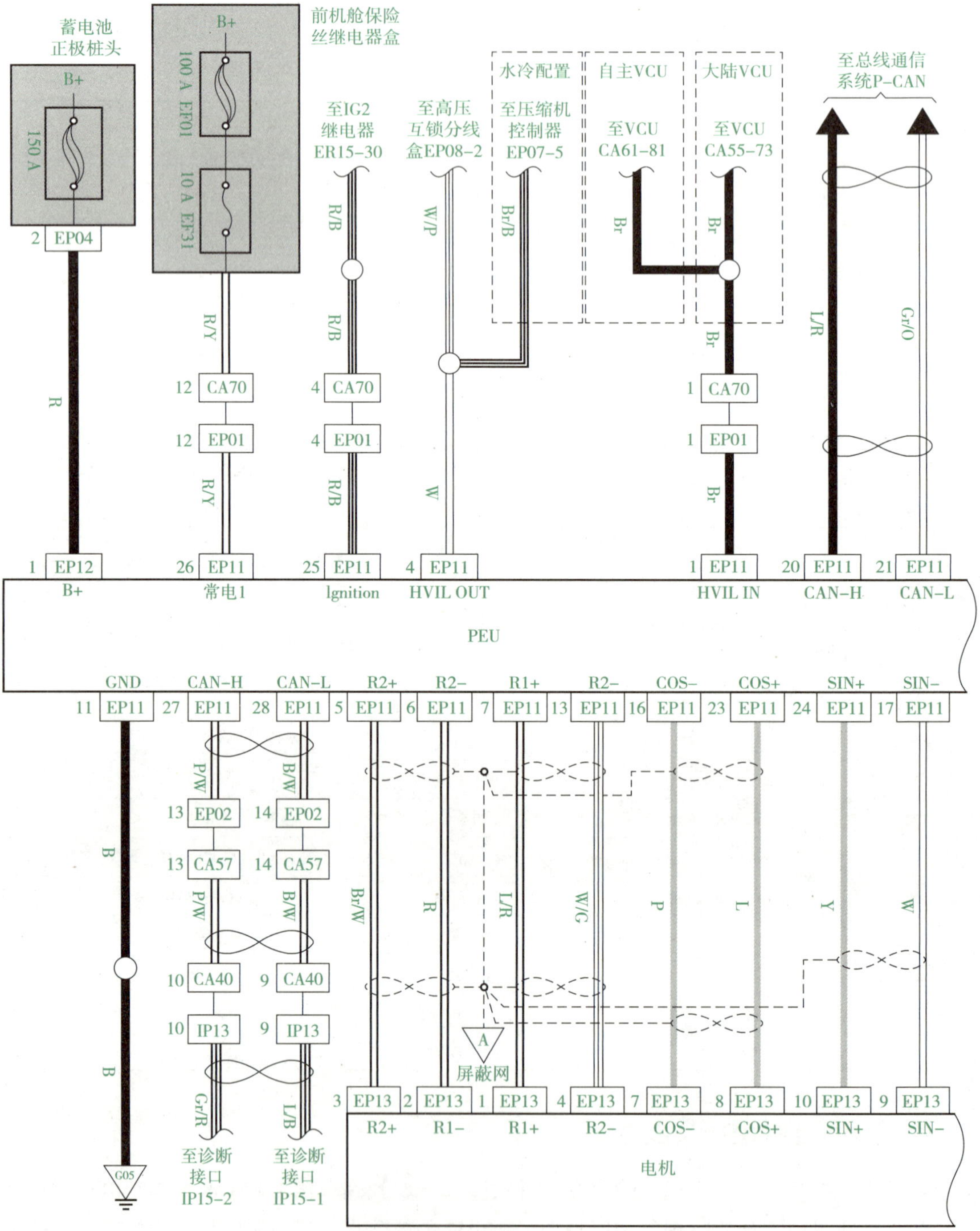

图 5-12　吉利帝豪 EV450 驱动电机控制系统电气原理图 1

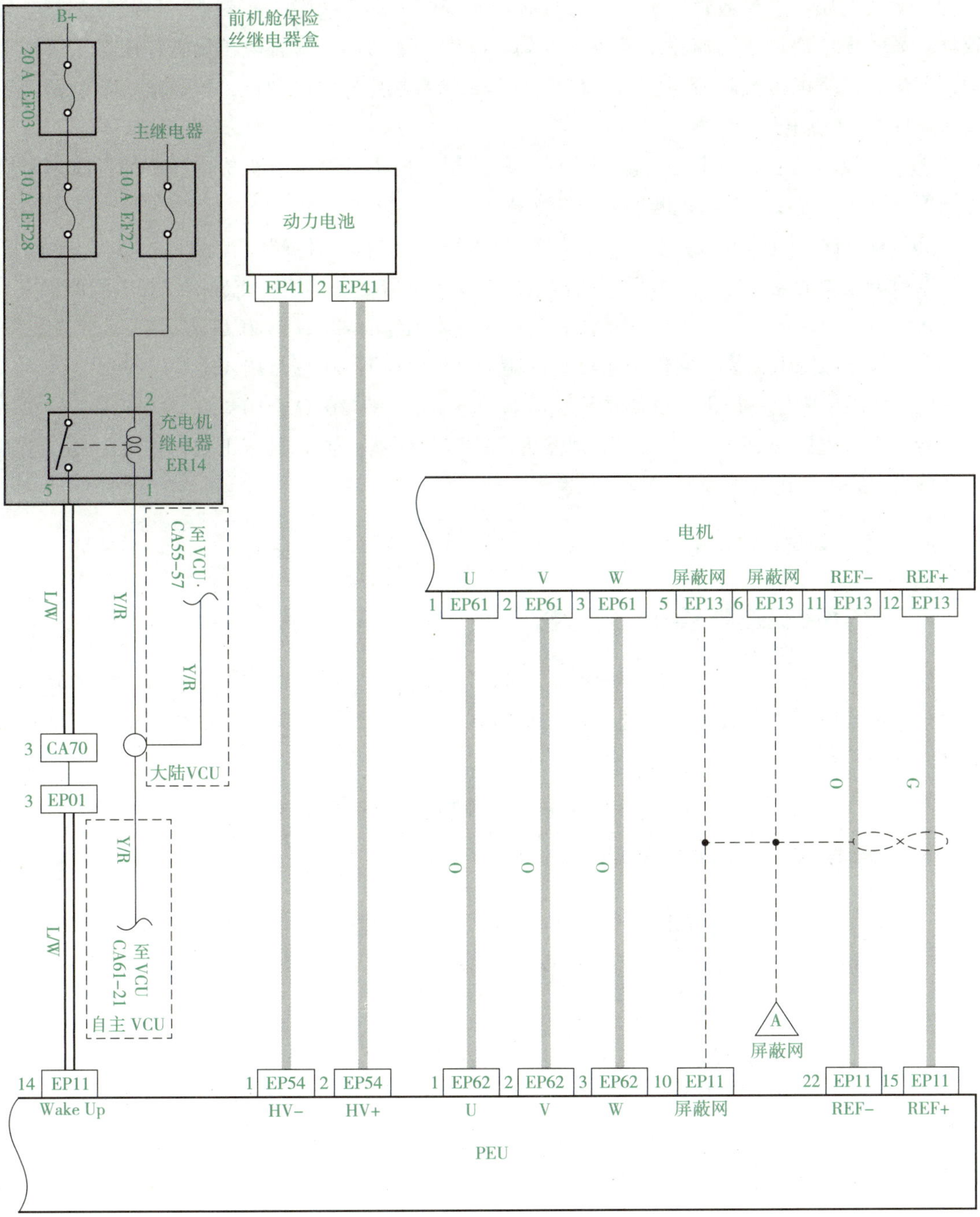

图 5-13　吉利帝豪 EV450 驱动电机控制系统电气原理图 2

五、旋转变压器电路故障

当电机与控制器低压线束连接正确时如果旋转变压器出现故障，故障一般分为两种情况：一种是旋转变压器本身故障，另一种为控制器旋变解码电路故障。不管哪一种故障，都会导致电机系统无法启动或转矩输出偏小等现象。以某车型为例，检查电机旋转变压器是否损坏时，首先应检查电机控制器与电机连接低压线束有无退针与虚接现象，检查电机控制器低压控制插件 12 V 供电是否正常。

①检查线路的通断。根据电路图脱开电机控制器插头，测量电机旋变插头的针脚至电机控制器针脚之间导线是否出现断路 / 短路情况。

②检查励磁绕组的电压。打开点火开关“ON”挡，测量插件端应有 3 ～ 3.5 V 交流电压。

③检查线圈的电阻值。用万用表测量电机旋变传感器的电阻值。正确的线圈电阻值如下。

正弦绕组电阻值：拔下插件测量传感器端子电阻值应有 60 Ω±10 Ω。

余弦绕组电阻值：拔下插件测量传感器端子电阻值应有 60 Ω±10 Ω。

励磁绕组电阻值：拔下插件测量传感器端子电阻值应有 30 Ω±10 Ω。

若线圈的电阻值超出正常范围，则需更换旋转变压器；若电阻值正常，则可能是控制器内部旋变解码电路出现故障，需更换控制器主板。

注意：不同车型旋变绕组的电阻值可能不同，具体数值请查阅车辆的维修手册。

六、驱动电机控制系统故障分析

在检修驱动电机控制系统的故障时，一般使用车辆故障诊断仪检查故障码，根据故障码的提示分析故障发生的可能原因并进行线路和电器元件的检查。驱动电机控制系统常见故障及排除方案见表 5-3 所列。

表 5-3　驱动电机控制系统常见故障及排除方案

序号	故障名称	故障可能原因	解决方法
1	电机控制器直流母线	驱动电机控制系统突然大功率充电	分析整车数据，若总线电压报文与实际电压不相符，则需要检查高压供电回路、高压主继电器、高压插件有无异常
		高压回路非正常断开	
2	电机控制器相电流过电流故障	负载突然变化、旋变信号故障等导致电流畸变，如动力蓄电池或主继电器频繁通断	检查高压回路
		控制器损坏（硬件故障）	更换控制器
		控制器采集电压与实际电压不一致	标定电压，刷新控制器程序

续表

序号	故障名称	故障可能原因	解决方法
3	电机超速故障	整车负载突然降低，电机转矩控制失效	如果重新上电不复现，不用处理
		电机低压信号线插头连接松动或者退针	检查信号线插头
4	电机超速故障	控制器损坏（硬件故障）	更换控制器
5	电机温度过高故障	电机低压信号线插头连接松动或者退针	检查信号线插头
		冷却系统工作异常	检查冷却液是否充足，水泵是否正常工作，冷却管路是否堵塞
		电机本体损坏（长时间过载运行）	更换电机
6	电机控制器IGBT温度过高故障	电机低压信号线插头连接松动或者退针	检查信号线插头
		冷却系统工作异常	检查冷却液是否充足，水泵是否正常工作，冷却管路是否堵塞
		IGBT本体损坏（长时间过载运行）	更换IGBT本体
7	电机控制器辅助蓄电池欠电压故障	12 V蓄电池电压过低，或者由于35针线束原因，控制器低压接口电压过低	检查蓄电池电压，给蓄电池充电；检查控制器低压接口，测量35针插件24脚和1脚电压是否低于9 V
8	与整车控制器通信丢失故障	未收到整车控制器信号	检查电机旋变线束连接是否正常，检查CAN网络总线是否关闭，或者更换整车控制器
		网络干扰严重	
		线束问题	
9	电机系统高压暴露故障	电机控制器电源模块硬件损坏	编写程序或更换控制器
		软件与硬件不匹配	
		有部件报出高低压互锁故障	
10	电机（噪声）异响	电磁噪声（高频较尖锐）	—
		机械噪声，可能来自减速器、悬置、电机本体（轴承）	排查电机，若确定电机本体已被损坏，更换电机

在线测试与知识扩展

扫一扫　测一测

《在运电动汽车驱动电机系统检测方法》
（DB32/T 4381—2022）

项目六

动力电池管理系统检修

动力电池管理系统（Battery Management System）简称为BMS，就是对动力电池进行监测、控制与管理的系统，可以将之看作动力电池的“大脑”。一般来说，电动汽车的动力电池包由非常多的动力电池单体按一定的连接方式组成，BMS能监控整个电池包的运行状态，保护电池包不受过充、过放、过热等异常状况的影响，在使用过程中提高动力电池的电能使用效率，延长电池的使用寿命。BMS能通过CAN数据总线与整车控制器通信，上报电池包状态参数，也能接收整车控制器相关指令，配合整车需要，确定功率输出。BMS通过控制高压控制模块中的高压继电器来实现电动汽车充电和放电，在充电过程中，还可以与充电机进行交互，管理充电参数，监控充电过程正常完成。仪表盘还能为驾驶人提供电池荷电状态等的显示。本项目主要讲述动力电池管理系统的结构与功能、动力电池的故障分级及控制策略、动力电池常见故障及处理方法。

知识目标

1. 了解动力电池管理系统的结构和具体功能。
2. 能够根据故障现象和故障码提示，分析电池系统相关问题。

技能目标

1. 会正确使用故障诊断仪、万用表、绝缘测试仪等设备和工具，进行电路检测。
2. 能正确读取动力电池系统数据流并进行分析。
3. 故障排查过程规范、合理，数据记录真实准确，并能根据检测结果得出正确的结论。

任务一　动力电池管理系统的认知

思政园地　　电池龙头公司技术进步的四大创新体系

以比亚迪和宁德时代为首的电池龙头公司引领全行业技术发展。龙头公司技术进步的四大创新体系是：材料体系创新、系统结构创新、极限制造创新、商业模式创新。材料体系创新需要深入地理解材料内禀性质及其界面性质，帮助材料体系实现根本创新；系统结构创新包括 CTP、CTC 等，主要是通过优化系统，实现系统能耗降低、效率提高、成本降低；极限制造创新是在六西格玛的基础上，将产品缺陷率由 ppm 级做到 ppb 级，同时保障全生命周期的可靠性；商业模式创新是指打通电池生产、使用、回收等各环节。

故障现象

某新能源汽车服务站的维修技工接到一辆故障车吉利帝豪 EV450 纯电动汽车，据驾驶人描述，他在晚上将车停在地下车库，第二天去开的时候发现车辆报故障，同时也没有续航。

基础知识

一、动力电池管理系统（BMS）的发展现状

众所周知，电动汽车的核心是动力电池，而动力电池的核心在于动力电池管理系统。作为近年来兴起的技术，BMS 的技术门槛是相当高的，若没有长期研发的积累和大量数据的沉淀，难以开发出优质的产品。一款新的 BMS 在投放市场前需要经过严格的环境可靠性测试，其周期可能长达数年，因此，BMS 研发需要大量的时间与资金支持。

目前 BMS 做得比较好的国外公司有德尔福派克电气系统有限公司和 FEV 发动机技术有限公司等，其软件功能更多，可靠性和精度也较高。国内越来越多的主机厂意识到 BMS 对新能源车的重要性，都组建团队，希望把 BMS 研发、品质把控的核心技术掌握在自己手里，自主开发了 BMS 产品并应用，但研发技术参差不齐，整个行业缺少技术参数标准，没有国家统一强制的检测标准。中国本土品牌和国际大厂的 BMS 核心芯片，在功能和性能上的差距还比较大。汽车企业也应不断对 BMS 进行技术创新和产品创新，开发具有核心竞争力和高性价比的新产品。

未来的 BMS 技术将更加智能化和数据化，BMS 的功能需求从简单的 Balance（均衡）—Monitor（监视）—States（状态），开始向 Brain（智能）—Multiport（多端）—Synergy（协同）的内在价值发展转变，而那些已经进行 BMS 开发、制造及梯次利用等环节实验，并且有详细

的电池数据的 BMS 企业将更具竞争力。如比亚迪具有整车厂背景，又是动力电池厂商，占据了主导权。国内电池和 BMS 技术与国外的差距正在逐步缩小，希望在不久的将来能够成功赶上国外甚至超越国外。

二、BMS 的组织架构

虽然 BMS 的种类繁多，不同厂家使用的标准和规范也不一样，但其组织架构基本都一样，主要包括硬件、底层软件和应用层软件三部分。BMS 的组织架构图如图 6-1 所示。

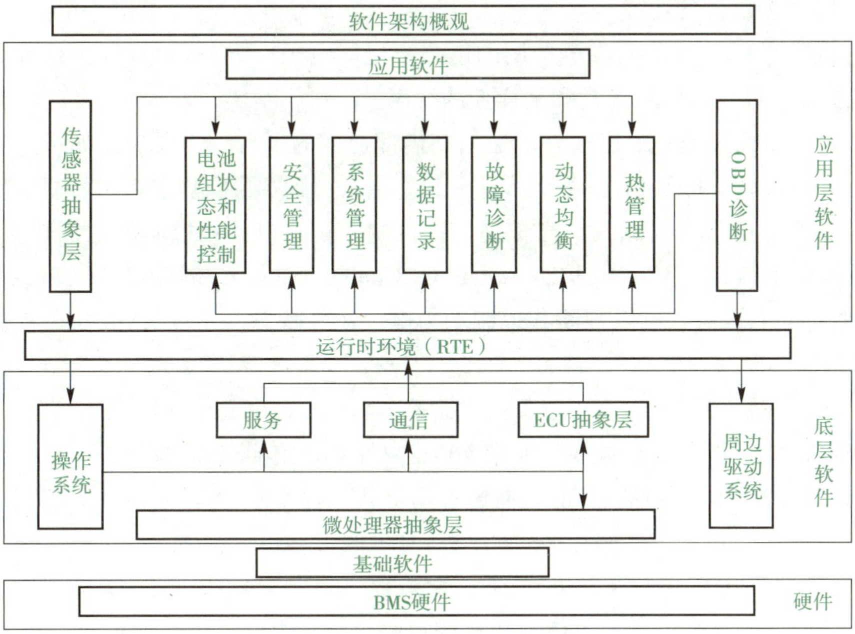

图 6-1　BMS 的组织架构图

1. 硬件

（1）BMS 硬件的拓扑结构

BMS 硬件的拓扑结构分为集中式和分布式两种类型。集中式是将所有的电气部件集中到一块大的板子上，采样芯片通道利用率最高，电路设计相对简单，产品成本大大降低，只是所有的采集线束都会连接到主板上，对 BMS 的安全性提出更大挑战，比较适合电池包容量比较小、模组及电池包形式比较固定的场合；分布式包括主板和从板，可能一个电池模组配备一个从板，或者 2 ～ 3 个从板采集所有电池模组，这种结构系统配置灵活，适合不同容量、不同规格的模组和电池包。

丰田普锐斯插电混动版使用了电装的模块化主从式 BMS，有 4 个从控，监视 56 个串联电池，电池的总包压为 207 V。这款 BMS 的一个特点是与其他所有系统相比实现了主动均衡。安装在 NISSAN LEAF（日产聆风）上的 BMS 为集中式架构，所有 CMU（电芯采集单元）、MMU（模组管理单元）和 PMU（电池包管理）的要求都是通过一块控制 360 V 系统的电路板来实现的，这对于纯电动汽车的电池来说是很少见的。

（2）BMS 硬件种类及通信方式

BMS 硬件包括电源、高驱、采样及其他 IC 部件、CPU、隔离变压器、RTC（实时时钟）、EEPROM（电可擦编程只读存储器）和 CAN 模块等。其中 CPU 是核心部件，采样 IC 包括采集单体电压、模组温度及外围配置均衡电路等。采样芯片和主芯片之间信息的传递有 CAN 通信和菊花链通信两种方式，其中 CAN 通信比较稳定，但成本较高。菊花链通信实际上是 SPI（串行外设接口）通信，成本很低，稳定性方面相对较差，但有一些厂家会出于对成本的考虑选用菊花链通信，一般会采用两条甚至更多条菊花链来增强通信稳定性。

（3）BMS 主要硬件的功能

以北汽新能源 EV160 电动汽车选用的惠州市亿能电子有限公司生产的 BMS 为例，其主要硬件有主控盒、高压盒、从控盒和采样控制线束。

①主控盒。主控盒是一个连接外部通信和内部通信的平台，主要功能如下：接收从控盒反馈的实时温度和单体电压（并计算最大值和最小值）；接收高压盒反馈的总电压和电流情况；与整车控制器通信；与充电机或快充桩通信；控制主正继电器；控制电池加热；唤醒应答；控制充电 / 放电电流，计算荷电状态（State Of Charge，SOC）、健康状态（State Of Health，SOH）。根据以上上报信息可以判断和控制动力电池运行状态，实现 BMS 相关控制策略，并做出相应的故障诊断及处理。

②高压盒（绝缘检测盒）。高压盒负责“监控”动力电池的总电压、电流信息和绝缘性能，主要功能如下：监控动力电池的总电压（继电器内外 4 个监测点），检测高压系统绝缘性能和预充电检测，监控高压连接情况（继电器触点闭合状态检查），将以上项目监控到的数据反馈给主控盒。

③从控盒（中芯电压和温度采集）。从控盒负责“监控”动力电池的单体电压、电池组的温度，主要功能如下：监控每个单体电压；监控每个电池组的温度；反馈每一串电芯的 SOH 和 SOC；同时具备被动均衡功能，有效保证了动力电池使用过程中电芯的一致性；将以上项目监控到的数据反馈给主控盒。

④采样控制线束。采样控制线束为动力电池信息采集和控制器间信息交互提供硬件支持，同时为每一根电压采样线增加冗余保险功能，有效避免由线束或管理系统导致的电池外短路问题。

2. 底层软件

底层软件也就是基础软件，用于设备驱动程序和硬件接口等，可将之划分成许多通用功能模块，以实现对不同硬件的配置，减少对硬件的依赖。底层和应用层软件需要确定好 RTE（运行环境）接口。

3. 应用层软件

应用层软件主要包括高低压管理、充电管理、状态估算、均衡控制和故障管理计算等，并根据较低层提供的信息进行决策。

（1）高低压管理

一般正常上电时，会由 VCU 通过硬线或 CAN 信号用 12 V 蓄电池来唤醒 BMS，BMS 自检完成及进入待机后，VCU 发送上高压指令，BMS 控制相关继电器闭合完成上高压。下电时 VCU 发送下高压指令后再断开唤醒的 12 V 蓄电池。下电状态插枪充电时可通过 CP（时钟脉冲）或 A+ 信号唤醒。

（2）充电管理

①慢充。慢充是由交流充电桩（或 220 V 家用电源）通过车载充电机将交流电转化为直流电给电池充电的，充电桩规格一般有 16 A、32 A。慢充通过 CC（接续确认）或 CP 信号唤醒 BMS，且保证充电结束后能正常休眠。交流充电流程比较简单。

②快充。快充由直流充电桩输出直流电给电池充电，可实现 1 C 甚至更高倍率充电，一般 30 min 左右可充进 80% 的电量。通过充电桩的辅助电源 A+ 信号唤醒，国际标准中快充流程比较复杂，同时存在 2011 年和 2015 年两个版本，而且充电桩生产厂家对国标流程未明确的技术细节理解不同，也给车辆充电适配性造成极大的挑战，因此快充适配性是衡量 BMS 产品性能的一项关键指标。

（3）状态估算

① SOC 估算。SOC 估算属于 BMS 核心控制算法，表示当前的剩余容量状态，主要通过安时积分法和扩展卡尔曼滤波（EKF）算法，并结合修正策略（如开路电压修正，充满修正，充电末端修正，不同温度及 SOH 下的容量修正等）进行结算。一般地，在常温下国内主流厂家可以将精度做到 6% 以内，高温、低温和电池衰减时的估算是难点。

② SOH（State Of Health）估算。SOH 估算主要表示当前电池的健康状态，其数值在 0 ～ 100%，SOH 受动力电池使用过程中的工作温度、放电电流的大小等因素的影响，可以用电池容量或内阻变化来表示，准确的 SOH 会提高电池衰减时其他模块的估算精度。

③ SOP（State Of Power）估算。SOP 估算主要根据温度和 SOC，通过查表得到当前电池的可用充放电功率，VCU 根据发送的功率值决定当前整车使用方法。需要兼顾考虑释放电池能力和对电池性能进行保护，比如在达到截止电压前进行部分功率限制，当然这会对整车驾驶感受产生一定影响。

④ SOE（State Of Energy）算法。现在开发 SOE 算法的国内厂家不多，我们也可以采用较为简单的算法，查表得到当前状态下剩余能量与最大可用能量的比值。该功能主要用于剩余续航里程的估算。

（4）均衡控制

均衡功能是为了消除在电池使用过程中产生的电池单体的不一致性。

均衡包括主动均衡和被动均衡。主动均衡是能量从多的单体向少的单体转移，不会造成能量损失，但是结构复杂，成本较高，对于电器元件要求也较高；被动均衡结构简单，成本也低了很多，只是能量会以热量的形式散发掉，一般最大均衡电流在 100 mA 左右，现在国内很多厂家采用被动均衡方式也都能实现较好的均衡效果。

（5）故障管理计算

针对电池的不同表现情况，可将故障区分为不同的等级，并且在不同故障等级情况下，BMS 和 VCU 都会采取不同的处理措施，包括警告（三级）、限功率（二级）或直接切断高压（一级）。故障包括数据采集及合理性故障、电气故障（传感器和执行器）、通信故障及电池状态故障等。

三、BMS 的具体功能

目前电动汽车的种类很多，对动力电池管理系统的要求也不一样，BMS 行业内缺乏统一的技术参数及标准，但它们的基本功能大致相同。BMS 功能示意图如图 6-2 所示。

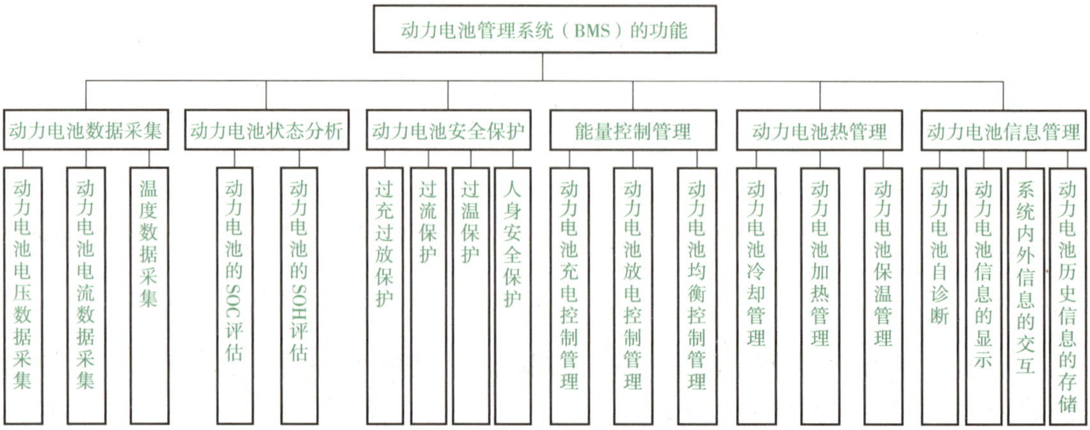

图 6-2　BMS 功能示意图

1. 动力电池数据采集

动力电池数据采集一般是指对电池电压、电流、温度三种物理量数据的采集和监测。该功能是一个电池管理系统最基本的功能，是其他各项功能的前提与基础。在监测过程中若发现所采集的数据有异常时，可及时查询对应的电池状况，并挑选出有问题的电池进行对应处理，从而保持整组电池运行的可靠性和高效性。

2. 动力电池状态分析

电池“体检”结束之后，会进入分析、诊断、计算的阶段，之后生成“体检报告”，这个过程就是电池的状态分析，它主要包括电池的 SOC 和 SOH 评估。

精确地估算 SOC 可保证 SOC 维持在合理的范围内，防止电池过充和过放，并能延长电池的使用寿命。其取值范围为 0 ～ 1，当 SOC=0 时表示电池完全放电，当 SOC=1 时表示电池完全充满。

SOH 即蓄电池满充容量相对额定容量的百分比，新出厂电池为 100%，完全报废为 0，一般认为低于 80% 以后电池便不可再用。

3. 动力电池安全保护

动力电池安全保护是电池管理系统最核心的功能，这包括电池的自我保护（过充过放、过流、过温）和人身安全的保护。简单来说，当实际参数高于或低于某约定值时，系统将自动做出判断，并采取断开、预充等方式保护电池安全。当 BMS 诊断到故障后，通过网络通知整车控制器，并要求整车控制器进行有效处理（超过一定阈值时 BMS 也可以切断主回路电源），以防止高温、低温、过充电、过放电、过电流、漏电等对电池和人身造成的损害。

4. 能量控制管理

能量控制管理包括电池的充电控制管理、放电控制管理和均衡控制管理。

充电或放电控制管理指电池管理系统在电池充电或放电过程中对充电电压、充电电流等参数进行实时的优化控制。均衡控制管理是指采取一定的措施尽可能地降低电池的不一致性所造成的负面影响，以达到优化电池组整体放电效能、延长电池组整体寿命的目的。

5. 动力电池热管理

动力电池热管理是根据电池组内温度分布信息及充放电需求，决定主动加热 / 散热的强度，使动力电池在一个最佳的热环境中工作，充分发挥电池的性能。动力电池热管理系统主要包括冷却系统（风冷、液冷）和加热系统（PTC）。

6. 动力电池信息管理

电动汽车动力电池组中电池的个数往往较多，每秒钟都将产生大量的数据，这些数据需要被送往不同的地方，动力电池信息管理具体包括电池自诊断、电池信息的显示、系统内外信息的交互和电池历史信息存储。

电池信息的显示主要通过仪表面板把电池状态信息显示出来，告知驾驶人或维修技工。系统内外信息的交互往往同时具有“内网”和“外网”两级网络。其中，内网用于传递电池管理系统的内部信息，如主控盒、高压盒与从控盒之间的信息传递。外网是指 BMS 与其他部件（如 VCU 等）之间的相互信息传递。电池历史信息存储有助于电池的故障分析与排除。

在线测试与知识扩展

扫一扫　测一测

动力电池一致性综合测评设备

《电动汽车用电池管理系统技术条件》（GB/T 38661—2020）

任务二　动力电池系统常见故障及诊断

思政园地　　**顶流结构与原创“极质”**

中创新航科技集团股份有限公司的前身中航锂电成立于2007年，成立伊始就专注于动力电池和储能电池领域，经历了整个行业的发展过程。经过十多年的技术沉淀和创新，中创新航的量产电芯能量密度也从2008年的100 Wh/kg提升至现在的280 Wh/kg，处于行业领先水平。目前公司已设立多个产业基地，构建了长三角、西南、中部和大湾区产业集群，实现全方位国内产业布局。“十四五”期间，公司规划产能超过500 GWh，同时进行海外产业布局，致力于打造拥有规模化智能制造实力的全球化企业。

故障现象

某新能源汽车服务站的维修技工接到一辆故障车吉利帝豪EV450纯电动汽车。据驾驶人描述，因下了大雨，开车时涉水过深，第2天准备行驶时发现仪表报故障，高压不上电，车辆无法行驶。

基础知识

一、动力电池的故障分级及控制策略

动力蓄电池在日常的充电、放电、维护过程中性能会逐渐下降，出现鼓包、过热、甚至漏液等现象。这些异常现象会导致动力蓄电池性能下降，寿命减少甚至终止，最终导致危险或危及使用安全。

因此在电池管理系统的设计中有一种工作模式，叫故障模式，出现故障后BMS会把相关信息上报给VCU，根据动力电池对车辆行驶的影响划分3个危险等级并确定相应的高压上电策略，分别是三级故障、二级故障和一级故障。

1. 三级故障

三级故障属于故障预警，动力电池上报该故障，整车将限制能量回馈电流或提示驾驶人，但上报不处理。动力电池正常工作时有可能上报该故障，三级故障见表6-1所列。

表 6-1　三级故障

报警级别	故障示例	临界阈值	报警延时时间
三级（故障预警）	温度不均衡	15 ℃	10 s
	单体电压不均衡	300 mV	10 s
	温度高	50 ℃	2 s
	单体电压低	2.7 V	10 s
	放电电流大	100 A	3 min
	SOC 低	15%	5 s
	充电电流过大	120 A	5 s

2. 二级故障

二级故障属于紧急故障，若动力电池上报该故障，整车将进入跛行、暂时停止能量回馈、停止充电等状态。动力电池正常工作时不会上报该故障，二级故障见表 6-2 所列。

表 6-2　二级故障

报警级别	故障示例	临界阈值	报警延时时间
二级（紧急故障）	BMS 内部通信故障	通信中断大于 5 s	5 s
	单体电压不均衡	500 mV	2 s
	温度过高	55 ℃	10 s
	单体电芯电压过低	2.5 V	10 s
	高压母线连接器故障	无	10 s
	SOC 过低	10%	2 s
	绝缘等级太低	小于 500 Ω/V	30 s

3. 一级故障

一级故障属于危急故障，若动力电池上报该故障，整车将立即断高压，丧失动力。动力电池正常工作时不会上报该故障，一级故障见表 6-3 所列。

表 6-3　一级故障

报警级别	故障示例	临界阈值	报警延时时间
一级（危急故障）	过电流	300 A	10 s
	烟雾检测故障	无	10 s
	单体电芯电压过低	2.3 V	2 s
	单体电芯电压过高	3.8 V	2 s
	绝缘等级过低	小于 100 Ω/V	2 s

二、动力电池的故障指示

纯电动汽车故障灯大多数与普通汽车故障灯一样，分为指示灯、警告灯、指示 / 警告灯 3 类。纯电动汽车故障灯同样用颜色代表故障程度：红色 = 危险 / 重要提醒；黄色 = 警告 / 故障；绿色 / 蓝色 / 白色 = 指示 / 确认启用。

1. 动力电池断开指示灯

动力电池断开指示灯如图 6-3（a）所示，它表示动力电池不能提供动力来源，动力已经被切断，需要及时维修。

2. 动力电池故障指示灯

动力电池故障指示灯如图 6-3（b）所示，它表示动力电池可能存在故障，此时需要慢速行驶并及时维修，如果感觉到明显的故障最好不要行车，申请救援。

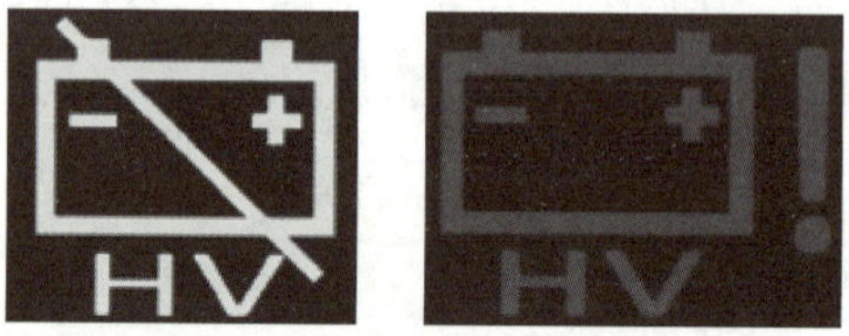

（a）动力电池断开指示灯　（b）动力电池故障指示灯

图 6-3　动力电池断开指示灯与故障指示灯

3. 动力电池绝缘故障指示灯

图 6-4（a）为动力电池绝缘故障指示灯，它表示动力电池出现绝缘性能降低情况，需要及时维修。

当动力电池系统和整车没有故障，高压上电时仪表会显示“READY”指示灯，表示车辆行驶准备就绪。车辆行驶准备就绪指示灯如图 6-4（b）所示。图 6-4（c）是充电提醒灯，其实和燃油车的油量报警灯是一样的，这个灯亮起来就是提醒司机应该去给汽车充电了，汽车的动力电池组电量已经快用完了。

（a）动力电池绝缘故障指示灯　（b）车辆行驶准备就绪指示灯　（b）充电提醒灯

图 6-4　动力电池绝缘故障指示灯、行驶准备就绪指示灯与充电提醒灯

三、动力电池常见故障及处理方法

1. 单体电池故障

单体电池的故障主要包括 3 种情况。

①电池性能正常，无须更换。但单体电池 SOC 偏低或偏高，会降低整个电池组的实际充电或放电容量，处理方法是对偏低或偏高的电池单独进行充电或放电。

②故障单体电池性能衰退严重，应立即更换。如单体电池容量不足或内阻偏大，会影响整车的续驶里程或严重影响电池的电化学性能，处理方法是更换故障单体电池。

③单体电池故障影响行车安全。如单体电池出现过充、过放，内部短路、外部短路，极性装反等现象，可能会导致电池热失控，严重时会起火、爆炸，处理方法是检查电池管理系统或更换故障单体电池。

通常情况下，造成单体电池前两种故障的原因可能包括两个：一是动力电池成组时单体电池一致性问题，单体电池的 SOC、容量、内阻本身就存在差异；二是单体电池在成组应用过程中因为应用环境差异（如温度、充电和放电电流）造成的一致性差异增加，加剧单体电池的不一致性。

2. 电池线路或连接件故障

线路或连接件故障的诊断对于确保行车安全和整车的可靠性非常重要。例如，因为车辆的振动，电池间的连接螺栓会出现松动，电池间接触电阻增大，发生电池间虚接故障，以致电池组内部能量损耗增加，造成车辆动力不足和续驶里程短，在极端情况下还能引起高温，产生电弧，熔化电池电极和连接片，造成电池着火等事故。

在纯电动汽车运行过程中，单体电池之间可能发生相对跳动，造成电池间的连接片折断；电池箱和纯电动汽车的电气连接也是故障的高发点，电插接器在经历长时间振动后容易产生虚接，出现烧蚀、接触不良等故障。表 6-4 为电池线路或连接件的故障现象、可能原因及其处理方法。

表 6-4　电池线路或连接件的故障现象、可能原因及其处理方法

故障现象	可能原因	处理方法
汽车动力不足，续驶里程短	电池间虚接；动力电池插接器虚接	紧固电池连接；检查动力电池插接器
汽车无法启动	正极 / 负极接触器故障；电池间断路；快速熔断器断开；动力电池插接器断开	检查接触器；检查电池连接；检查快速熔断器；检查动力电插接器
无法监控汽车	信号电插接器故障	检查信号电插接器

3. BMS 故障

表 6-5 为 BMS 故障的现象、可能原因及其处理方法。

表 6-5　BMS 故障的现象、可能原因及其处理方法

故障现象	可能原因	处理方法
无法监控总电压或单体电压	总电压测量故障；单体电压测量故障	检查总电压测量模块或单体电压测量模块
无法监控电池温度	温度测量故障	检查温度测量模块
无法监控电池电流	电流测量故障	检查电流测量模块
电池温度偏高	冷却系统故障	检查冷却风扇控制线路
无法监控汽车	CAN 通信故障	检查 CAN 网络

在线测试与知识扩展

扫一扫　测一测

数字式绝缘电阻测试仪

《纯电动汽车维护、检测、诊断技术规范》（JT/T 1344—2020）

项目七

充电系统检修

新能源汽车以动力电池作为动力源，想要获得更多的续航里程，就要及时对动力电池进行充电。新能源汽车上安装的车载充电系统是车辆主要的能源补给系统，为保障车辆持续行驶提供动力能源。本项目介绍新能源汽车充电系统的分类、充电系统的组成及功能、慢充系统的认知与检修、快充系统的认知与检修等相关知识。

知识目标

1. 了解新能源汽车充电系统的分类。
2. 了解充电系统的组成及功能。
3. 了解能量回收工作原理。
4. 掌握交流慢充系统的构成与工作原理。
5. 掌握直流快充系统的构成与工作原理。

技能目标

1. 能够准确使用新能源汽车维修绝缘拆装工具。
2. 能正确认知整车上的充电桩、充电枪、慢充口、快充口、车载充电机等充电系统相关部件。
3. 能正确进行慢充及快充。
4. 能进行简单的交流慢充系统故障检修。
5. 能进行简单的直流快充系统故障检修。

任务一　慢充系统检修

思政园地　《加快推进公路沿线充电基础设施建设行动方案》政策解读

党中央、国务院高度重视充电基础设施建设工作，先后做出一系列决策部署。交通运输部坚决贯彻落实以上决策部署，早在2014年，就印发相关文件，部署各地“结合新能源汽车用户规模和发展需求，增设加气、充电设施”。此后，持续进行部署推动。2021年，交通运输部又将绿色出行“续航工程”列为交通运输工程，更贴近民生实事。2022年1月，交通运输部会同国家发展和改革委员会等部门印发《关于进一步提升电动汽车充电基础设施服务保障能力的实施意见》（发改能源规〔2022〕53号），部署各地多向发力、加快推动，确保到“十四五”末，满足超过2 000万辆电动汽车充电需求。

故障现象

一辆累计行驶里程约为50 000 km的2018款吉利帝豪EV450电动汽车，出现交流慢充无法充电故障。

基础知识

一、新能源汽车充电系统

动力电池充电系统是新能源汽车的电能补给系统，是电动汽车不可缺少的子系统之一。充电系统从外部获取电能供给电动汽车动力电池系统，保障车辆能持续行驶。

1. 充电系统的分类

新能源汽车充电系统根据充电时间长短，可分为常规充电（慢充）和快速充电（快充）；根据充电电流形式，可分为交流充电和直流充电；根据充电连接形式，可分为传导式充电、无线充电和电池组快速更换等。

目前新能源电动汽车主流的充电模式包括常规充电（交流慢充）、快速充电（直流快充）和电池组快速更换三种模式。

（1）常规充电

常规充电模式，又被称为交流慢充、车载充电，一般采用随车携带的携式充电设备进行充电，可使用家用电源和充电桩。这种慢充的充电电流较小，一般在6～32 A，电流可直接进行两相交流或三相交流。而根据电流的大小与电池的体积，一辆新能源汽车充满电需要5～8 h，对电池寿命和电网影响不大。交流慢充可利用电网晚间的低谷电进行充电，降低充电成本。充电时段充电电流较小、电压相对稳定，保证动力电池组安全和延长使用寿命。但充电时间过长，当车辆出现紧急供电需求时，很难满足车主的需求。

（2）快速充电

快速充电被称为直流快充、地面充电，通过非车载充电器采用高强电流给电池直接充电。图 7-1 所示为吉利帝豪 EV450 直流快充。通过直流充电桩，电池可以在 20 ～ 30 min 内充到 80% 左右的电量，因此也被人们称为应急性充电。这种充电模式的电压一般在 150 ～ 400 V，且充电电流大，通常是常规充电电流的几倍甚至十几倍，同时功率也大，充电时间相对较短。直流充电桩一般需要设置在充电站内，地面充电机直接输出直流电给车载动力电池充电。

图 7-1　吉利帝豪 EV450 直流快充

由于直流快充时，充电电流大，对电池的寿命有一定的负面影响，易造成电池异常，使其存在安全隐患，且大电流充电会对公用电网产生冲击，会影响电网的供电质量和安全。

（3）电池组快速更换

电池组快速更换即机械充电，在动力电池即将耗完电时，用充满电的电池组更换电量低的电池组，直接给电池换电，更换下来的电池被送到电站内进行慢充补电。

由于电池组重量较大，更换电池的专业化要求较高，需配备专业人员借助专业机械来快速完成电池的更换、充电和维护。因此这种方法需要建设标准的换电站，还需要准备大量的备用电池，存在用地需求大、场站建设周期长、资金投入大等问题。

2. 新能源汽车充电系统的组成及功能

新能源汽车充电系统主要由直流充电接口（带高压线束）、交流充电接口（带高压线束）、车载充电机、电机控制器、动力电池总成、动力电池管理系统、整车控制器、车身控制系统、12 V 低压蓄电池等部件组成。图 7-2 所示为吉利帝豪 EV450 充电系统组成。

1—车载充电机（如配备）；2—电机控制器；3—交流充电接口；4—直流充电接口。

图 7-2　吉利帝豪 EV450 充电系统组成

注意：吉利帝豪 EV450 交流充电口安装在车上左前翼子板上，直流充电口安装在车身左后侧。

新能源汽车充电系统按功能划分主要有直流快充、交流慢充、低压充电及制动能量回收 4 项功能。下面以吉利帝豪 EV450 车型为例分别介绍。

（1）直流快充功能

直流快充功能主要通过直流充电接口、动力电池来实现。

直流快充的工作原理如下：当直流充电设备接口连接到整车直流充电接口，直流充电设备发送充电唤醒信号给 BMS，BMS 根据动力电池的可充电功率，向直流充电设备发送充电电流指令；同时，BMS 吸合系统高压正极继电器和高压负极继电器，动力电池开始充电。

吉利帝豪 EV450 直流充电能量传递路线如图 7–3 所示。

图 7–3　吉利帝豪 EV450 直流充电能量传递路线

（2）交流慢充功能

交流慢充功能主要通过交流充电接口、交流充电设备、动力电池、车载充电机等部件来实现。

吉利帝豪 EV450 车载充电机里含有分线盒，其分线盒的作用包括高压电能的分配和高压回路的过载及短路保护，车载充电机将动力电池总成输送的电能分配给电机控制器、空调压缩机和 PTC 加热器等。交流慢充时，充电电流会经过车载充电机分线盒流入动力电池为其充电。

交流慢充的工作原理如下：当随车交流充电设备的充电枪插入整车交流充电接口时，车辆处于交流充电模式下，车载充电机检测交流充电接口的 CC、CP 信号（充电枪插入、导通信号）并唤醒 BMS，BMS 唤醒车载充电机并发送指令充电，同时闭合主继电器，动力电池开始充电。一般充电时间预估为 13 ～ 14 h。

吉利帝豪 EV450 交流充电能量传递路线如图 7–4 所示。

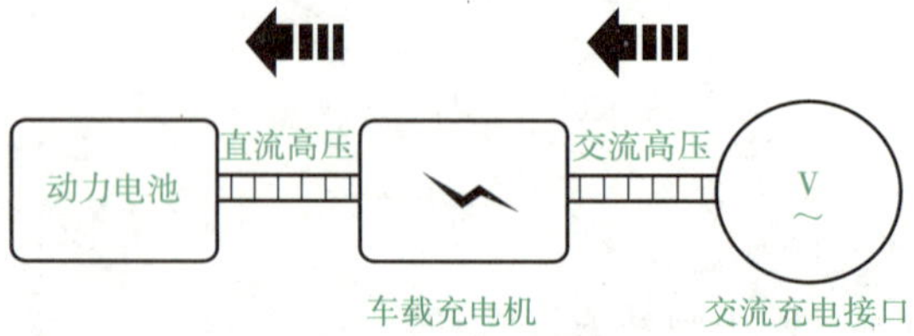

图 7–4　吉利帝豪 EV450 交流充电能量传递路线

（3）低压充电功能

低压充电功能主要通过 12 V 铅酸蓄电池、电机控制器、车载充电机分线盒、动力电池等部件来实现。

低压充电的工作原理如下：高压上电前，低压电路系统依靠 12 V 铅酸蓄电池供电，当高压上电后，电机控制器将动力电池的高压直流电经 DC/DC 转换成低压直流电，为 12 V 铅酸蓄电池充电。

吉利帝豪 EV450 低压充电能量传递路线如图 7-5 所示。

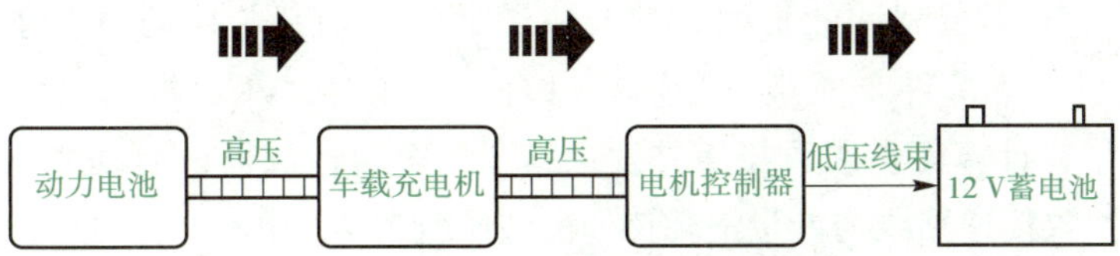

图 7-5　吉利帝豪 EV450 低压充电能量传递路线

注意：电机控制器内部包含 1 个 DC/AC 逆变器和 1 个 DC/DC 直流转换器。DC/AC 逆变器由 IGBT、直流母线电容、驱动和控制电路板等组成，实现直流（可变的电压、电流）与交流（可变的电压、电流、频率）之间的转变。DC/DC 直流转换器实现直流高压向直流低压的能量传递，其中将电能传递给 12 V 低压蓄电池的过程就称为低压充电。

长期停放的车辆容易造成低压蓄电池亏电，低压蓄电池严重亏电将会导致车辆无法启动上电。为避免这一问题，吉利帝豪 EV450 配备了智能充电功能。车辆停放过程中 VCU 将持续对电源蓄电池电压进行监控，当电压低于设定值时，VCU 将唤醒 BMS，同时 VCU 也将控制电机控制器通过 DC/DC 对低压蓄电池进行充电，防止低压蓄电池亏电。吉利帝豪 EV450 智能充电能量传递路线如图 7-6 所示。

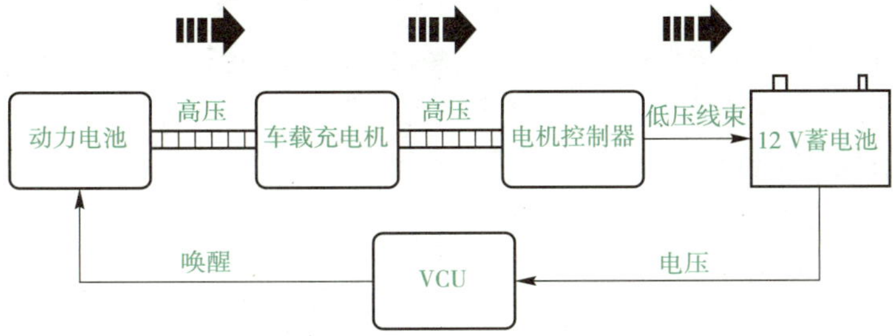

图 7-6　吉利帝豪 EV450 智能充电能量传递路线

（4）制动能量回收功能

制动能量回收又称“再生制动”，制动能量回收的工作原理如下：能量回收系统是在车辆滑行或制动过程中，驱动电机从驱动状态转变成发电状态，将车辆的动能转换为电能储存在动力电池中，从而实现制动能的再生利用。同时，电机以发电状态工作时产生的电机制动力矩又可以对驱动轮施加制动，产生制动力。

制动能量回收控制主要包括滑行状态和制动状态两种工况的电机制动转矩控制。根据加速踏板和制动踏板信号，制动能量回收可以分为两个阶段。阶段一：车辆行驶过程中，驾驶人松开加速踏板但未踩下制动踏板，此时加速踏板与制动踏板均未踩下，整车控制器判定车辆处于滑行状态，此时车辆进行能量回收，有一定的制动效果。阶段二：驾驶人踩下制动踏板后，整车控制器 VCU 根据制动踏板信号，判定驾驶人有制动需求，使车辆处于减速制动状态。

吉利帝豪 EV450 车型的制动能量回收系统默认为自动开启状态，当驾驶人需要减速踩制动时，制动能量回收系统会控制电机进行制动能量回收，电机制动力矩与液压制动力矩直接叠加，在减速度为 0.2 m/s^2 时可达到 65% 的电机制动比率，整车制动能量回收率约为 9%。

吉利帝豪 EV450 车型制动能量回收功能主要通过制动开关、动力电池、驱动电机、整车控制器、高压线束等部件来实现。车辆在滑行或制动时，VCU 根据当前动力电池状态和制动踏板位置信号，计算能量回收扭矩并发送指令给电机控制器，启动能量回收。吉利帝豪 EV450 制动能量回收传递路线与能量消耗传递路线（图 7-7）相反。

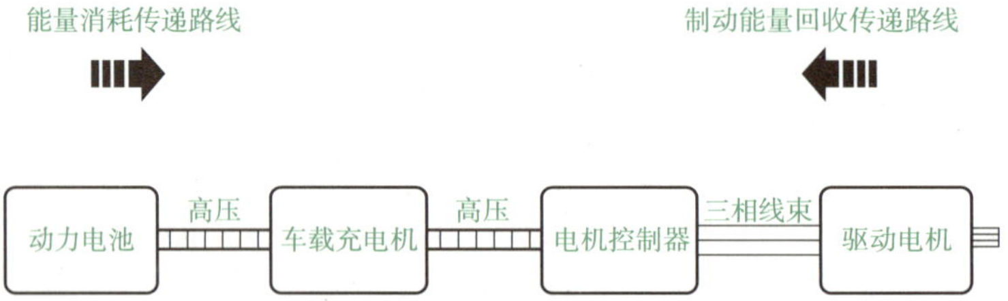

图 7-7　吉利帝豪 EV450 制动能量回收传递路线与能量消耗传递路线

在进行制动能量回收控制时，需要遵循的原则；

①制动能量回收不能干预 ABS 的工作；

②当 ABS 进行制动力调节时，制动能量回收不应该进行；

③当 ABS 报警时，制动能量回收不应该进行；

④当电驱动系统出现故障时，制动能量回收不应该进行。

> 注意：制动能量回收过程中电机消耗车轮旋转的动能转换成交流电，再输出给电机控制器，电机控制器将交流电转换成直流电给动力电池充电。

二、慢充系统的组成

慢充系统的主要组成部件有供电设备、慢充接口、车载充电机、慢充线束、高压控制盒、动力电池等。

1. 供电设备

慢充系统的供电设备（图 7-8）主要包含充电线、充电宝及交流充电桩等。

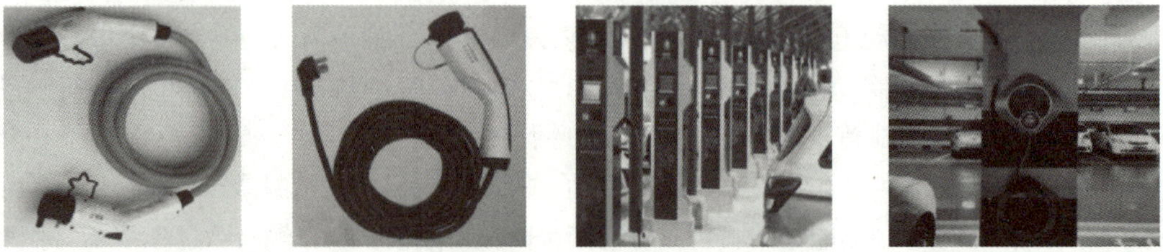
（a）双枪充电线　（b）充电宝　（c）交流充电桩（充电站）　（d）交流充电桩（壁挂式）

图 7-8　慢充系统的供电设备

（1）充电线

家用慢速充电线两端分别为三相插头端和充电接口端，使用时三相插头端接家用三相插座，充电接口端接车辆慢充接口。

使用时需注意：家用电源插座负荷必须达到 16 A 并带有搭铁功能，才能正常充电。

（2）交流充电桩

常规充电系统所采用的充电桩为交流充电桩，输入和输出电流均是 220 V 交流电。交流充电桩安装在电动汽车外，与交流电网连接，采用有线传输方式，为具有车载充电机的电动汽车提供交流电能，提供人机操作界面和交流充电接口，具备相应保护功能。

交流充电桩应用在各种大、中、小电动汽车充电站，其特点是充电功率较小，电池充电时间较长，可在低谷时段充电。

2. 慢充接口

交流充电可以分为单相交流充电和三相交流充电两种，其充电接口相同。单相交流充电主要应用于家庭用户的充电设施和一些标准的公共充电设施，这类充电接口比较简单，便于单相交流充电使用。

吉利帝豪 EV450 交流慢充口位于汽车左前翼子板上，充电接口内装有照明灯，照明灯由 BMS 控制。吉利帝豪 EV450 慢充接口结构及外形如图 7-9 所示。

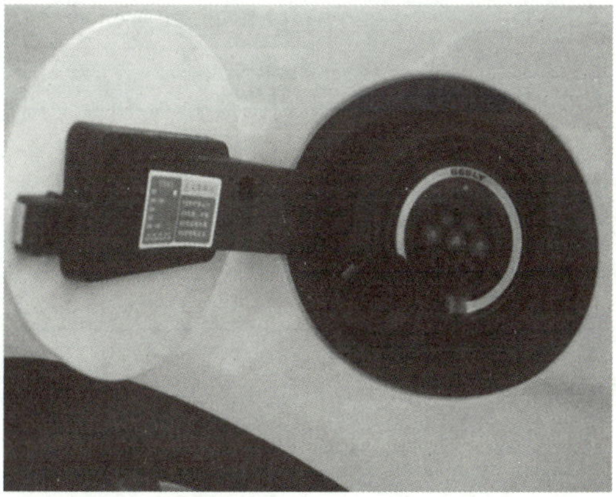

图 7-9　吉利帝豪 EV450 慢充接口结构及外形

慢充接口（图 7-10）通常采用标准的七孔充电接口，其端子功能定义见表 7-1 所列。

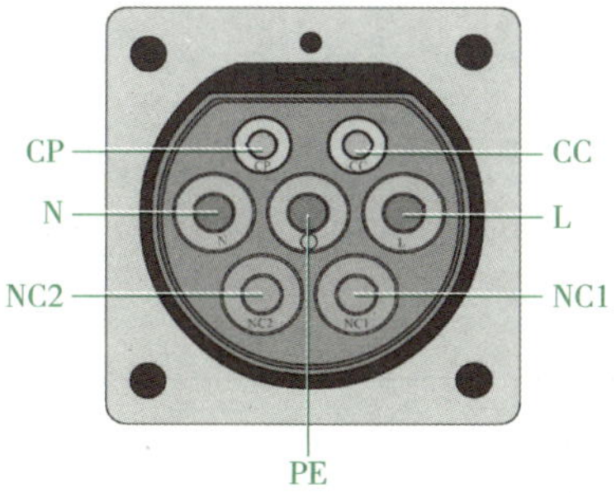

图 7-10　慢充接口

表 7-1　慢充接口端子功能定义

端子标号及标示	额定电压	额定电流	功能定义
1-（L）	250 V/440 V	16 A/32 A	交流电源
2-（NC1）	—	—	备用端子
3-（NG2）	—	—	备用端子
4-（N）	250 V/440 V	16 A/32 A	中线
5-（PE）	—	—	保护接地（PE），连接供电设备地线和车辆车身搭铁线
6-（CC）	30 V	2 A	充电连接确认
7-（CP）	30 V	2 A	控制确认

吉利帝豪 EV450 车型在车辆充电接口上方设有充电指示灯，用于指示不同的充电状态。在任意电源挡位，车身管理系统收到 BMS 的充电状态信息时，驱动充电指示灯工作，显示充电状态。充电接口还具有照明功能，充电照明灯为白色，直接由 BCM 控制。吉利帝豪 EV450 充电指示灯控制流程如图 7-11 所示。

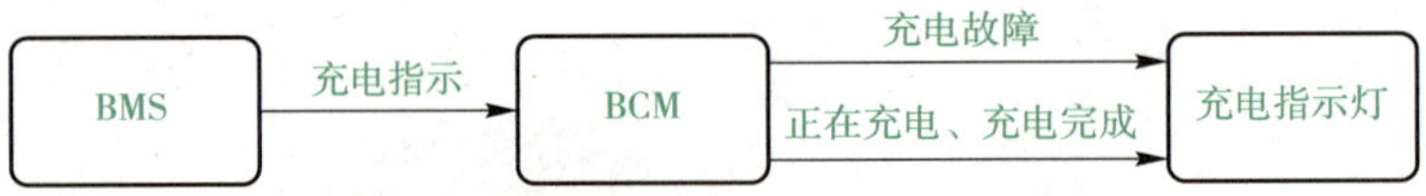

图 7-11　吉利帝豪 EV450 充电指示灯控制流程

充电指示灯状态显示定义见表 7-2 所列。

表 7-2　充电指示灯状态显示定义

颜色	状态	说明
白色	常亮 2 min	充电照明
黄色	常亮 2 min	充电加热
绿色	闪烁 2 min	充电过程
蓝色	常亮 2 min	预约充电
绿色	常亮 2 min	充电完成
红色	常亮 2 min	充电故障
蓝色	闪烁 2 min	放电过程

3. 车载充电机

（1）车载充电机工作原理

作为一个电力电子系统，车载充电机内部可分为主电路、控制电路、线束及标准件三部分。主电路前端将交流电转换为恒定电压的直流电，主电路后端为 DC/DC 变换器，将前端转出的直流高压电变换为合适的电压及电流供给动力蓄电池。

新能源汽车车载充电机的控制电路具有控制 MOS 管（金属氧化物半导体场效应管）的开关、与 BMS 之间进行通信、监测充电机工作状态，以及与充电桩“握手”等功能。车载充电机依据 BMS 提供的数据，动态调节充电电流或电压参数，执行相应的动作，完成充电过程。

线束及标准件用于主电路与控制电路的连接，固定元器件及电路板。车载充电机工作原理如图 7-12 所示。

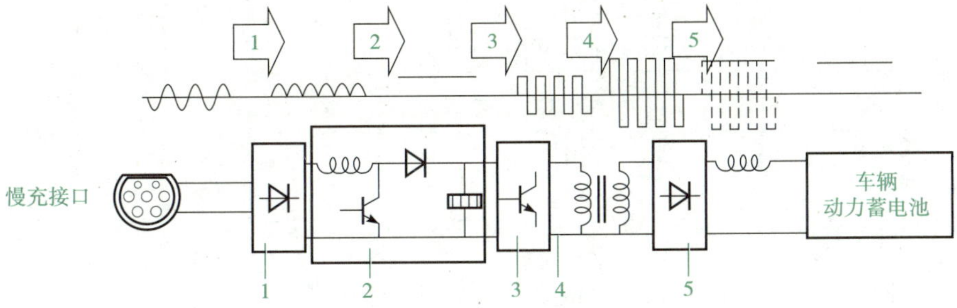

1—将交流电转换成直流电；2—升压；3—通过开关的开/闭形成交流波形；4—通过变压器升压；5—将交流电转换成直流电。

图 7-12 车载充电机工作原理

（2）车载充电机的作用

①通过高速 CAN 网络与 BMS 通信，判断电池连接状态是否正确，获得电池系统参数及充电前和充电过程中整组和单体电池的实时数据。

②通过高速 CAN 网络与 VCU 通信，上传充电机的工作状态、工作参数和故障报警信息，接收启动充电或停止充电控制命令。

③具有完备的安全防护措施：过压、欠压、过流、过热、短路、反接保护、充电联锁、高压互锁。

④充电机在地面充电装置、动力电池之间起功率转换的作用，交流充电桩通过交流充电口将能量传递给车载充电机，车载充电机与电池管理系统通信，并将能量传递给动力电池。

4. 慢充线束

连接慢充接口与车载充电机之间的线束叫慢充线束。其作用为将慢充桩输入的 220 V 交流电输送给车载充电机。

吉利帝豪 EV450 慢充接口与车载充电机之间，通过 BV24—BV27 高压橙色电缆连接，接入充电桩传送的交流电。交流慢充座 BV24、BV25 插接器与车载充电机低压插接器 BVI0 通过低压线束连接，进行信息采集和通信。吉利帝豪 EV450 慢充线束连接电路图如图 7-13 所示。

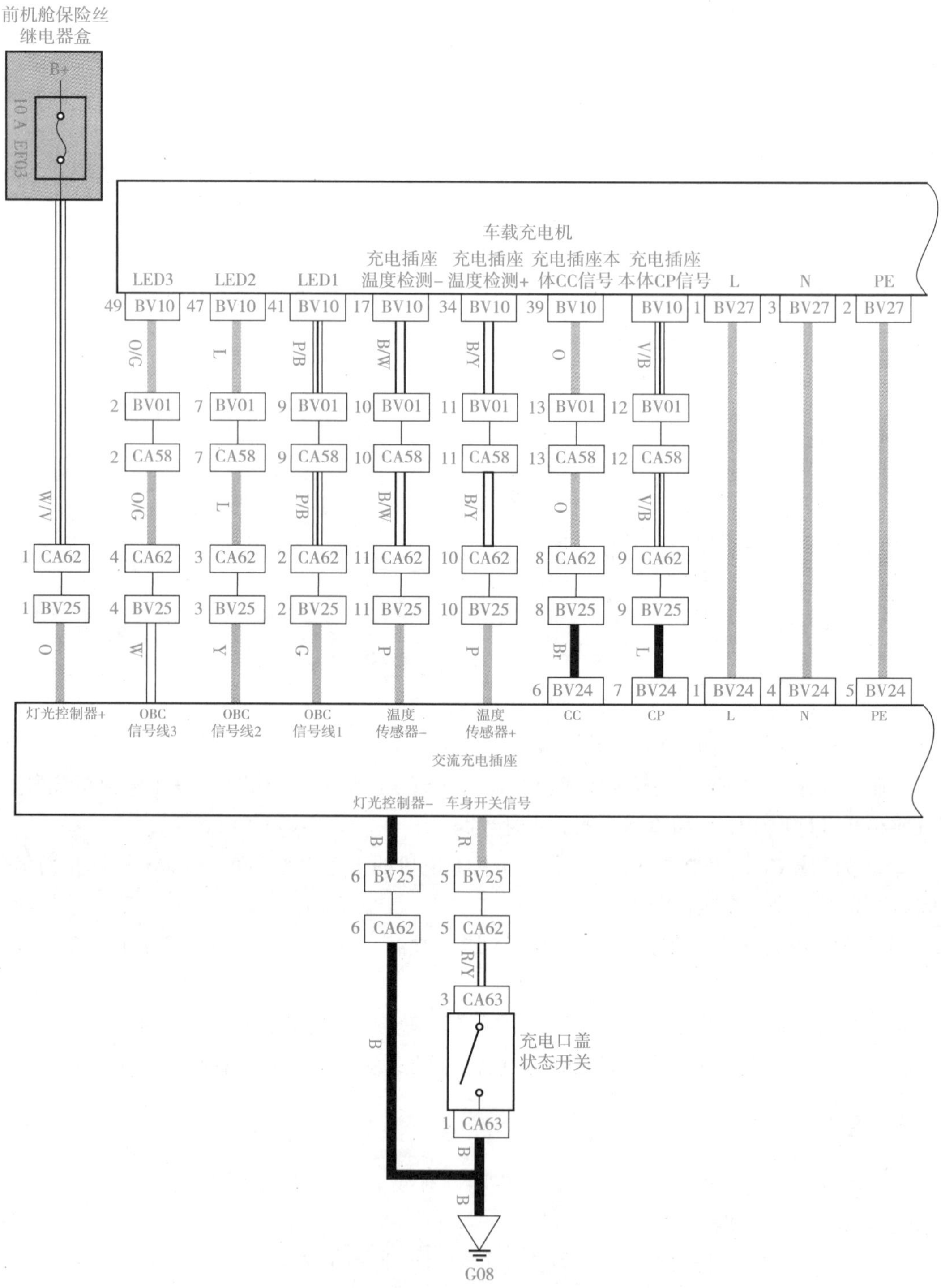

图 7-13　吉利帝豪 EV450 慢充线束连接电路图

三、交流慢充的工作流程

1. 交流慢充充电逻辑

慢充系统中，慢充桩通过慢充枪与车辆的慢充接口连接，慢充桩的交流电通过慢充线束及车载充电机，将交流电转变为高压直流电，经过高压控制盒、直流母线为动力电池充电。同时，高压直流电还通过 DC/DC 转换器给低压蓄电池充电。交流慢充充电逻辑如图 7-14 所示。

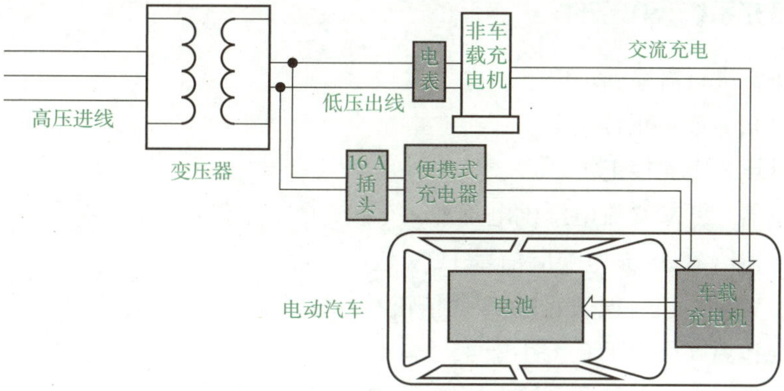

图 7-14 交流慢充充电逻辑

2. 交流慢充工作流程

在车辆接口和供电完全连接后，如果车载充电机自检无故障，并且动力电池组处于可充电状态，车载充电机会检测交流充电接口的 CC、CP 信号，确认连接无误后通过 CAN 通信网络通知整车控制器 VCU，VCU 唤醒 BMS，BMS 向车载充电机发送指令充电，同时闭合主继电器，动力电池开始充电。当充电枪与慢充口断开时，充电桩控制器切断便充充电桩至充电枪的电路。交流慢充流程如图 7-15 所示。

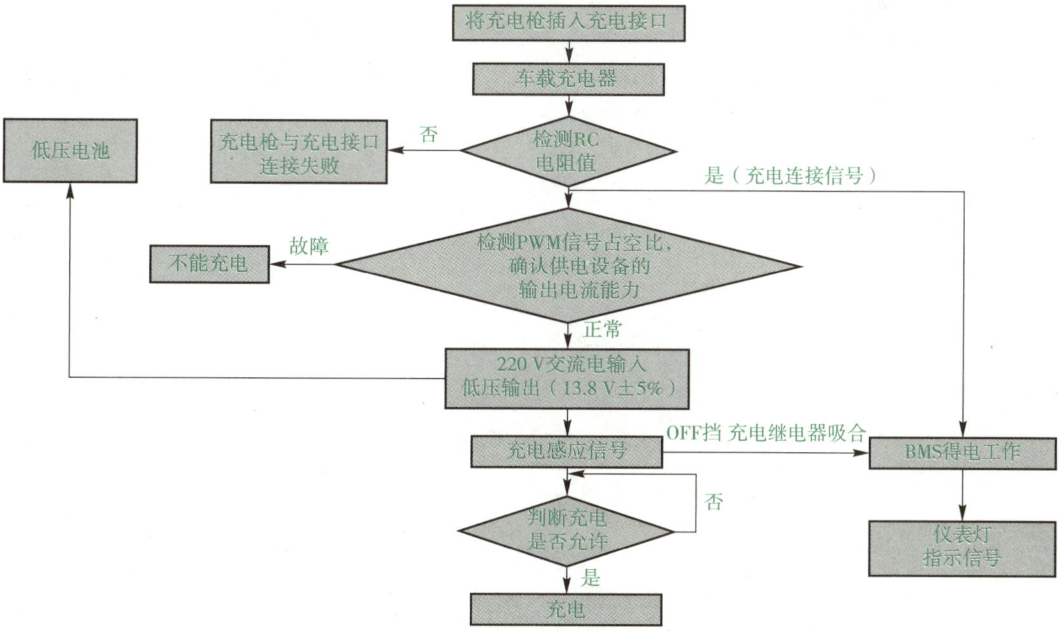

图 7-15 交流慢充流程

注意事项

注意：出于安全的考虑，在充电接口连接过程中，首先连接的触点是“保护接地 5 触点”，最后连接的触点是“控制确认 7 触点”。在脱开的过程中，“控制确认 7 触点”先断开，最后断开“保护接地 5 触点”。

3. 交流慢充系统充电条件

交流慢充正常进行需要满足以下条件。

① CC、CP 信号连接正常。

②高压、低压线束连接正常。

③车载充电器 220 V 交流电源供电正常，车载充电器工作正常。

④车载充电器给 BMS 充电唤醒信号 12 V 输出正常。

⑤车辆端、VCU、组合仪表、BMS 通信正常，接触器正常。

⑥动力电池包温度应大于 0 ℃小于 45 ℃。

⑦单体电池最高电压与最低电池电压差 ＜ 300 mV。

⑧实际单体电池电压不大于额定电压 0.4 V。

⑨单体电池最高温度与最低温度温差 ＜ 15 ℃。

⑩车辆绝缘电阻阻值 ＞ 500 Ω/V。

在线测试与知识扩展

扫一扫　测一测

《电动汽车传导充电用连接装置　第 2 部分：交流充电接口》（GB/T 20234.2—2015）

任务二 快充系统检修

思政园地

《国家发展改革委等部门关于进一步提升电动汽车充电基础设施服务保障能力的实施意见》

为全面贯彻落实《国务院办公厅关于印发新能源汽车产业发展规划（2021—2035年）的通知》（国办发〔2020〕39号），支撑新能源汽车产业发展，突破充电基础设施发展瓶颈，推动构建新型电力系统，助力“双碳”目标实现，国家发展和改革委员会、国家能源局、工业和信息化部等部门制定了关于进一步提升电动汽车充电基础设施服务保障能力的实施意见。

故障现象

一辆累计行驶里程约为50 000 km的2018款吉利帝豪EV450电动汽车，出现交流慢充充电正常，但使用直流快充充电时，仪表面板上没有显示充电连接，无法用直流快充充电的故障现象。

基础知识

一、快充系统认知

直流快充系统由供电设备、快充接口、快充线束、高压控制盒、动力电池等组成。电网接入380 V工业用电，经过快充桩的转换装置，将380 V交流电转换为高压直流电，通过车辆快充接口，直接进入电池包，快充桩的ECU单元与车辆的BMS之间进行通信，保证充电过程的安全、可靠。

1. 供电设备

快充系统的供电设备是直流充电桩，也叫快充桩。它是固定安装在电动汽车外，与交流电网连接，可以为电动汽车动力电池提供直流电源的供电装置。充电桩有不同的电压和功率等级，可供不同型号的电动汽车充电，一般由功率转换模块、充电显示屏、充电桩体组成。

快充桩（图7-16）一般用于高速公路服务区、公交场站、小区停车场等场所。快充桩由380 V三相电供电，频率为50 Hz，功率有45 kW、60 kW、120 kW、150 kW、180 kW等，输出电压平台有200～500 V、500～750 V或200～750 V等，最大输出电流为几百安。

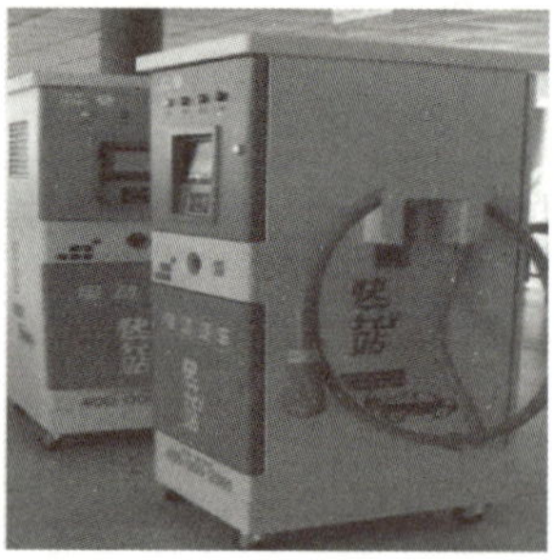

图 7-16　快充桩

2. 快充接口

吉利帝豪 EV450 直流快充接口安装在车身左后侧，用方向盘下按钮开启后，方可打开快充盖。吉利帝豪 EV450 快充接口结构及外形如图 7-17 所示。

快充接口（图 7-18）通常采用标准的 9 孔充电接口，其端子功能定义见表 7-3 所列。

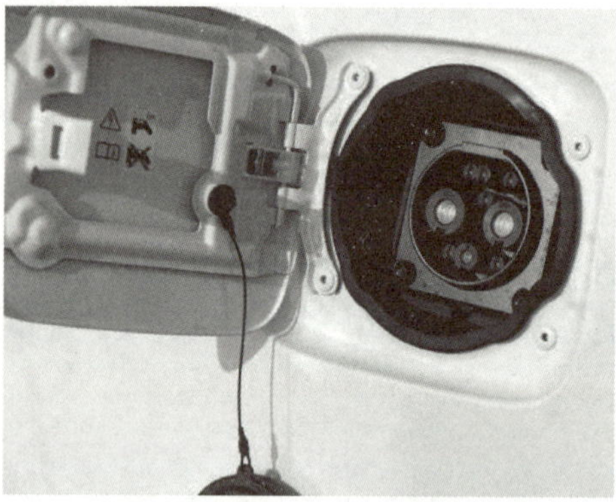

图 7-17　吉利帝豪 EV450 快充接口结构及外形

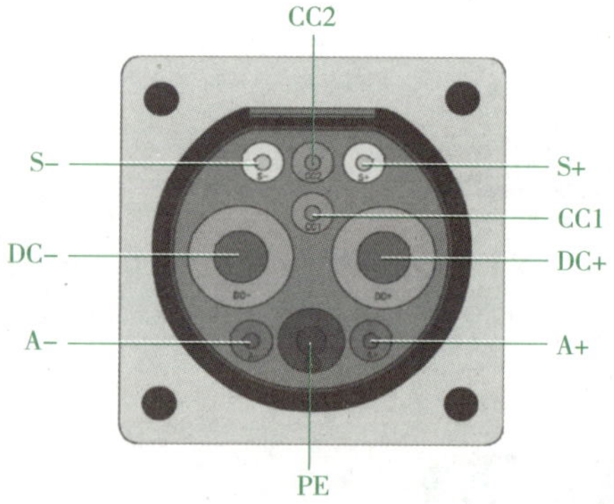

图 7-18　快充接口

表 7-3　快充接口端子功能定义

端子标号及标示	额定电压	额定电流	功能定义
1-（DC+）	750 V/1 000 V	80 A/125 A	直流电源正极，连接直流电源正极与动力蓄电池正极
2-（DC-）	750 V/1 000 V	80 A/125 A	直流电源负极，连接直流电源负极与动力蓄电池负极
3-（PE）	—	—	保护接地（PE），连接供电设备搭铁线和车辆平台
4-（S+）	0 ～ 30 V	2 A	充电通信 CAN-H，连接非车载充电机与电动汽车
5-（S-）	0 ～ 30 V	2 A	充电通信 CAN-L，连接非车载充电机与电动汽车
6-（CC1）	0 ～ 30 V	2 A	充电连接确认线

端子标号及标示	额定电压	额定电流	功能定义
7-（CC2）	0 ～ 30 V	2 A	充电连接确认线
8-（A+）	0 ～ 30 V	2 A	辅助蓄电池正极，连接非车载充电机，为电动汽车提供辅助蓄电池
9-（A-）	0 ～ 30 V	2 A	辅助蓄电池负极，连接非车载充电机，为电动汽车提供辅助蓄电池

3. 快充线束

当快充枪插入充电插座之后，形成连接检测回路，检测结果正确后方能开始充电。快充口 B20 插接器与动力电池端高压插接器 BV23 通过直流线束相连，进行电能传输。直流充电口内 BV21 插接器与 BMS 模块线束连接器 CA70 相连，进行信息采集和通信。吉利帝豪 EV450 快充线束连接电路图如图 7-19 所示。

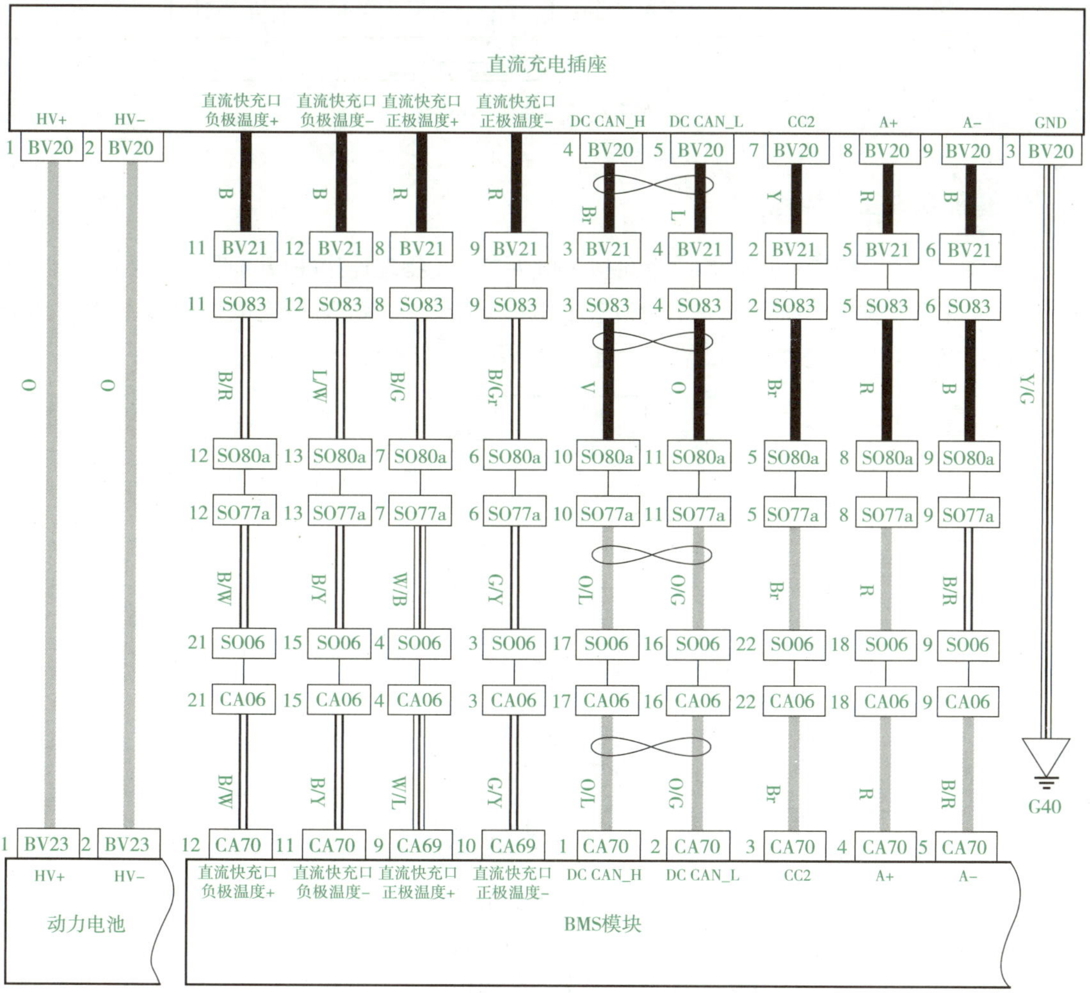

图 7-19 吉利帝豪 EV450 快充线束连接电路图

二、直流快充

1. 直流快充充电逻辑

在快充系统中，快充桩通过快充枪与车辆的快充接口连接，快充桩的高压直流电通过快充线束，经过高压控制盒中的快充正极、负极继电器，最后通过直流母线为动力电池充电。同时，高压直流电还通过 DC/DC 转换器给低压蓄电池充电。直流快充充电逻辑如图 7-20 所示。

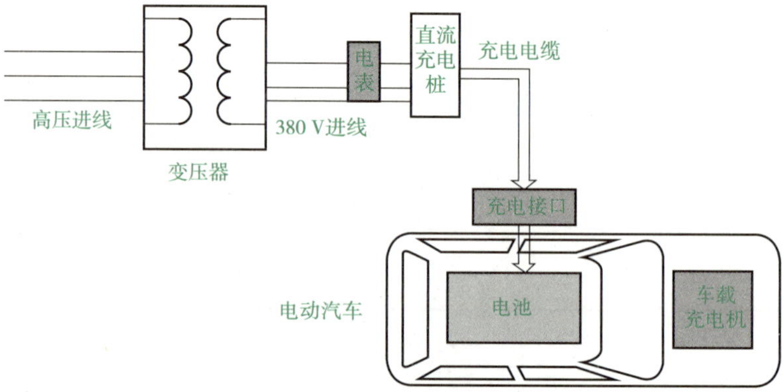

图 7-20　直流快充充电逻辑

2. 直流快充工作流程

直流快充的充电流程一般包括六个阶段（图 7-21）：物理连接完成、低压辅助上电、充电握手阶段、充电参数配置阶段、充电阶段和充电结束阶段。各个阶段充电桩和 BMS 按照规定的顺序进行报文交互，发生故障或者报文超时，根据类别都会进行相应的故障处理。

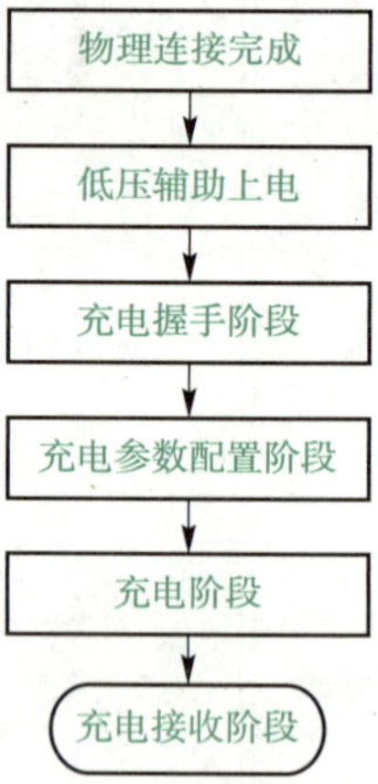

图 7-21　直流快充的充电流程的六个阶段

①物理连接完成：将充电枪插入电动车的充电接口并确保接触良好。

②低压辅助上电：充电桩向电动车提供低压辅助直流电源，以激活 BMS。

③充电“握手”阶段：发送“握手”报文，获取电动车和充电桩双方的充电相关参数。

④充电参数配置阶段：充电桩向电动车 BMS 发送关于充电机最大数据能力的报文，BMS

根据充电桩最大输出能力判断能否充电，并进行参数匹配。

⑤充电阶段：正式充电阶段，BMS 实时向充电桩发送电池充电需求，充电桩根据电池需求来调整充电电压和充电电流以保证充电过程正常进行。同时，它们会实时监控彼此的充电状态，确保充电安全。

⑥充电结束阶段：当充电桩和 BMS 停止充电后，双方进入充电结束阶段。BMS 向充电桩发送整个充电过程中的充电统计数据。

直流快充流程如图 7-22 所示。

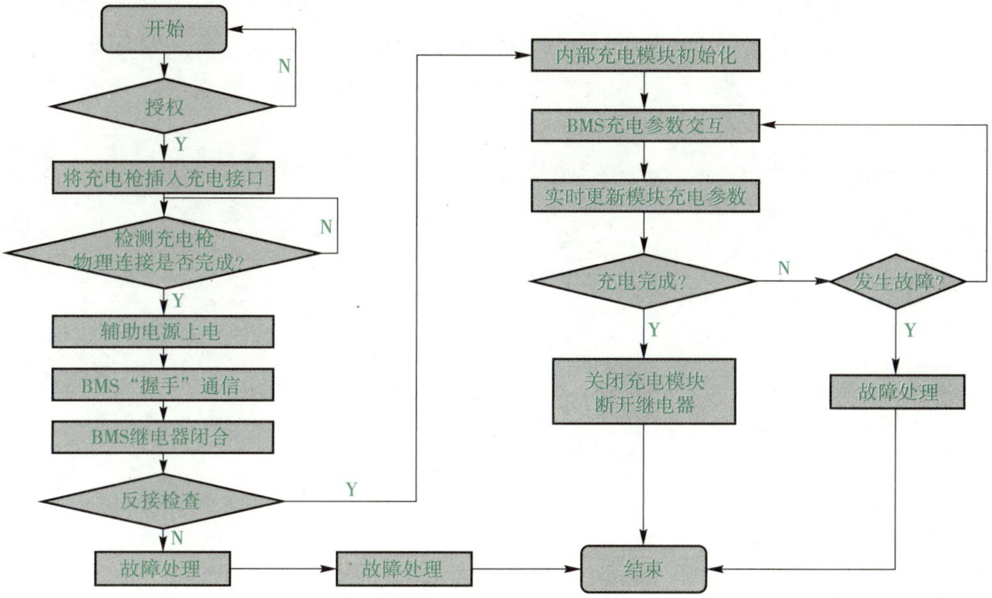

图 7-22　直流快充流程图

> **注意：**在充电接口的连接过程中，触点连接顺序：保护接地→电源正与电源负→辅助电源正与辅助电源负→充电通信触点。
>
> 在脱开的过程中，触点断开顺序：充电通信触点→辅助电源正与辅助电源负→直流电源正与电源负→保护接地。

3. 直流快充系统充电条件

直流快充正常进行需要满足以下条件。

①充电连接确认信号 CC1、CC2 正常。

②高压、低压线束连接正常。

③快充接口 A+ 唤醒信号 12 V 输出正常。

④快充桩、VCU、BMS 之间的通信正常。

⑤动力电池包温度应大于 0 ℃小于 45 ℃。

⑥单体电池最高电压与最低电池电压差 < 300 mV。

⑦实际单体电池电压不大于额定电压 0.4 V。

⑧单体电池最高温度与最低温度温差 < 15 ℃。

⑨车辆绝缘电阻阻值> 500 Ω/V。

在线测试与知识扩展

扫一扫　测一测

《电动汽车传导充电用连接装置　第 3 部分：直流充电接口》（GB/T 20234.3—2015）

项目八

车辆辅助系统检修

人们在驾驶车辆时，想要一个安全舒适的行车环境，就离不开车辆辅助系统的帮助。比如，通过电动助力转向系统，人们就可以很轻松地控制车辆的转向；通过电动空调系统，可以很快地降低车内温度。那么，这些又是如何实现的呢？本项目就将对新能源汽车电动助力转向系统和电动空调系统进行简单的介绍。

知识目标

1. 能够描述新能源汽车电动助力转向系统的作用。
2. 掌握先进的新能源汽车电动助力转向系统的结构组成和工作原理。
3. 能够描述新能源汽车空调系统的作用。
4. 掌握新能源汽车暖风系统和冷风系统的组成。

技能目标

1. 能识别出电动转向系统各部件。
2. 能够对 EPS 指示灯常亮故障进行检修。
3. 能说出空调系统各部件名称。
4. 能进行新能源汽车空调面板操作。

任务一　电动助力转向系统认知

思政园地　　让每一辆车应用上中国的安全智能转向系统

2023 年上海车展上，天津德科质控股份有限公司研发的主动后轮转向技术（RWS）中主动后轮转向通过驱动电机带动拉杆，从而实现主动控制后轮摆动角度，解决因紧急转向产生较大的质心侧偏角，从而诱发甩尾、降低车辆的操稳性等问题，成为名副其实的“C 位”产品。

任务要求

一辆吉利帝豪 EV450 电动汽车出现 EPS 指示灯常亮故障。

基础知识

一、电动助力转向系统发展历史

转向系统是指由汽车驾驶人操纵，能实现转向轮偏转和回位的一套机构，能按照驾驶人的意图改变汽车的行驶方向和保持汽车稳定的直线行驶。在汽车的发展历程中，转向系统经历了四个发展阶段。转向系统发展阶段见表 8–1 所列。

表 8–1　转向系统发展阶段

时间	事件
20 世纪 50 年代	液压助力转向系统在汽车上应用
1983 年	日本 Koyo 公司（光洋精工株式会社）推出电动液压助力转向系统
1988 年	日本 SUZUKI 公司〔铃木（中国）投资有限公司〕使用转向柱助力式电动助力转向系统
1990 年	日本本田技研工业株式会社使用齿条助力式电动助力转向系统

二、电动助力转向系统概述

电动助力转向系统 EPS（Electric Power Steering）是一种直接依靠电动机提供辅助转矩的动力转向系统。该系统仅仅控制电动机电流的方向和幅值，不需要复杂的控制机构；还可以根据不同的使用工况控制电动机提供不同的辅助动力，满足人们对驾驶轻便性的要求。

EPS 能够根据汽车方向盘转矩、方向盘转角、车速和路面状况等，为驾驶人提供最佳的转向助力，使转向更加轻松柔和，另外还能使车辆具有良好的直线保持能力及抑制颠簸路面反作用力的能力，保证各种行驶工况下的路感。

三、电动助力转向系统分类

电动助力转向系统根据助力电机的安装位置不同，可以分为转向轴助力式、齿轮助力式和齿条助力式。转向轴助力式 EPS（图 8-1）的电动机固定在转向轴一侧，通过减速机构与转向轴相连，直接驱动转向轴助力转向。齿轮助力式 EPS（图 8-2）的电动机和减速机构与小齿轮相连，直接驱动齿轮助力转向。齿条助力式 EPS（图 8-3）的电动机和减速机构则直接驱动齿条提供助力。

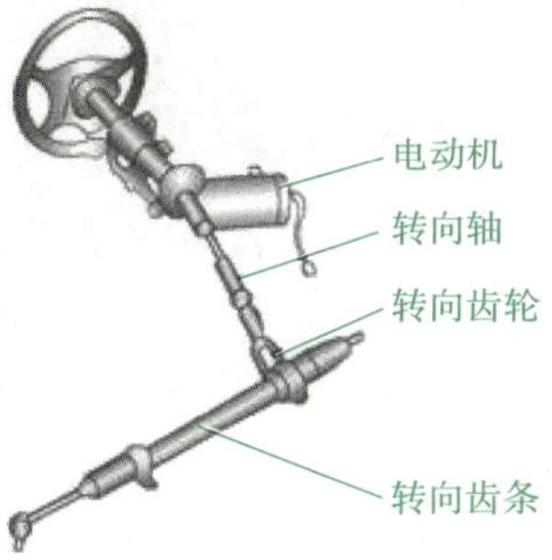

图 8-1 转向轴助力式 EPS

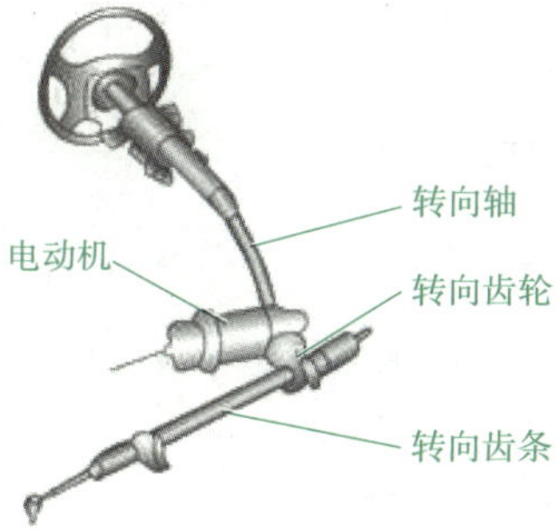

图 8-2 齿轮助力式 EPS

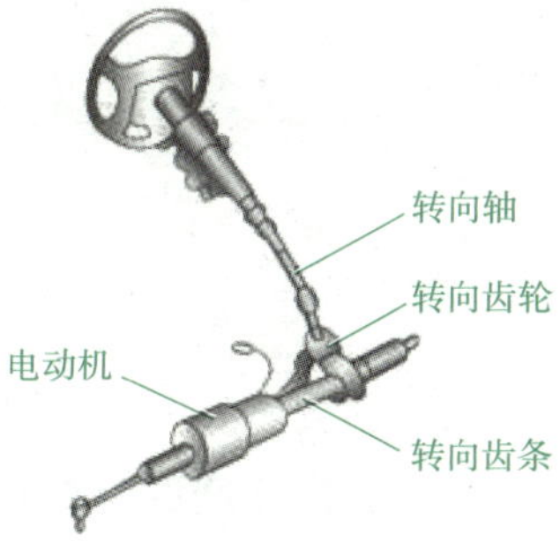

图 8-3 齿条助力式 EPS

四、电动助力转向系统构成

电动助力转向系统主要由转矩传感器、电子控制单元 ECU 和助力电机等组成。电动助力转向系统构成如图 8-4 所示。电子控制单元根据各传感器输出的信号计算所需转向助力的转矩，并通过功率放大模块控制助力电机的转动，电机的输出转矩经过减速机构减速增扭后，驱动齿轮齿条机构产生相应的转向助力。

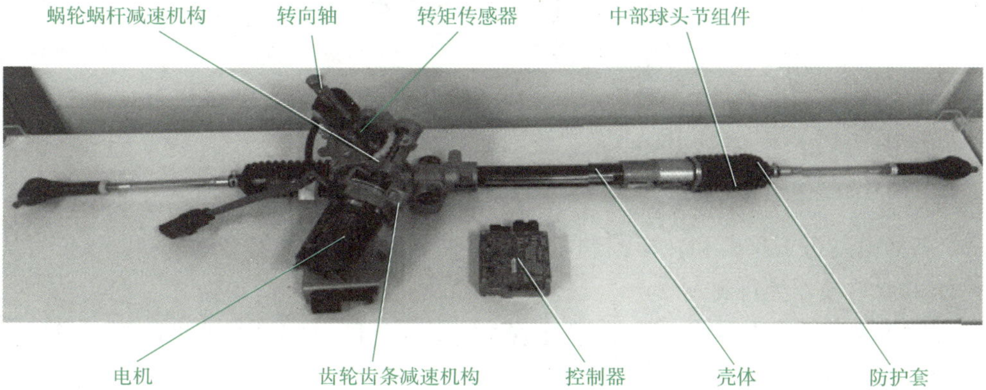

图 8-4 电动助力转向系统构成

1. 转矩传感器

转矩传感器检测扭力杠杆的扭曲程度，转换为电信号来计算扭力杆上的转矩，并将信号传输给 EPS 控制器。

转矩传感器具有双回路输出特性，主回路和辅回路输出电压之和稳定为 5 V。当方向盘不转动时，主回路电压和辅回路电压都为 2.5 V。当方向盘往右转动时，主回路输出电压会升高，辅回路输出电压会相应下降，一旦有一方升高至 3.5 V 或下降到 1.5 V 时，EPS 就会以最大主力输出。电压数据图如图 8-5 所示。

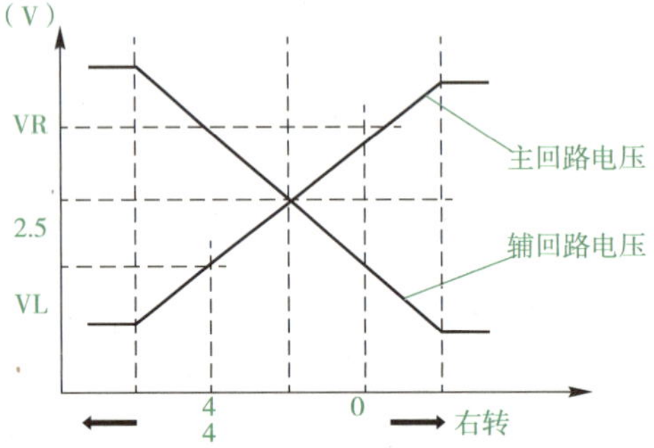

图 8-5　电压数据图

2. 电机总成的结构及电机控制原理

ESP 使用的电机分为两种：有刷电机和无刷电机。安装在转向器上的电机总成由一个蜗杆、一个蜗轮和一个直流电机组成。直流电动机及减速机构如图 8-6 所示。当蜗杆与安装在转向器输出轴上的蜗轮啮合时，它降低电机速度并把电机输出力矩传递给输出轴。

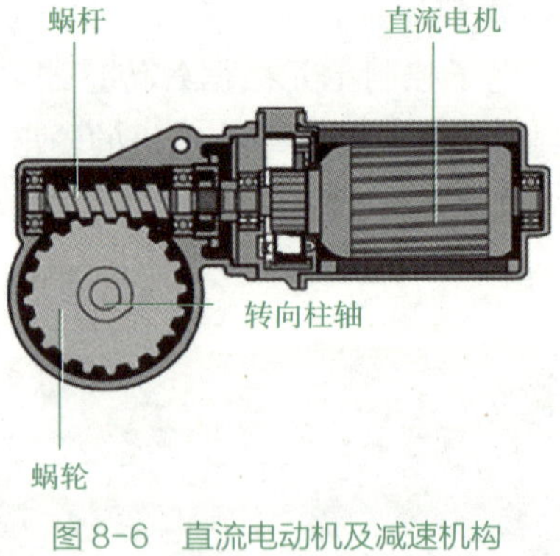

图 8-6　直流电动机及减速机构

图 8-7 为电动机正反向和转矩控制电路。图中 a_1、a_2 为触发信号输入端，该信号从微机系统的 DC/AC 转换器处得到。

当 a_1 端得到高电位触发信号时，晶体管 VT_3 导通，同 VT_2 得到基极电流导通，电流经 T_2、电动机 M 和 T_3 形成回路，使电动机正转，

当 a_2 端得到触发信号时，晶体管 VT_4 导通，同 VT_1 得到基极电流导通，电流经 T_1、电动机 M 和 VT_4 形成回路，使电动机反转。

电脑通过控制触发信号电流的大小即可控制通过电动机的电流大小及助力矩的大小。

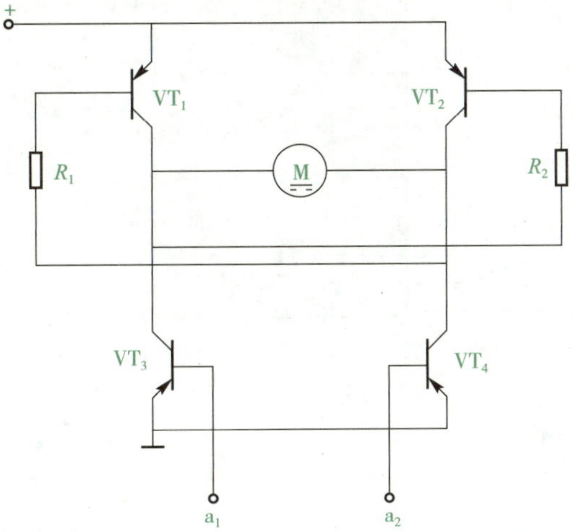

图 8-7　电动机正反向和转矩控制电路

3. 蜗轮蜗杆减速机构

蜗杆传动（图 8-8）由蜗杆、蜗轮组成，以蜗杆为主动件实现减速传动，当反行程不自锁时，也可以蜗轮为主动件实现增速传动。传动功率一般应在 50 kW 以下（最大可为 1 000 kW 左右），齿面间相对滑动速度应在 15 m/s 以下（最高可为 35 m/s）。按蜗杆的形状不同，蜗杆传动可分为圆柱蜗杆传动、圆弧面蜗杆传动和锥面蜗杆传动。

图 8-8　蜗杆传动

4. EPS 控制器

EPS 控制器根据各传感器发出的信号，启动转向柱上的电动机来提供转向助力。低速时助力作用大，转向轻便。高速时减小助力，以提高路感和操纵稳定性。EPS 工作原理如图 8-9 所示。

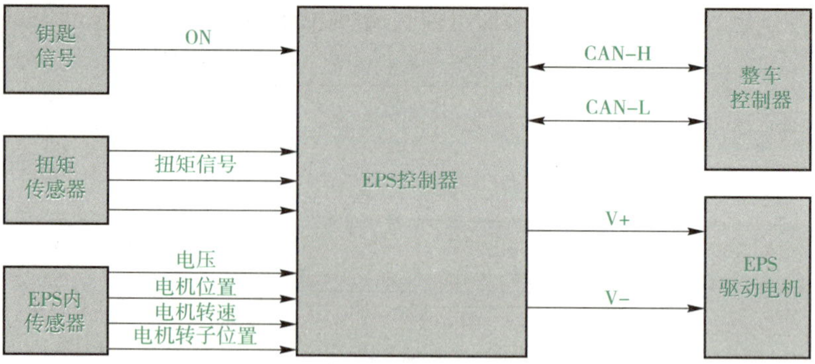

图 8-9　EPS 工作原理

在线测试与知识扩展

扫一扫　测一测

《汽车转向系　基本要求》（GB 17675—2021）

任务二　电动空调系统认知

思政园地　　**海立新能源汽车空调电动压缩机达到国际领先水平**

作为全球新能源汽车热管理系统核心零部件制造商，上海海立（集团）股份有限公司在第二十届上海国际汽车工业展览会上带来了重磅新品——800 V超低温热泵电动压缩机，这是海立在布局车用热管理核心部件以来的又一突破性产品，它的亮相，也意味着海立在新能源汽车零部件赛道的布局持续深入。

历经多年技术攻关，采用直流变频驱动的新能源汽车空调电动压缩机研发成功，大幅度提升了海立电动汽车空调动力系统的环保性、舒适性、可靠性，达到了国际领先水平。

任务要求

顾客想看一下电动汽车空调的性能，请你对电动空调的各个部件进行介绍，并正确进行电动空调系统操作和性能检测。

基础知识

一、汽车空调的作用

对于驾驶人来说，舒适的驾驶环境是很重要的。有时候受到天气的影响，车内的温度很难保持在令人舒适的状态，这个时候空调就起到了很重要的作用，它可以调节车内的温度和湿度，为驾驶人营造良好的环境。

对于乘客来说，舒适的乘坐环境也至关重要，过冷、过热或者空气不流通，都很有可能加剧乘客的晕车情况。除了制冷制热之外，通风透气也是空调的作用之一。

如果车内有异味，没办法在短时间内去除，这时就要依靠空调。空调的吹风模式分为外循环和内循环，驾驶人可以根据自己的需求，选择适合当下情况的循环模式。

二、汽车空调质量指标

1. 空气温度

空气温度是汽车空调质量最重要的指标。人感觉最适宜的温度，在夏季为22～28 ℃，在冬季为16～18 ℃。在冬季，如果温度低于14 ℃，人就会有冷的感觉，温度越低，手脚动作越容易僵硬，操作灵活性会越差，对行车安全会有影响；当温度下降到0 ℃时，会使人冻伤。而在夏季，如果温度高于 28 ℃，人体就会有热的感觉，温度越高，头昏脑涨、精神不集中、思维迟钝的情况就会越严重，从而越容易造成行车事故；如果温度高于 40 ℃，就会对人体健康造成伤害。人体本身对温度的感知也有差异。人体适宜的温度分布是头凉足暖，头部的舒适温度比足部要低 1.5 ～ 2 ℃，温差在 2 ℃左右。

2. 空气湿度

空气湿度是汽车空调质量的另一项指标，人们通常用空气的潮湿和干燥来表示空气湿度。人体适宜的相对湿度，在夏季为 50%～ 60%，在冬季为 40%～ 50%。在此湿度范围内，人会感觉舒畅，皮肤光滑、柔嫩。若湿度过低（15%～ 30%），人体皮肤会干燥，衣服与皮肤摩擦产生静电而使人感觉很不舒服；若湿度进一步降低，则会使人体皮肤因缺水而干裂。湿度过高（90%～ 95%），人体皮肤水分蒸发不出去，会干扰人体正常的新陈代谢；若湿度太高，人会有“闷”的感觉，对人体健康会有不利影响。

3. 空气流速

空气流速也是反映汽车空调质量的参数之一。空气的流动可促进人体内外散热，适宜的空气流速应在 0.075 ～ 0.2 m/s。空气低速流动会使人感觉舒适，如果风速过高，人就会有不舒适的感觉。

4. 空气清新度

空气清新度是反映汽车空调质量的另一项指标。清新的空气应该是富氧、少二氧化碳、少粉尘。由于汽车内空间较小，空气极易浑浊，影响驾乘人员的身体健康。

三、新能源汽车电动空调系统和传统汽车电动空调系统的区别

1. 空调压缩机驱动方式不同

新能源汽车电动空调系统与传统汽车的原理相同，不同之处在于其采用了不同的压缩机驱动方式。新能源汽车空调压缩机采用电驱动的方式，而传统汽车绝大多数采用发动机传动带（皮带）驱动的方式。图 8-10 和图 8-11 所示为传统汽车与新能源汽车的空调压缩机。

图 8-10 传统汽车的空调压缩机

图 8-11　新能源汽车的空调压缩机

2. 暖风实现形式不同

传统汽车上的暖风实现形式主要是水暖式，它的热源来自发动机冷却液，当冷却液温度较高时，它流过暖风系统中的热交换机，而鼓风机将空气与发动机冷却液进行热交换，最后加热后的空气通过各出风口送入车内。

新能源汽车在暖风实现的形式上，通常是利用电加热的方式来产生暖风。电加热的方式有两种：一种是通过加热冷却液，再经过循环为暖风水箱提供热量；另一种是直接加热经过蒸发箱的空气而产生暖风。图 8-12 所示为用于暖风加热的 PTC 加热器（热交换器）。

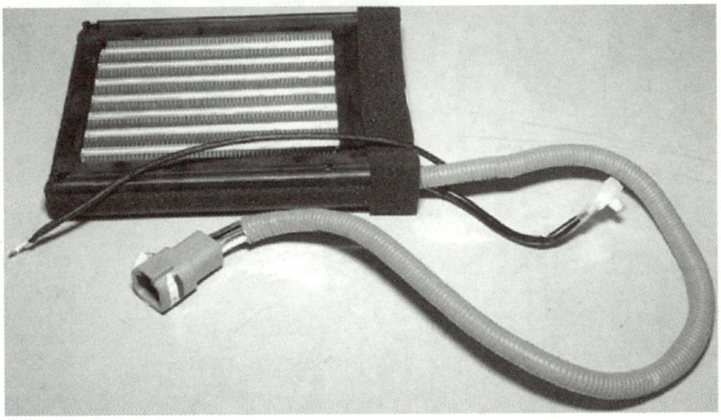

图 8-12　用于暖风加热的 PTC 加热器

四、空调送风系统

空调送风系统的作用是指将经过冷却或加热的空气通过特定的风道送到驾驶室内相应的位置。空调送风系统主要由鼓风机、风道、进风门和出风口等组成。图 8-13 为某车型的空调送风系统结构。

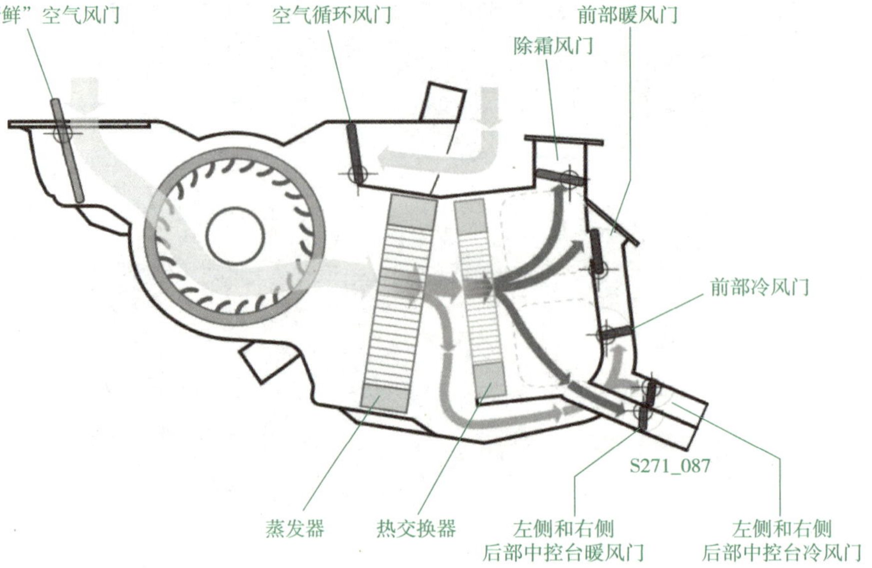

图 8-13　某车型的空调送风系统结构

五、空调制冷系统的组成

新能源汽车空调制冷系统与传统汽车制冷原理大致相同，主要区别是压缩机的驱动方式不同。纯电动汽车的空调采用电动方式来驱动压缩机，这有别于传统汽车。新能源汽车空调制冷系统的组成如图 8-14 所示。

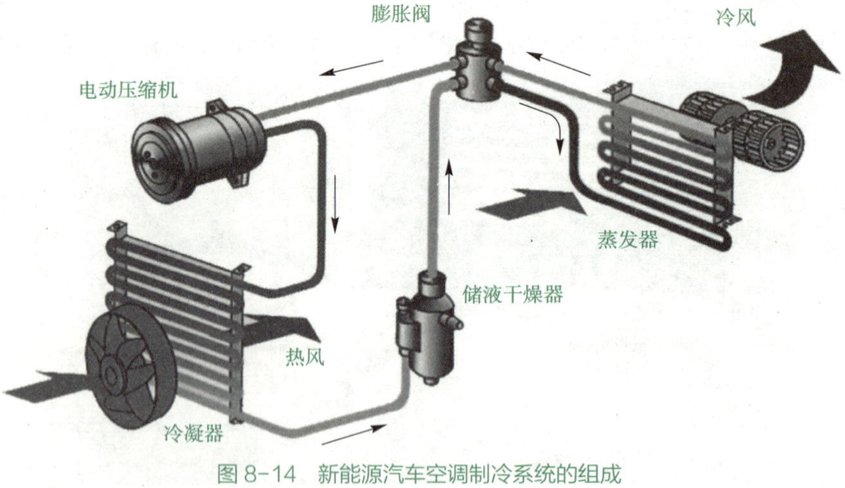

图 8-14　新能源汽车空调制冷系统的组成

1. 电动压缩机

电动汽车空调驱动方式与传统汽车空调不同，采用电机驱动方式。电动空调压缩机被固定在车辆的底盘上，一般在电动空调压缩机上集成压缩机控制器。空调压缩机控制器将高压直流电转换成三相交流电而驱动空调压缩机。电动压缩机上布置了高压插头和低压插头，压缩机本体上有制冷剂循环的进出管路。图 8-15 为某车型的直流电动空调压缩机的外观及安装位置和说明图。

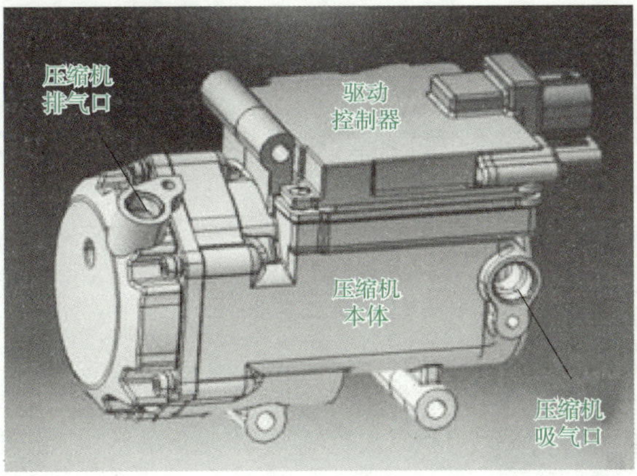

（a）直流电动空调压缩机的外观

（b）安装位置和说明

图 8-15　某车型的直流电动空调压缩机的外观及安装位置和说明图

2. 冷凝器

冷凝器是将制冷剂所含热量释放，并将制冷剂由气态转变成液态的热交换器。冷凝器安装在车辆的前部，风扇将风吹过散热装置，以利于排出热量。来自压缩机的制冷剂以高温高压的气态形式从顶部进入冷凝器；经过冷凝器时，制冷剂释放所含的大量热量并凝集在底部；在冷凝器出口，制冷剂处于中温高压液态。图 8-16 和图 8-17 为两种结构的冷凝器。

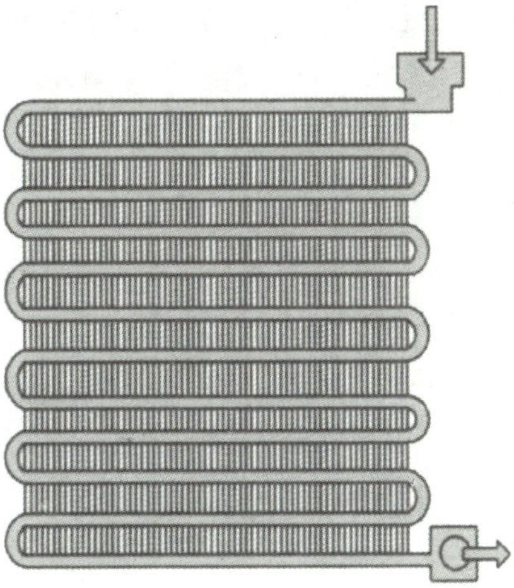

图 8-16　管带式冷凝器

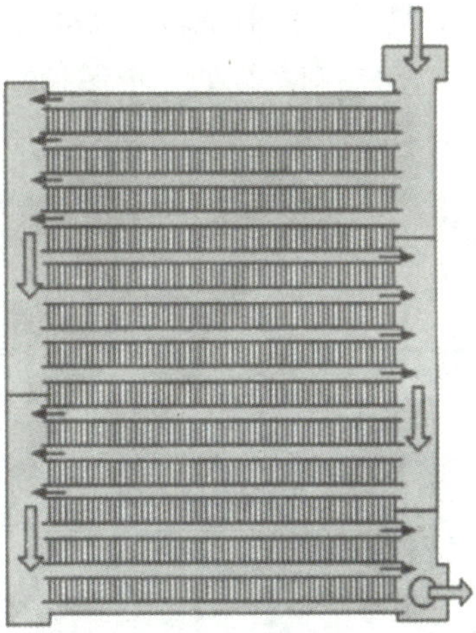

图 8-17　平行流式冷凝器

3. 膨胀阀

膨胀阀的作用是使从冷凝器过来的中温高压液体制冷剂通过膨胀阀的节流降压，成为容易蒸发的低温低压雾状制冷剂而进入蒸发器，即分开了制冷剂的高压侧和低压侧。膨胀阀可以根据制冷负荷的改变和压缩机转速的变化，自动调节制冷剂进入蒸发器的流量以满足制冷循环的需要。膨胀阀结构如图 8-18 所示。

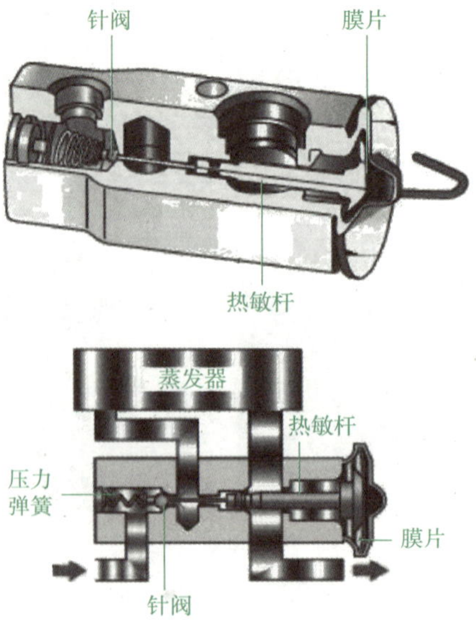

图 8-18　膨胀阀结构

4. 蒸发器

蒸发器是一个热交换器，减压后的制冷剂以液态 / 气态进入蒸发器，蒸发器中的制冷剂吸收进入车内的外部空气的热量，制冷剂蒸发。在蒸发器出口处，制冷剂呈低压低温气态。在蒸发器处安装了蒸发器温度传感器来测量蒸发器温度，当蒸发器温度低于一定温度时，空调停止运转，防止蒸发器结霜、结冰；当蒸发器温度高于一定温度时，空调系统才能重新接通。蒸发器是电动空调系统的一个保护性传感元件。图 8-19 所示为蒸发器外观，图 8-20 所示为蒸发器内部图。

图 8-19　蒸发器外观

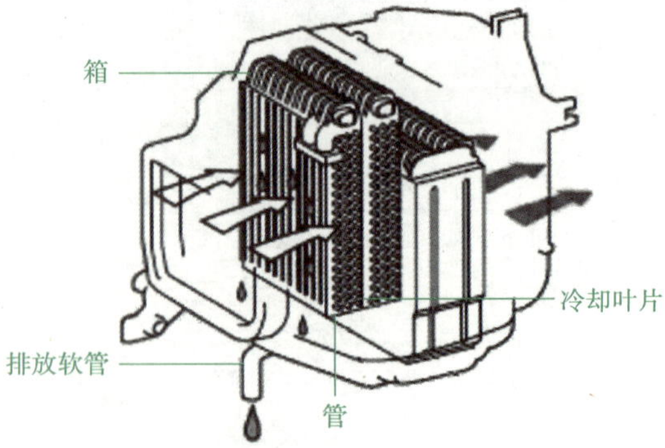

图 8-20　蒸发器内部图

5. 储液干燥器

储液干燥器如图 8-21 所示，其作用如下。

①贮存制冷剂：接受从冷凝器来的液体并加以贮存，根据蒸发器的需要提供所需的制冷剂量。

②过滤：将系统中经常出现的杂质和其他脏物（如锈蚀、污垢、金属微粒等）过滤掉，这些杂质和脏物会损伤压缩机轴承，还会堵塞过滤网和膨胀阀。

③吸收系统中的湿气：电动空调系统中要求湿气越少越好，因为湿气会造成“冰塞”并腐蚀系统管道等，使制冷系统不能正常工作。

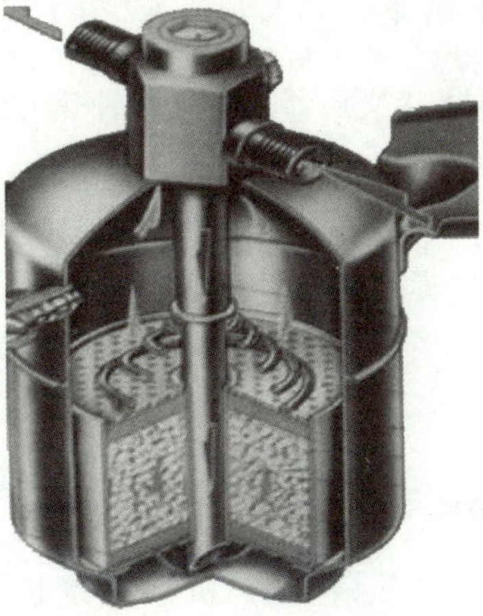

图 8-21 储液干燥器

六、空调制冷过程

空调制冷主要经历四个过程，即压缩过程、散热过程、节流过程和蒸发过程。空调制冷过程如图 8-22 所示。

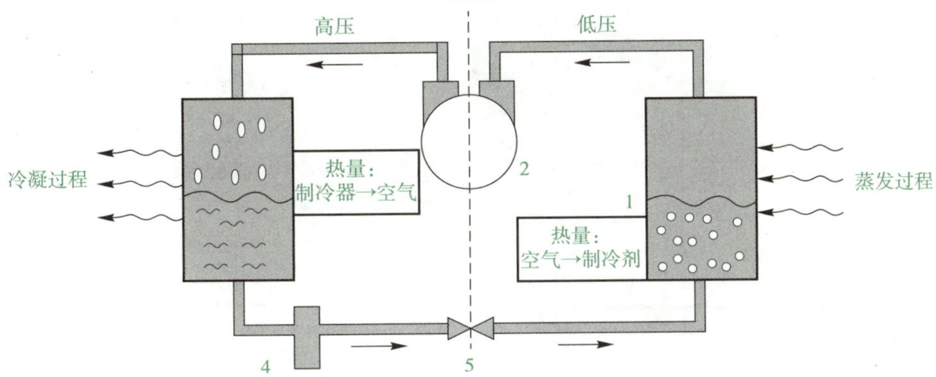

图 8-22 空调制冷过程

①压缩过程：吸入蒸发器出口处的低温低压的制冷剂气体，把它压缩成高温高压气体排出压缩机。

②散热过程：高温高压的过热制冷剂气体进入冷凝器，随着压力及温度的降低，冷凝成液体而排出。

③节流过程：温度和压力较高的制冷剂液体通过膨胀装置后体积变大，温度和压力急剧下降，以细小液滴形式排出膨胀装置。

④蒸发过程：雾状制冷剂液体进入蒸发器，因制冷剂沸点远低于蒸发器内温度，故制冷剂液体蒸发成气体。

七、空调暖风系统

1. 新能源汽车暖风系统的功能

汽车暖风系统是将冷空气送入热交换器，吸收某种热源的热量，提高空气的温度，并将热空气送入车内的系统。汽车暖风系统的功能有以下几点。

①与蒸发器一起将空气调节到使人感到舒适的温度。

②在寒冷的冬季向车内供暖，提高车内空气的温度。

③当车窗结霜，影响驾驶人和乘客的视线，不利于行车安全时，可通过采暖装置吹出热风来除霜。

2. 新能源汽车暖风系统的组成

新能源汽车暖风系统由空气净化风扇（鼓风机）、蒸发器、PTC 加热器（热交换器）、温度传感器等元件构成。PTC 加热器作为加热元件，通过动力电池为其供电，由电子开关模块控制其通电发热。新能源汽车暖风系统的结构组成如图 8-23 所示。

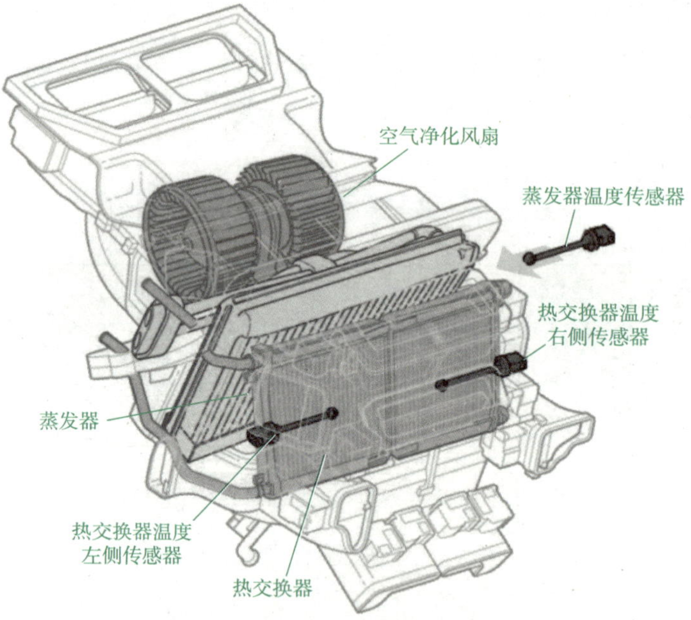

图 8-23　新能源汽车暖风系统的结构组成

3. PTC 加热器

新能源汽车没有传统车的发动机，没有热源，因此靠电加热器的热能来采暖。在空调的暖风系统中，热源为 PTC 加热器，也有部分使用 PTC 加热器加热冷却液作为热源来供暖的。图 8-24 所示为 PTC 加热器的电路原理，图 8-25 所示为 PTC 加热器外观图。

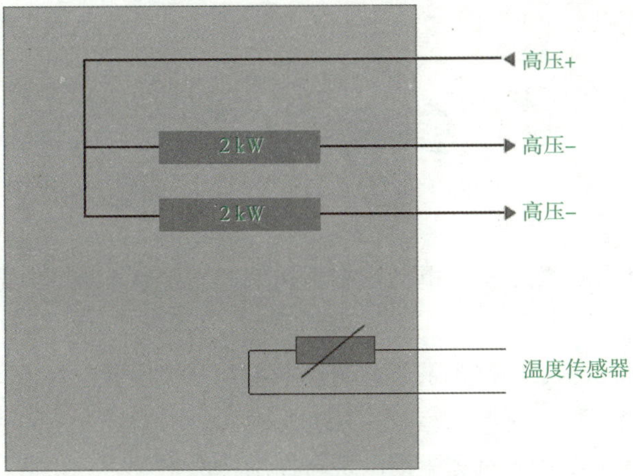

图 8-24　PTC 加热器的电路原理

图 8-25　PTC 加热器外观图

在线测试与知识扩展

扫一扫　测一测

《汽车空调用 1，1，1，2-四氟乙烷（气雾罐型）》（GB/T 36765—2018）

参考文献

[1] 敖东光，宫英伟，陈荣梅．电动汽车结构原理与检修[M]．北京：机械工业出版社，2017.

[2] 夏建武，许云珍．电动汽车整车控制技术[M]．北京：人民交通出版社股份有限公司，2018.

[3] 张利，缑庆伟．新能源汽车驱动电机与控制技术[M]．北京：人民交通出版社股份有限公司，2018.

[4] 杨效军，朱小菊．电动汽车结构与原理：配实训工单[M]．北京：机械工业出版社，2018.

[5] 何泽刚．纯电动汽车常见故障诊断与排除[M]．北京：机械工业出版社，2018.

[6] 申荣卫．纯电动汽车整车控制系统检测与修复[M]．北京：机械工业出版社，2018.

[7] 吴海东，程章，刘世斌．新能源汽车检测与故障诊断技术（彩色版配实训工单）[M]．北京：机械工业出版社，2022.

[8] 吴东盛，杨正荣，沐俊杰．新能源汽车整车控制系统检修（彩色版配实训工单）[M]．北京：机械工业出版社，2022.

[9] 王景智，马博，王旭．新能源汽车电动空调、转向和制动系统检修（彩色版配实训工单）[M]．北京：机械工业出版社，2022.

智能化融媒体新形态教材

新能源汽车整车控制技术

（实训练习册）

主　编　游志平　张丽凤

副主编　李　剑　李兆平　宋为真

江　伟　程　杰　胡　承

张美霞　秦显峰　陶先刚

杨　钢　丁　成　李晓微

邱家彩　张计军

参　编　黄慧颖

合肥工业大学出版社

HEFEI UNIVERSITY OF TECHNOLOGY PRESS

目录 CONTENTS

工单一　高压触电现场救护实训

一、接受任务

一名维修技工在维修电动汽车高压系统时，没有按照安全操作规程进行操作导致触电，请你对这名技工进行现场救护。

二、故障分析——造成高压触电的原因

相比于传统内燃机汽车，新能源汽车驱动系统内存在高电压，其安全系统设计更加复杂。如果车辆在充电及行驶过程中发生碰撞、翻车等事故，可能造成电力驱动系统的短路、漏电、燃烧、爆炸等，由此可能对乘车人员造成电伤害、化学伤害、燃烧伤害等。

由于电动汽车的动力电池电压比较高，最低电压也超过了人体所能承受的 36 V 安全电压，高的能达到几百伏，如果检修时不断开高压电，防护措施（要穿绝缘鞋、绝缘衣，戴绝缘手套，而且防护等级要够）不当，就会触电。非专业人员不准触摸或检修电动汽车。

以上是造成高压触电的一些原因，在使用或维护保养的过程中，要按照操作规程来进行操作；一旦发生高压触电事故，要采取相应的急救措施进行急救。

三、制订计划

根据触电急救规范及要求，为电动汽车维修作业过程中的触电者制订脱离电源、心肺复苏急救、电除颤行动计划，完成作业流程表。

1．根据维修作业计划，完成小组成员任务分工			
主修人		记录员	
监护人		展示员	
2．作业前准备：检测设备 / 工具 / 材料			
序号	名称	数量	清点
（1）	实训用车	1 辆	□已清点
（2）	举升机	1 台	□已清点
（3）	实训工装	1 套	□已清点
（4）	个人高压防护用具	1 套	□已清点
（5）	车轮挡块	2 块	□已清点
（6）	车内三件套	1 套	□已清点
（7）	警示牌	1 个	□已清点
（8）	翼子板防护垫	1 套	□已清点
（9）	半自动除颤仪	1 台	□已清点

3．作业流程		
脱离电源		
序号	作业项目	操作要点
（1）	脱离电源	断电
心肺复苏急救		
序号	作业项目	操作要点
（1）	仰头抬颌法	保持气道通畅的方法
（2）	人工呼吸	口对口或口对鼻呼吸的方法
（3）	胸外按压	胸外按压的操作方法
电除颤		
序号	作业项目	操作要点
（1）	检查触电者状态	看、听、摸
（2）	准备器材	电除颤仪的检查
（3）	电除颤处理	电除颤仪的操作，除颤注意事项

<table>
<tr><td colspan="3">4. 作业注意事项</td></tr>
<tr><td colspan="3">① 实训开始前应摘掉饰品，换上实训工装，长头发应挽起固定于脑后；
② 实训前检查车辆状态并确定状态良好，避免实训过程中触电；
③ 整车实训时确保点火开关处于“Lock”位置，操作另有要求的除外；
④ 驻车工作时，应施加驻车制动，除非特定操作要求置于其他挡位；
⑤ 当触电者站立时，要注意触电者倒下的方向，防止摔伤；
⑥ 安装电极片时应防止相连；
⑦ 电除颤仪两电极板贴紧患者皮肤，以免烧伤患者。不要让电除颤仪接触任何金属表面，以免造成导电；
⑧ 在除颤前，注意让无关人员及家属远离病人的床，不要碰到电极导电糊或盐水纱布</td></tr>
<tr><td rowspan="3">审核</td><td rowspan="3"></td><td>签字</td></tr>
<tr><td></td></tr>
<tr><td>年　月　日</td></tr>
</table>

四、任务实施

1. 脱离电源

作业内容	作业图例	完成情况
断开电源，确定环境安全	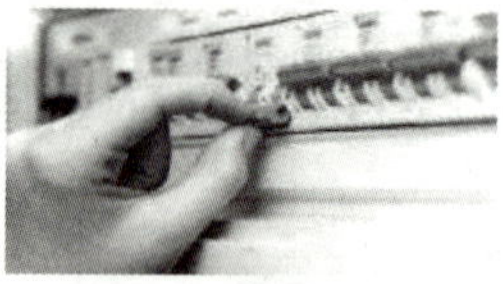	是□　否□
脱离电源	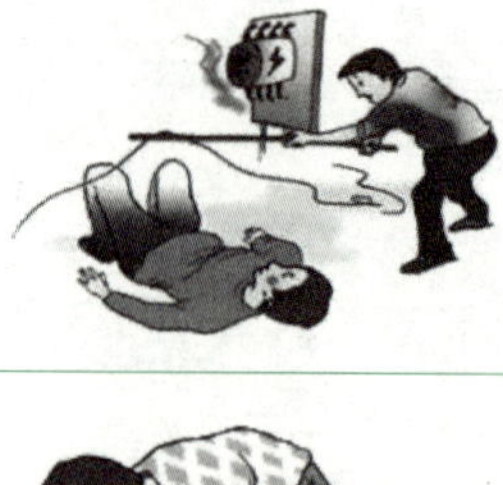	是□　否□
判断伤者是否有意识	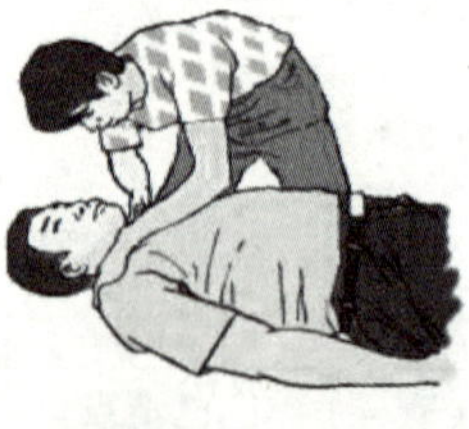	是□　否□
拨打 120 求救		是□　否□

2．心肺复苏急救

<table>
<tr><th colspan="3">作业内容</th><th>作业图例</th><th>完成情况</th></tr>
<tr><td rowspan="6">使用仰头抬颌法，保持气道通畅</td><td>伤者腿脚</td><td>抬高</td><td rowspan="6">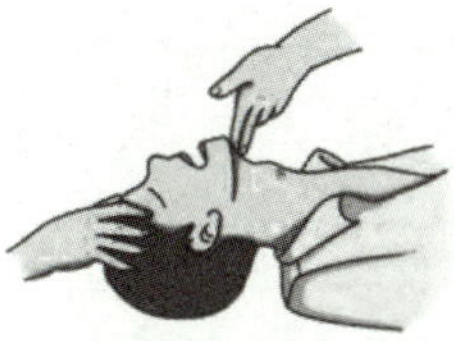</td><td>是□　否□</td></tr>
<tr><td>伤者头部</td><td>保持水平</td><td>是□　否□</td></tr>
<tr><td>伤者领口和衣服</td><td>解开</td><td>是□　否□</td></tr>
<tr><td>口中异物</td><td>取出</td><td>是□　否□</td></tr>
<tr><td>前额处</td><td>向后推</td><td>是□　否□</td></tr>
<tr><td>下颌骨</td><td>向上抬起</td><td>是□　否□</td></tr>
<tr><td rowspan="6">口对口（鼻）人工呼吸</td><td colspan="2">捏紧触电者的鼻孔</td><td rowspan="6">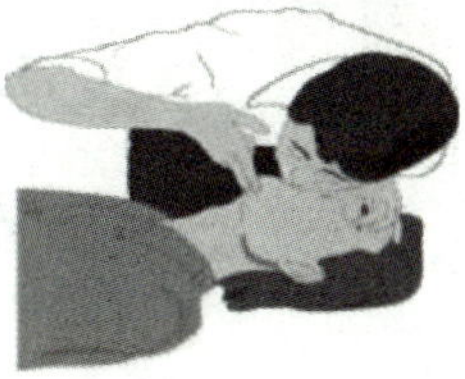</td><td>是□　否□</td></tr>
<tr><td colspan="2">抬起下颌</td><td>是□　否□</td></tr>
<tr><td colspan="2">盖上一层纱布或薄布</td><td>是□　否□</td></tr>
<tr><td colspan="2">胸部是否膨胀</td><td>是□　否□</td></tr>
<tr><td colspan="2">吹气 2 s</td><td>是□　否□</td></tr>
<tr><td colspan="2">呼气 3 s</td><td>是□　否□</td></tr>
<tr><td rowspan="7">胸外按压</td><td>救护人两肩位置</td><td>伤员胸骨正上方</td><td rowspan="7">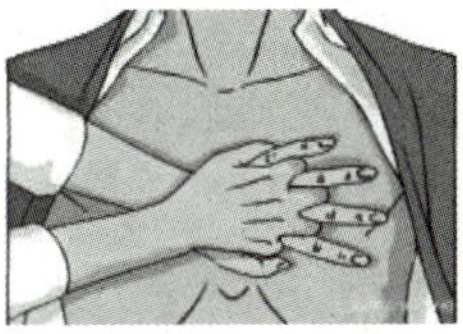</td><td>是□　否□</td></tr>
<tr><td>正确按压位置</td><td>右手食指和中指沿触电者肋弓移至胸骨下的切迹</td><td>是□　否□</td></tr>
<tr><td>垂直按压深度</td><td>3～5 cm</td><td>是□　否□</td></tr>
<tr><td>下压至规定深度后</td><td>迅速放松</td><td>是□　否□</td></tr>
<tr><td>每分钟按压次数</td><td>80 次左右</td><td>是□　否□</td></tr>
<tr><td>单人抢救时，每按压 15 次后吹气次数</td><td>2 次</td><td>是□　否□</td></tr>
<tr><td>双人抢救时，每按压 5 次后由另一人吹气次数</td><td>1 次</td><td>是□　否□</td></tr>
</table>

3．电除颤

作业内容		作业图例	完成情况
监护人查看触电者状态			
判断触电者受伤情况	呼吸	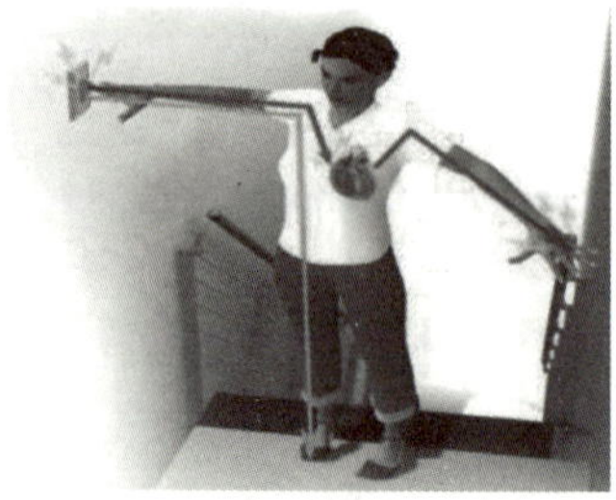	有□　无□
	瞳孔		正常□　放大□
	脉搏		有□　无□
急救措施	衣物		保持原样□　解开□
	心肺复苏		进行□　不进行□
注意事项		保持触电者气道通畅	
除颤准备工作			
除颤仪类型		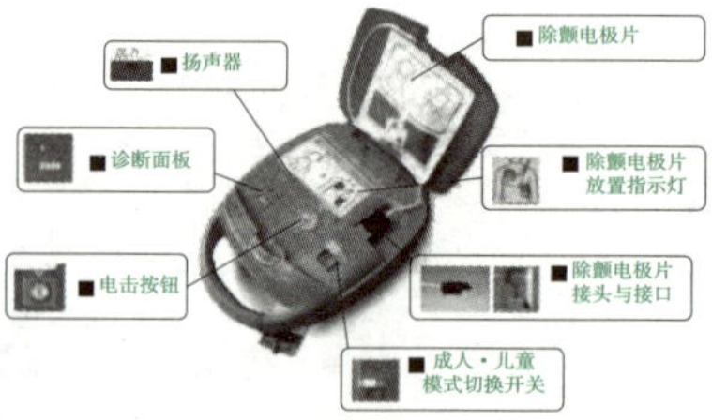	半自动□　手动□
除颤仪状态			正常□　异常□
挡位选择			成人□　儿童□
清洁导联部位皮肤			是□　否□
电极板粘贴位置			两块电极板分别贴在右胸上部和左胸左乳头外侧
电极片粘贴紧密			是□　否□
电极板插头插入 AED（自动体外除颤仪）主机插孔			是□　否□
注意事项		1. 两电极板贴紧患者皮肤，以免烧伤患者。 2. 若患者有心脏起搏器，则电极板应避开心脏起搏器的位置	
电除颤操作			
按下“分析”键分析心律		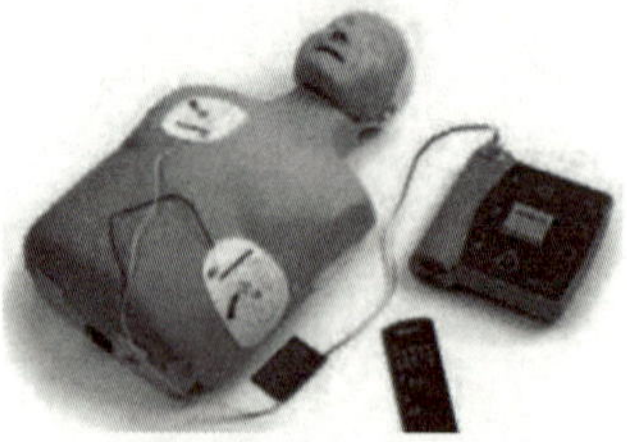	是□　否□
喊话提醒旁人离开			是□　否□
确保旁人全部离开触电者			是□　否□
按下“放电”键除颤			是□　否□
恢复正常心律			是□　否□
5 个周期 CPR（心肺复苏术）			是□　否□
电除颤操作次数			
注意事项		1. 分析心率及除颤过程中，旁人不能接触患者。 2. 一次除颤后，如未恢复正常心律，施救者应进行 5 个周期 CPR，然后再次分析心律除颤 CPR，直至急救人员到来	

4．恢复场地

作业内容	完成情况
清洁并整理实训设备并归位	是□　否□
清洁实训场地	是□　否□
收起警示牌	是□　否□
收起安全围挡	是□　否□

五、过程检查

检查项目	权重	自我评价
计划的合理性	15	
任务实施过程的正确性	50	
实施过程的参与程度	20	
安全防护与“6S”操作	15	

六、评价反馈

<table>
<tr><td colspan="2" rowspan="2">学生基本信息</td><td>姓名</td><td></td><td>学号</td><td></td><td>班级</td><td colspan="2"></td></tr>
<tr><td>组别</td><td></td><td>时间</td><td></td><td>成绩</td><td colspan="2"></td></tr>
<tr><td colspan="2">步骤及内容</td><td colspan="4">具体内涵</td><td>评分标准</td><td>分值</td><td>得分</td></tr>
<tr><td rowspan="9">专业能力</td><td rowspan="2">脱离电源</td><td colspan="4">救护人将触电者脱离电源时防护是否到位</td><td>10</td><td rowspan="2">20</td><td></td></tr>
<tr><td colspan="4">救护人的急救流程是否正确</td><td>10</td><td></td></tr>
<tr><td rowspan="3">心肺复苏急救</td><td colspan="4">仰头抬颌法的操作是否到位</td><td>5</td><td rowspan="3">20</td><td></td></tr>
<tr><td colspan="4">口对口（鼻）人工呼吸是否正确</td><td>5</td><td></td></tr>
<tr><td colspan="4">胸外按压的操作是否到位</td><td>10</td><td></td></tr>
<tr><td rowspan="3">电除颤</td><td colspan="4">查看及判断触电者状态</td><td>10</td><td rowspan="3">30</td><td></td></tr>
<tr><td colspan="4">除颤准备工作</td><td>10</td><td></td></tr>
<tr><td colspan="4">电除颤操作</td><td>10</td><td></td></tr>
<tr><td>具体要求</td><td colspan="7">分成 6 组，每组由 4 ～ 6 名学生组成，每组单次练习时间为 120 min</td></tr>
<tr><td rowspan="3">社会能力</td><td>团队合作</td><td colspan="4">是否和谐，是否积极沟通</td><td>5</td><td rowspan="3">15</td><td></td></tr>
<tr><td>劳动纪律</td><td colspan="4">是否严格遵守</td><td>5</td><td></td></tr>
<tr><td>“6S”管理</td><td colspan="4">是否严格遵守</td><td>5</td><td></td></tr>
<tr><td rowspan="3">方法能力</td><td>制订计划</td><td colspan="4">是否科学合理</td><td>5</td><td rowspan="3">15</td><td></td></tr>
<tr><td>新技术学习</td><td colspan="4">是否具备学习新技术的能力</td><td>5</td><td></td></tr>
<tr><td>总结能力</td><td colspan="4">能否正确总结</td><td>5</td><td></td></tr>
<tr><td colspan="2">改进与提升</td><td colspan="7"></td></tr>
<tr><td colspan="2">教师签字</td><td colspan="5">结果评价</td><td colspan="2">项目成绩</td></tr>
<tr><td colspan="2"></td><td colspan="5"></td><td colspan="2"></td></tr>
</table>

工单二　高压作业前准备工作实训

一、接受任务

一辆纯电动汽车仪表面板高压系统故障警告灯、动力电池断开故障警告灯都被点亮，车辆不能行驶。作为一名维修技工，请你按照正确的操作规程对车辆进行检查。

二、故障分析——按照操作规程进行作业的原因

在维修新能源汽车的过程中，严格按照安全操作规程和操作规范作业是为了确保维修作业的安全性、可靠性和有效性。这些规程和规范是针对不同维修操作类型而制定的，它们包含了一系列安全操作步骤和要求，涵盖了人员、设备、工具、材料、环境等各个方面的安全风险和应对措施。严格按照这些规程和规范进行维修作业可以有效地预防和避免人身伤害和设备损坏，同时可以优化维修作业流程，提高维修质量和效率，减少维修成本，降低维修风险。遵循安全操作规程和规范进行维修作业还可以增强维修人员的安全意识和安全技能，保证工作场所的安全秩序，维护企业形象和声誉。

三、制订计划

根据新能源汽车维修的操作规程，制订高压作业前准备工作行动计划，完成作业流程表。

1．根据维修作业计划，完成小组成员任务分工			
主修人		记录员	
监护人		展示员	
2．作业前准备：检测设备 / 工具 / 材料			
序号	名称	数量	清点
（1）	实训用车	1 辆	□已清点
（2）	个人高压防护用具	1 套	□已清点
（3）	车内三件套	1 套	□已清点
（4）	隔离柱、警戒线	1 套	□已清点
（5）	警示牌	1 套	□已清点
（6）	放电工装	1 套	□已清点
（7）	交直流钳形表	1 个	□已清点
（8）	绝缘维修工具	1 套	□已清点
（9）	绝缘万用表	1 个	□已清点

3．作业流程		
序号	作业项目	操作要点
（1）	车辆维修工位场地布置与车辆防护	布置顺序
（2）	交直流钳形表性能测试	交直流钳形表规范使用
（3）	放电工装性能测试	放电工装规范使用
（4）	绝缘万用表性能测试	绝缘万用表规范使用

<table>
<tr><td colspan="3">4. 作业注意事项</td></tr>
<tr><td colspan="3">①严禁违规使用绝缘工具、仪器仪表，注意轻拿轻放、有序操作；
②严格遵守实训规程，按照指导教师要求完成实训操作；
③为保证教学安全性，严禁在车辆行驶的条件下进行任何实训测试；
④严禁对低压蓄电池进行长时间放电操作，可采用其他低压电源设备替代；
⑤若仪器仪表出现故障，请立即停止一切操作，严禁私自拆卸修复</td></tr>
<tr><td rowspan="3">审核</td><td rowspan="3"></td><td>签字</td></tr>
<tr><td></td></tr>
<tr><td>年　月　日</td></tr>
</table>

四、任务实施

1．车辆维修工位场地布置与车辆防护

<table>
<tr><th>作业内容</th><th colspan="2">操作标准</th><th>完成情况</th></tr>
<tr><td colspan="4">检查车辆停放位置是否合适</td></tr>
<tr><td>检查车辆停放位置是否位于维修工位中心，与举升机双柱间距是否均匀</td><td colspan="2">车辆与双柱之间的距离是否均匀</td><td>是□　否□</td></tr>
<tr><td rowspan="2">检查举升机悬臂支撑点是否与车辆的支点对齐</td><td>支点数量</td><td>4</td><td>是□　否□</td></tr>
<tr><td colspan="2">是否对齐</td><td>是□　否□</td></tr>
<tr><td colspan="4">安装车内三件套</td></tr>
<tr><td>安装顺序</td><td colspan="2">方向盘套→座椅套→脚垫</td><td>是□　否□</td></tr>
<tr><td colspan="4">检查驻车制动器及挡位位置</td></tr>
<tr><td>驻车制动器状态</td><td colspan="2">提起</td><td>是□　否□</td></tr>
<tr><td>挡位位置</td><td colspan="2">“N”挡</td><td>是□　否□</td></tr>
<tr><td colspan="4">安放车轮挡块</td></tr>
<tr><td>挡块数量</td><td colspan="2">4</td><td>是□　否□</td></tr>
<tr><td>车轮挡块安放位置</td><td colspan="2">左前轮和右后轮各放置两个</td><td>是□　否□</td></tr>
<tr><td colspan="4">在维修工位周围布置警戒线</td></tr>
<tr><td>与车辆距离参考值</td><td colspan="2">前：1.0 m　　后：1.0 m
左：0.8 m　　右：0.8 m</td><td>是□　否□</td></tr>
<tr><td colspan="4">放置危险警示牌</td></tr>
<tr><td>警示牌放置位置</td><td colspan="2">车顶</td><td>是□　否□</td></tr>
<tr><td colspan="4">铺设翼子板防护垫</td></tr>
<tr><td>翼子板防护垫数量</td><td colspan="2">3</td><td>是□　否□</td></tr>
</table>

2. 检查并穿戴个人安全防护用具

作业内容	作业图例	完成情况
外观检查：良好□　破裂□ 绝缘级别：0 级 气密性检查：良好□　漏气□ 最高使用电压：1 500 V　DC　1 000 V　AC		是□　否□
外观检查：良好□　破裂□ 验证电压：10 kV		是□　否□
外观检查：良好□　破裂□		是□　否□
外观检查：良好□　破裂□		是□　否□

3. 维修工具检查

<table>
<tr><th colspan="4">打开绝缘工具箱，检查绝缘工具</th></tr>
<tr><th colspan="2">作业内容</th><th>操作标准</th><th>完成情况</th></tr>
<tr><td colspan="2">需要检查的绝缘维修工具</td><td>绝缘扳手、螺丝刀、套筒、绝缘钳</td><td>是□　否□</td></tr>
<tr><td colspan="2">绝缘防护电压</td><td>1 000 V</td><td>是□　否□</td></tr>
<tr><td colspan="4">借助低压蓄电池完成交直流钳形表性能检测，并记录检查结果</td></tr>
<tr><th>操作步骤</th><th colspan="2">操作内容</th><th>完成情况</th></tr>
<tr><td>第一步</td><td colspan="2">将点火钥匙置于“OFF”挡，关闭车门、后备厢及所有用电设备，确认车内所有用电设备处于关闭状态</td><td>是□　否□</td></tr>
<tr><td>第二步</td><td colspan="2">将交直流钳形表电源开关置于直流挡，观察显示屏数值是否为零。若因热和其他环境条件导致数值为非零值，则确保产品远离带电导线及钳口处于闭合状态，使用自动清零按钮调到零点</td><td>是□　否□</td></tr>
<tr><td>第三步</td><td colspan="2">将交直流钳形表钳口套住低压蓄电池负极与接地点导线，确保钳口的闭合面接触良好，导线位于环形钳口中心点，否则易导致数值失准</td><td>是□　否□</td></tr>
<tr><td>第四步</td><td colspan="2">观察显示屏测试数值，电流会逐步下降，一分钟后再开始读数</td><td>是□　否□</td></tr>
<tr><td>第五步</td><td colspan="2">记录测试数据：电流值 3 mA</td><td>是□　否□</td></tr>
<tr><td>第六步</td><td colspan="2">将交直流钳形表电源开关置于“OFF”，恢复归整仪表</td><td>是□　否□</td></tr>
<tr><td rowspan="2">检查结果</td><td>无故障□</td><td colspan="2">低压蓄电池自放电电流实测值符合要求（≤标准值 30 mA），钳形表功能正常</td></tr>
<tr><td>有故障□</td><td colspan="2">低压蓄电池自放电电流实测值不符合标准，而车辆正常，因而钳形表有故障</td></tr>
</table>

借助低压蓄电池完成放电工装性能检测，并记录检查结果			
操作步骤	操作内容		完成情况
第一步	将金属便携箱打开，取出放电工装，首先进行外观检查，检查导线及测试笔有无破裂、折断，仪表本体有无磕碰、损伤		是□　否□
第二步	开启车辆前机舱盖，将放电工装红、黑测试笔分别对准低压蓄电池正极、负极（负极、正极）桩头，保证测试笔与桩头接触面良好，此时指示灯闪亮		是□　否□
第三步	将放电工装红、黑测试笔分别对调，测试低压蓄电池负极、正极（正极、负极）桩头，观察指示灯变化		是□　否□
检查结果	无故障□	指示灯正常点亮，放电工装性能检测良好	
	有故障□	指示灯不点亮，放电工装存在故障	
借助电机控制器完成绝缘万用表性能检测，并记录检查结果			
操作步骤	操作内容		完成情况
第一步	先将低压蓄电池作负极断开绝缘处理，再将电机控制器电缆与高压控制盒断开，注意高压安全防护		是□　否□
第二步	将绝缘万用表挡位开关置于直流电压挡，正极、负极测试探头 / 夹子分别置于右侧上、下两个测量孔内，测量电机控制器输入插头的电压值，确认无高压		是□　否□
第三步	采用双线测量方式，将绝缘万用表正极、负极测试探头 / 夹子拔出后重新置于左侧上、下两个测量孔内，挡位开关置于绝缘测试挡，点击“RANGE”按钮，选择测试电源 500 V		是□　否□
第四步	将绝缘万用表黑表笔接于车身上，用红表笔逐个接触电机控制器电缆的正极、负极端子，点击“INSULATION TEST”按钮开始测量		是□　否□
第五步	记录测试数据：正对地______MΩ，负对地______MΩ		是□　否□
第六步	将绝缘万用表挡位开关置于“OFF”，恢复归整测试探头 / 夹子		是□　否□
检查结果	无故障□	电机控制器正极、负极对地绝缘电阻值实测值均≥ 100 MΩ，绝缘万用表的性能良好	
	有故障□	电机控制器对地绝缘电阻值实测值不符合标准，而车辆正常，因而绝缘万用表有故障	

4．恢复场地

作业内容	完成情况
清洁并整理实训设备并归位	是□　否□
清洁实训场地	是□　否□
收起警示牌	是□　否□
收起安全围挡	是□　否□

五、过程检查

检查项目	权重	自我评价
车辆作业防护符合要求	15	
工具检查规范、全面	15	
场地安全警戒操作正确	10	
绝缘工具检查到位	20	
交直流钳形表性能检测正确	15	
绝缘万用表性能检测正确	15	
放电工装性能检测正确	10	

六、评价反馈

<table>
<tr><td colspan="2" rowspan="2">学生基本信息</td><td>姓名</td><td></td><td>学号</td><td></td><td>班级</td><td colspan="2"></td></tr>
<tr><td>组别</td><td></td><td>时间</td><td></td><td>成绩</td><td colspan="2"></td></tr>
<tr><th colspan="2">步骤及内容</th><th colspan="4">具体内涵</th><th>评分标准</th><th>分值</th><th>得分</th></tr>
<tr><td rowspan="9">专业能力</td><td rowspan="2">车辆维修工位场地布置与车辆防护</td><td colspan="4">规范完成维修工位场地布置</td><td>10</td><td rowspan="2">20</td><td></td></tr>
<tr><td colspan="4">规范完成车辆防护工作</td><td>10</td><td></td></tr>
<tr><td rowspan="6">维修个人安全防护用具、工具检查</td><td colspan="4">正确检查并穿戴个人安全防护用具</td><td>5</td><td rowspan="6">50</td><td></td></tr>
<tr><td colspan="4">正确检查绝缘维修工具</td><td>10</td><td></td></tr>
<tr><td colspan="4">正确完成交直流钳形表性能检测</td><td>10</td><td></td></tr>
<tr><td colspan="4">正确完成放电工装性能检测</td><td>10</td><td></td></tr>
<tr><td colspan="4">正确完成绝缘万用表性能检测</td><td>10</td><td></td></tr>
<tr><td colspan="4">正确且规范地完成维修作业后现场恢复及工具归整</td><td>5</td><td></td></tr>
<tr><td>具体要求</td><td colspan="7">分成 6 组，每组由 4 ～ 6 名学生组成，每组单次练习时间为 120 min</td></tr>
<tr><td rowspan="3">社会能力</td><td>团队合作</td><td colspan="4">是否和谐，是否积极沟通</td><td>5</td><td rowspan="3">15</td><td></td></tr>
<tr><td>劳动纪律</td><td colspan="4">是否严格遵守</td><td>5</td><td></td></tr>
<tr><td>“6S”管理</td><td colspan="4">是否严格遵守</td><td>5</td><td></td></tr>
<tr><td rowspan="3">方法能力</td><td>制订计划</td><td colspan="4">是否科学合理</td><td>5</td><td rowspan="3">15</td><td></td></tr>
<tr><td>新技术学习</td><td colspan="4">是否具备学习新技术的能力</td><td>5</td><td></td></tr>
<tr><td>总结能力</td><td colspan="4">能否正确总结</td><td>5</td><td></td></tr>
<tr><td colspan="2">改进与提升</td><td colspan="7"></td></tr>
<tr><td colspan="2">教师签字</td><td colspan="5">结果评价</td><td colspan="2">项目成绩</td></tr>
<tr><td colspan="2"></td><td colspan="5"></td><td colspan="2"></td></tr>
</table>

工单三 整车控制系统检测实训

一、接受任务

一辆纯电动汽车打开启动开关后仪表面板上有多个故障灯点亮，不显示“READY”，将换挡旋钮旋至“D”位或“R”位，车辆均无法行驶。作为一名维修技工，请你按照正确的操作规程对车辆进行检测。

二、故障分析——整车控制器出现电源及通信故障的原因

图 3-1 为吉利帝豪 EV450 的 VCU 线路原理图，从中可以看出，VCU 作为车辆运行的主要设备，主要接收点火开关、制动开关、加速踏板等信号，对水泵、冷却风扇等执行器进行控制，其安全监测和故障处理机制条件都非常高，同时还参与整车防盗功能，因此在车辆启动及正常运行时，VCU 的电源及通信尤其重要，是决定车辆高压上电的主要条件之一。

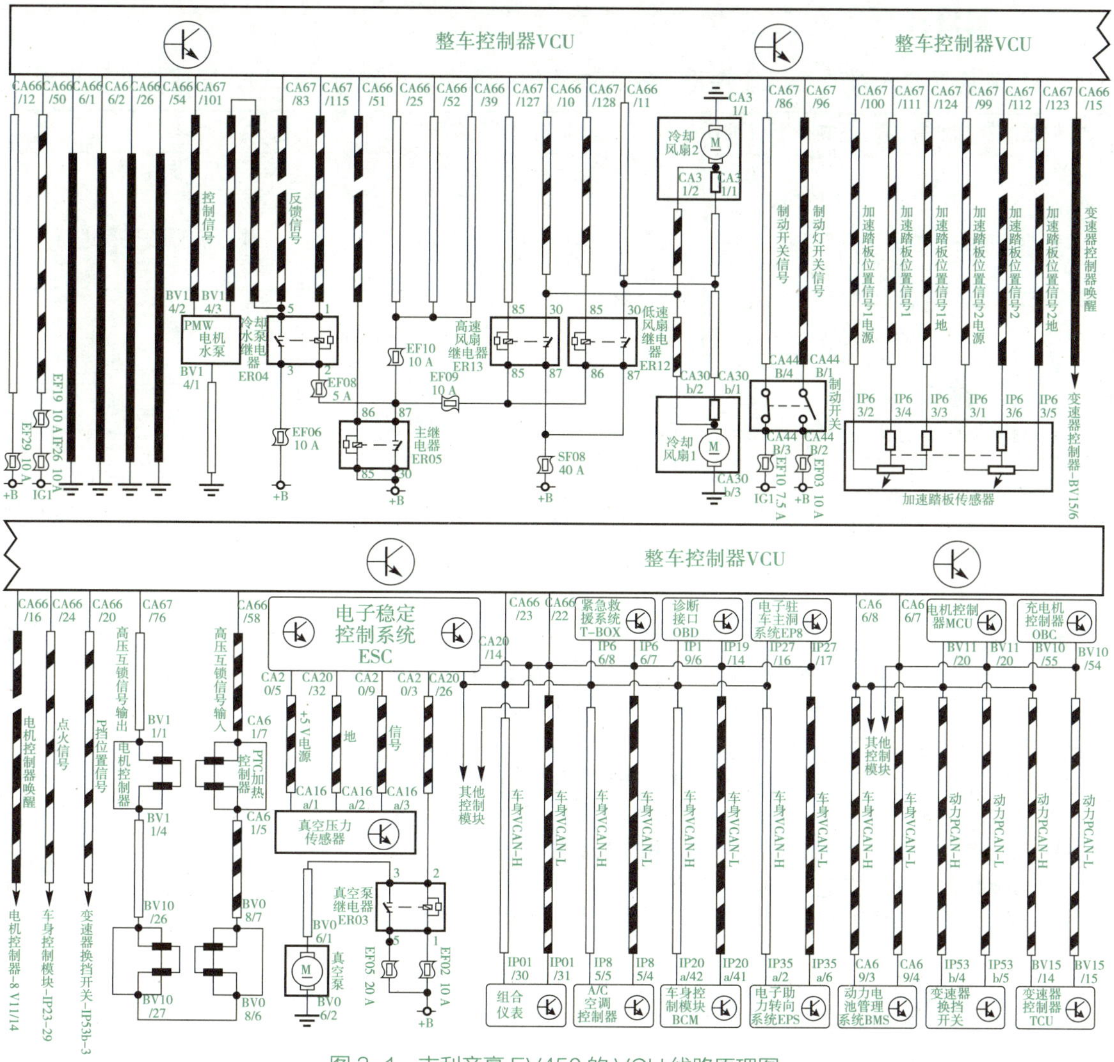

图 3-1 吉利帝豪 EV450 的 VCU 线路原理图

如果 VCU 电源及通信出现故障，将首先引发防盗系统不能解除、高压不上电的问题，车辆行驶及其他辅助功能也将受限。

同时，驾驶人员对车辆控制的意图信号也是通过 VCU 解析及发送出去的，如制动开关信号、加速踏板信号、挡位信号等。如果制动开关信号出现故障，系统将禁止高压上电；如果挡位信号出现错误，将导致 VCU 及 MCU 无法判断驾驶人员的意图，车辆将无法正常行驶；如果加速踏板信号出现错误，将导致 VCU 及 MCU 无法判断驾驶人员对车辆运行速度和转矩操控的意图，可能造成车辆限功率运行，严重时车辆将无法行驶。

VCU 还有一个主要作用是参与整车热管理系统的工作，即控制电控系统（MCU、OBC 驱动电机）的水泵继电器和水泵、冷却风扇。如果这个控制系统及元件出现故障，将导致系统过温出现安全隐患，系统可能启动过温保护，造成车辆限功率及高压不上电现象。

因此在对 VCU 进行故障分析时，要结合系统线路和观察到的现象认真分析，并借助诊断仪器逐步缩小故障范围，实施故障维修。

三、制订计划

根据新能源汽车维修的操作规程，制订高压作业前准备工作行动计划，完成作业流程表。

1．根据维修作业计划，完成小组成员任务分工

主修人		记录员	
监护人		展示员	

2．作业前准备：检测设备 / 工具 / 材料

序号	名称	数量	清点
（1）	实训用车	1 辆	□已清点
（2）	个人高压防护用具	1 套	□已清点
（3）	车内三件套	1 套	□已清点
（4）	隔离柱、警戒线	1 套	□已清点
（5）	警示牌	1 套	□已清点
（6）	放电工装	1 套	□已清点
（7）	故障诊断仪	1 个	□已清点
（8）	维修手册	1 本	□已清点
（9）	绝缘万用表	1 个	□已清点

3．作业流程

序号	作业项目	操作要点
（1）	作业前准备	作业流程按规程进行
（2）	登记车辆基本信息	数据记录
（3）	检测蓄电池电压	万用表的使用
（4）	读取故障代码、数据流	故障诊断仪的使用
（5）	数据信息测试	数据流的读取

4．作业注意事项

①实训开始前应摘掉饰品，换上实训工装，长头发应挽起固定于脑后；
②严禁违规使用绝缘工具、仪器仪表，注意轻拿轻放、有序操作；
③严格遵守实训规程，按照指导教师要求完成实训操作；
④整车实训时确保点火开关处于“Lock”位置，操作另有要求的除外；
⑤为保证教学安全性，严禁在车辆行驶的条件下进行任何实训测试；
⑥严禁对低压蓄电池进行长时间放电操作，可采用其他低压电源设备替代；
⑦驻车工作时，应施加驻车制动，除非特定操作要求置于其他挡位；
⑧举升车辆时按照规范进行，避免发生意外事故；
⑨若仪器、仪表出现故障，请立即停止一切操作，严禁私自拆卸修复

审核		签字
		年　月　日

四、任务实施

1．作业前准备

作业项目	操作内容	完成情况
作业前现场环境检查	规范着装； 拉设安全围挡； 放置警示牌； 检查灭火器； 检查测量终端状态； 铺设防护四件套	是□　否□ 是□　否□ 是□　否□ 是□　否□ 是□　否□ 是□　否□
防护用具检查	检查绝缘手套； 检查护目镜； 检查安全帽； 检查绝缘鞋	是□　否□ 是□　否□ 是□　否□ 是□　否□
仪表工具检查	检查万用表、绝缘检测仪是否正常； 检查故障诊断仪是否正常； 检查绝缘工具是否齐全、正常； 检查放电工装是否正常； 检查维修手册、电路图是否完备	是□　否□ 是□　否□ 是□　否□ 是□　否□ 是□　否□
测量绝缘地垫绝缘电阻	测量值 =______MΩ 标准值 >20 MΩ	异常□ 正常□

2．登记车辆基本信息

项目	填写内容	完成情况
品牌		是□　否□
VIN（车辆识别代码）		是□　否□
生产日期		是□　否□
动力电池		是□　否□
驱动电机	型号:________　额定功率:_______	是□　否□
行驶里程	型号:________　额定容量:_______	是□　否□

3．检测蓄电池电压

作业内容	完成情况	
关闭点火开关，安全存放钥匙	是□　否□	
断开蓄电池负极	是□　否□	
测量蓄电池电压	测量值：____V	结果
	标准值为 12 V 左右	正常□　异常□

4. 读取故障代码、数据流

<table>
<tr><th>操作步骤</th><th colspan="2">作业内容</th><th>完成情况</th></tr>
<tr><td>第一步</td><td colspan="2">关闭点火开关</td><td>是□　　否□</td></tr>
<tr><td>第二步</td><td colspan="2">将 OBD（车载自动诊断系统）测量线连接至 VCI 设备（蓝牙连接盒）</td><td>是□　　否□</td></tr>
<tr><td>第三步</td><td colspan="2">连接车辆 OBD 诊断座，VCI 设备（蓝牙连接盒）电源指示灯亮起</td><td>是□　　否□</td></tr>
<tr><td>第四步</td><td colspan="2">打开点火开关</td><td>是□　　否□</td></tr>
<tr><th colspan="4">作业内容</th></tr>
<tr><td rowspan="4">选择相应车型
并读取故障代码</td><td>故障代码</td><td colspan="2">含义</td></tr>
<tr><td></td><td colspan="2"></td></tr>
<tr><td></td><td colspan="2"></td></tr>
<tr><td></td><td colspan="2"></td></tr>
<tr><td rowspan="4">读取整车控
制器数据流</td><td>数据流名称</td><td colspan="2">数据值</td></tr>
<tr><td></td><td colspan="2"></td></tr>
<tr><td></td><td colspan="2"></td></tr>
<tr><td></td><td colspan="2"></td></tr>
</table>

5. 数据信息测试

作业内容	记录信息
踩下制动踏板，观察制动踏板开度信号的变化情况	是否变化？是□　　否□　变化值：
踩下加速踏板，观察加速踏板开度信号的变化情况	是否变化？是□　　否□　变化值：

6. 恢复场地

作业内容	完成情况
清洁并整理实训设备并归位	是□　　否□
清洁实训场地	是□　　否□
收起警示牌	是□　　否□
收起安全围挡	是□　　否□

五、过程检查

检查项目	权重	自我评价
车辆作业防护符合要求	15	
工具检查规范、全面	15	
场地安全警戒操作正确	10	
绝缘工具检查到位	20	
万用表使用正确	30	
故障诊断仪的使用正确	10	

六、评价反馈

<table>
<tr><td colspan="2" rowspan="2">学生基本信息</td><td>姓名</td><td></td><td>学号</td><td></td><td>班级</td><td colspan="2"></td></tr>
<tr><td>组别</td><td></td><td>时间</td><td></td><td>成绩</td><td colspan="2"></td></tr>
<tr><td colspan="2">步骤及内容</td><td colspan="4">具体内涵</td><td>评分标准</td><td>分值</td><td>得分</td></tr>
<tr><td colspan="2" rowspan="8">专业能力</td><td colspan="4">正确完成环境检查</td><td>10</td><td rowspan="2">20</td><td></td></tr>
<tr><td colspan="4">正确完成防护用具和工具检查</td><td>10</td><td></td></tr>
<tr><td colspan="4">正确连接诊断仪</td><td>5</td><td rowspan="6">50</td><td></td></tr>
<tr><td colspan="4">正确完成上电、下电操作</td><td>10</td><td></td></tr>
<tr><td colspan="4">正确完成信息测试</td><td>10</td><td></td></tr>
<tr><td colspan="4">数据填写正确</td><td>10</td><td></td></tr>
<tr><td colspan="4">能利用故障诊断仪读取故障代码、数据流</td><td>10</td><td></td></tr>
<tr><td colspan="4">正确且规范地完成维修作业后现场恢复及工具归整工作</td><td>5</td><td></td></tr>
<tr><td colspan="2">具体要求</td><td colspan="7">分成 6 组，每组由 4 ～ 6 名学生组成，每组单次练习时间为 120 min</td></tr>
<tr><td rowspan="3">社会能力</td><td>团队合作</td><td colspan="4">是否和谐，是否积极沟通</td><td>5</td><td rowspan="3">15</td><td></td></tr>
<tr><td>劳动纪律</td><td colspan="4">是否严格遵守</td><td>5</td><td></td></tr>
<tr><td>“6S”管理</td><td colspan="4">是否严格遵守</td><td>5</td><td></td></tr>
<tr><td rowspan="3">方法能力</td><td>制订计划</td><td colspan="4">是否科学合理</td><td>5</td><td rowspan="3">15</td><td></td></tr>
<tr><td>新技术学习</td><td colspan="4">是否具备学习新技术的能力</td><td>5</td><td></td></tr>
<tr><td>总结能力</td><td colspan="4">能否正确总结</td><td>5</td><td></td></tr>
<tr><td colspan="2">改进与提升</td><td colspan="7"></td></tr>
<tr><td colspan="2">教师签字</td><td colspan="5">结果评价</td><td colspan="2">项目成绩</td></tr>
<tr><td colspan="2"></td><td colspan="5"></td><td colspan="2"></td></tr>
</table>

工单四　整车无法上电故障检测实训

一、接受任务

一辆 2018 款吉利帝豪 EV450 电动汽车出现无法上电故障。请你对该车无法上电的故障进行诊断与排除。

二、故障分析——车辆出现无法上电的故障原因

根据吉利帝豪 EV450 电动汽车上电、下电控制过程分析，吉利帝豪 EV450 无法上电的主要故障原因如图 4-1 所示。

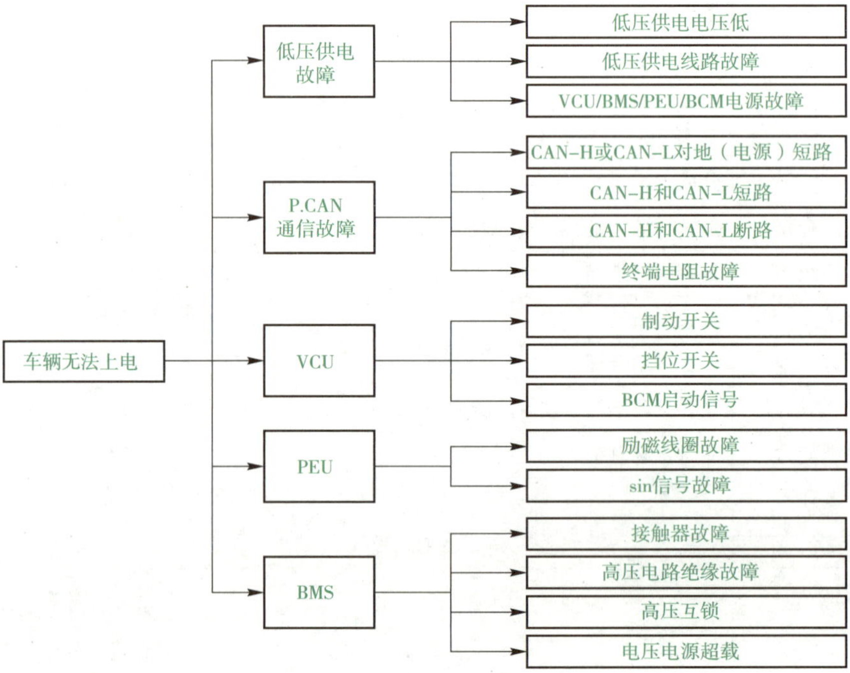

图 4-1　吉利帝豪 EV450 无法上电的主要故障原因

三、制订计划

根据新能源汽车维修的操作规程，制订高压作业前准备工作行动计划，完成作业流程表。

1. 根据维修作业计划，完成小组成员任务分工			
主修人		记录员	
监护人		展示员	
2. 作业前准备：检测设备 / 工具 / 材料			
序号	名称	数量	清点
（1）	实训用车	1 辆	□已清点
（2）	个人高压防护用具	1 套	□已清点

3. 作业流程		
序号	作业项目	操作要点
（1）	作业前准备	作业流程按规程进行
（2）	登记车辆基本信息	数据记录
（3）	基本检查	电池电压、线束连接情况
（4）	故障现象判断	仪表等信息
（5）	读取故障代码、数据流	故障诊断仪的使用

(3)	车内三件套	1套	□已清点	(6)	故障范围分析	分析可能的故障原因
(4)	隔离柱、警戒线	1套	□已清点	(7)	诊断过程	逐一排查故障原因
(5)	警示牌	1套	□已清点			
(6)	放电工装	1套	□已清点			
(7)	故障诊断仪	1个	□已清点			
(8)	维修手册	1本	□已清点	(8)	恢复场地	"6S"管理规定
(9)	绝缘万用表	1个	□已清点			

4. 作业注意事项

①实训开始前应摘掉饰品，换上实训工装，长头发应挽起固定于脑后；
②严禁违规使用绝缘工具、仪器仪表，注意轻拿轻放、有序操作；
③严格遵守实训规程，按照指导教师要求完成实训操作；
④整车实训时确保点火开关处于"Lock"位置，操作另有要求的除外；
⑤为保证教学安全性，严禁在车辆行驶的条件下进行任何实训测试；
⑥严禁对低压蓄电池进行长时间放电操作，可采用其他低压电源设备替代；
⑦驻车工作时，应施加驻车制动，除非特定操作要求置于其他挡位；
⑧举升车辆时按照规范进行，避免发生意外事故；
⑨若仪器、仪表出现故障，请立即停止一切操作，严禁私自拆卸修复

审核		签字
		年 月 日

四、任务实施

1. 作业前准备

作业项目	操作内容	完成情况
作业前现场环境检查	规范着装； 拉设安全围挡； 放置警示牌； 检查灭火器； 检查测量终端状态； 铺设防护四件套	是□ 否□ 是□ 否□ 是□ 否□ 是□ 否□ 是□ 否□ 是□ 否□
防护用具检查	检查绝缘手套； 检查护目镜； 检查安全帽； 检查绝缘鞋	是□ 否□ 是□ 否□ 是□ 否□ 是□ 否□
仪表工具检查	检查万用表、绝缘检测仪是否正常； 检查故障诊断仪是否正常； 检查绝缘工具是否齐全、正常； 检查放电工装是否正常； 检查维修手册、电路图是否完备	是□ 否□ 是□ 否□ 是□ 否□ 是□ 否□ 是□ 否□
测量绝缘地垫绝缘电阻	测量值 =______MΩ 标准值 >20 MΩ	异常□ 正常□

2．登记车辆基本信息

项目	填写内容	完成情况
品牌		是□　否□
VIN		是□　否□
生产日期		是□　否□
动力电池		是□　否□
驱动电机	型号:________　额定功率:________	是□　否□
行驶里程	型号:________　额定容量:________	是□　否□

3．基本检查

作业内容	完成情况	
关闭点火开关，安全存放钥匙	是□　否□	
断开蓄电池负极	是□　否□	
测量蓄电池电压	测量值：____V	结果
	标准值为 12 V 左右	正常□　异常□
高压部件及其连接器情况	正常□　异常□	
低压部件及其连接器情况	正常□　异常□	

4．故障现象判断

操作步骤	作业内容	完成情况
踩下制动踏板，打开点火开关	是□　否□	
观察仪表面板	显示	判断
		正常□　异常□
		正常□　异常□
		正常□　异常□
整车能否上电	能□　不能□	

5. 读取故障代码、数据流

操作步骤	作业内容	完成情况
第一步	关闭点火开关	是□　　否□
第二步	将 OBD 测量线连接至 VCI 设备	是□　　否□
第三步	连接车辆 OBD 诊断座，VCI 设备电源指示灯亮起	是□　　否□
第四步	打开点火开关	是□　　否□

<table>
<tr><td colspan="3">作业内容</td></tr>
<tr><td rowspan="4">选择相应车型并
读取故障代码</td><td>故障代码</td><td>含义</td></tr>
<tr><td></td><td></td></tr>
<tr><td></td><td></td></tr>
<tr><td></td><td></td></tr>
<tr><td rowspan="4">读取相关数据流</td><td>数据流名称</td><td>数据值</td></tr>
<tr><td></td><td></td></tr>
<tr><td></td><td></td></tr>
<tr><td></td><td></td></tr>
</table>

6. 故障范围分析

7. 诊断过程

操作步骤	相关检测数据记录	完成情况
检查 BCM 保险丝 IF19、IF20、IF28		正常☐ 异常☐
检查 BCM 保险丝 IF19、IF20、IF28 线路		正常☐ 异常☐
检查 BCM 供电电压		正常☐ 异常☐
检查 BCM 搭铁端子是否导通		正常☐ 异常☐
检查 VCU 供电电压		正常☐ 异常☐
检查 VCU 搭铁端子的导通性		正常☐ 异常☐
检查 BCM 与 VCU 的通信 CAN 总线是否完整		正常☐ 异常☐
检测分析：		

8. 恢复场地

作业内容	完成情况
清洁并整理实训设备并归位	是☐ 否☐
清洁实训场地	是☐ 否☐
收起警示牌	是☐ 否☐
收起安全围挡	是☐ 否☐

五、过程检查

检查项目	权重	自我评价
车辆作业防护符合要求	15	
工具检查规范、全面	15	
场地安全警戒操作正确	10	
绝缘工具检查到位	20	
仪表使用正确	10	
故障诊断仪的使用正确	10	
故障排查思路正确	20	

六、评价反馈

学生基本信息	姓名		学号		班级	
	组别		时间		成绩	

步骤及内容		具体内涵	评分标准	分值	得分
专业能力		正确完成环境检查	10	20	
		正确完成防护用具和工具检查	10		
		正确连接诊断仪	5	50	
		正确完成上电、下电操作	10		
		正确完成信息测试	10		
		数据填写正确	10		
		能利用相关工具进行故障诊断	10		
		正确且规范地完成维修作业后现场恢复及工具归整	5		
具体要求		分成 6 组，每组由 4 ～ 6 名学生组成，每组单次练习时间为 120 min			
社会能力	团队合作	是否和谐，是否积极沟通	5	15	
	劳动纪律	是否严格遵守	5		
	“6S”管理	是否严格遵守	5		
方法能力	制订计划	是否科学合理	5	15	
	新技术学习	是否具备学习新技术的能力	5		
	总结能力	能否正确总结	5		
改进与提升					

教师签字	结果评价	项目成绩

工单五　加速踏板位置传感器检测实训

一、接受任务

驾驶人员反映吉利帝豪 EV450 纯电动汽车踩下加速踏板车辆无反应，不能加速，仪表面板上显示车辆进入坡行状态。现在汽车仪表面板上闪烁提示“车辆进入坡行状态”，仪表面板下部坡行指示灯及系统故障灯点亮，提示系统存在二级故障。请你对该车的故障进行诊断与排除。

二、故障分析——踩下加速踏板，车辆无反应的故障原因

吉利帝豪 EV450 加速踏板位置传感器采用两套相同的控制电路，通过可变电阻检测加速踏板位置信号，图 5-1 为吉利帝豪 EV450 加速踏板位置传感器控制电路。

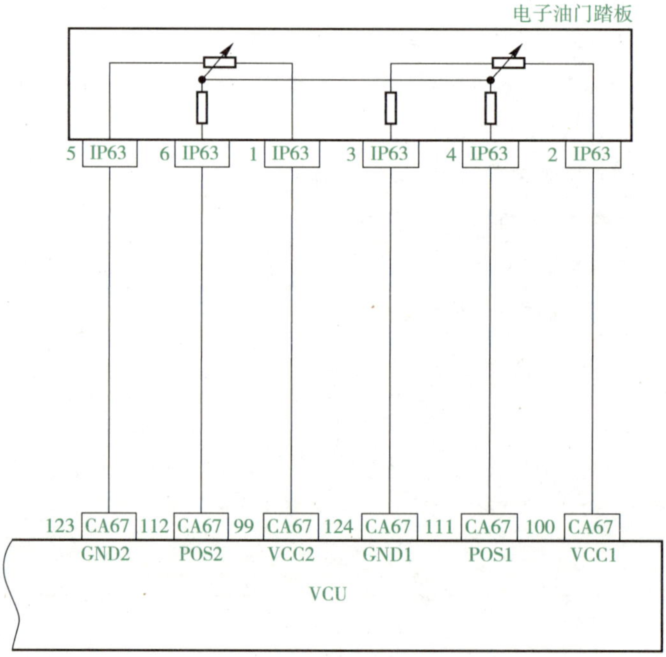

图 5-1　吉利帝豪 EV450 加速踏板位置传感器控制电路

VCU 的 CA67/111、CA67/112 为加速踏板信号，CA67/99、CA67/100 为电源，CA67/123、CA67/124 接地。加速踏板位置传感器与 VCU 之间线束插接器端子含义见表 5-1 所列。若其中任何一个端子与 VCU 之间的线束存在短路或者断路故障，均可导致加速踏板工作失效。

表 5-1　加速踏板位置传感器与 VCU 之间线束插接器端子含义

插接器编号	端子号	端子定义
CA67	76	高压互锁输入
	83	水泵电源反馈
	86	制动开关 2（动断）

（续表）

插接器编号	端子号	端子定义
CA67	96	制动开关 1（动合）
	99	加速踏板电源 2
	100	加速踏板电源 1
	101	水泵检测
	111	加速踏板信号 1
	112	加速踏板信号 2
	115	水泵继电器控制
	123	加速踏板接地 2
	124	加速踏板接地 1
	127	高速风扇继电器控制
	128	低速风扇继电器控制

三、制订计划

根据维修规范及要求，根据电动汽车维修作业过程中故障诊断仪读取故障码，制订检查加速踏板位置传感器与 VCU 之间的线束、加速踏板线束连接器对地短接和对电源短接的操作计划，完成作业流程表。

1．根据维修作业计划，完成小组成员任务分工			
主修人		记录员	
监护人		展示员	
2．作业前准备：检测设备 / 工具 / 材料			
序号	名称	数量	清点
（1）	实训用车	1 辆	□已清点
（2）	个人高压防护用具	1 套	□已清点
（3）	车内三件套	1 套	□已清点
（4）	隔离柱、警戒线	1 套	□已清点
（5）	警示牌	1 套	□已清点
（6）	放电工装	1 套	□已清点
（7）	故障诊断仪	1 个	□已清点

3．作业流程		
序号	作业项目	操作要点
（1）	作业前准备	作业流程按规程进行
（2）	登记车辆基本信息	数据记录
（3）	基本检查	电池电压、线束连接情况
（4）	读取故障代码、数据流	故障诊断仪的使用
（5）	检查加速踏板位置传感器与 VCU 之间的线束	识读电路图，分析可能的故障原因
（6）	检查加速踏板线束连接器对地短接	识读电路图，分析可能的故障原因
（7）	检查加速踏板线束连接器对电源短接	识读电路图，分析可能的故障原因

<table>
<tr><td>（8）</td><td>维修手册</td><td>1 本</td><td>□已清点</td><td rowspan="2">（8）</td><td rowspan="2">恢复场地</td><td rowspan="2">“6S”管理规定</td></tr>
<tr><td>（9）</td><td>绝缘万用表</td><td>1 个</td><td>□已清点</td></tr>
<tr><td colspan="7">4．作业注意事项</td></tr>
<tr><td colspan="7">①实训开始前应摘掉饰品，换上实训工装，长头发应挽起固定于脑后；
②严禁违规使用绝缘工具、仪器仪表，注意轻拿轻放、有序操作；
③严格遵守实训规程，按照指导教师要求完成实训操作；
④整车实训时确保点火开关处于“Lock”位置，操作另有要求的除外；
⑤为保证教学安全性，严禁在车辆行驶的条件下进行任何实训测试；
⑥严禁对低压蓄电池进行长时间放电操作，可采用其他低压电源设备替代；
⑦就车工作时，应施加驻车制动，除非特定操作要求置于其他挡位；
⑧举升车辆时按照规范进行，避免发生意外事故；
⑨若仪器、仪表出现故障，请立即停止一切操作，严禁私自拆卸修复</td></tr>
<tr><td rowspan="3">审核</td><td colspan="5" rowspan="3"></td><td>签字</td></tr>
<tr><td></td></tr>
<tr><td>年　月　日</td></tr>
</table>

四、任务实施

1．作业前准备

作业项目	操作内容	完成情况
作业前现场环境检查	规范着装； 拉设安全围挡； 放置警示牌； 检查灭火器； 检查测量终端状态； 铺设防护四件套	是□　否□ 是□　否□ 是□　否□ 是□　否□ 是□　否□ 是□　否□
防护用具检查	检查绝缘手套； 检查护目镜； 检查安全帽； 检查绝缘鞋	是□　否□ 是□　否□ 是□　否□ 是□　否□
仪表工具检查	检查万用表、绝缘检测仪是否正常； 检查故障诊断仪是否正常； 检查绝缘工具是否齐全、正常； 检查放电工装是否正常； 检查维修手册、电路图是否完备	是□　否□ 是□　否□ 是□　否□ 是□　否□ 是□　否□
测量绝缘地垫绝缘电阻值	测量值 =______MΩ 标准值 >20 MΩ	异常□ 正常□

2．登记车辆基本信息

项目	填写内容		完成情况
品牌			是□　否□
VIN			是□　否□
生产日期			是□　否□
动力电池			是□　否□
驱动电机	型号:________	额定功率:________	是□　否□
行驶里程	型号:________	额定容量:________	是□　否□

3．基本检查

作业内容	完成情况	
关闭点火开关，安全存放钥匙	是□　否□	
断开蓄电池负极	是□　否□	
测量蓄电池电压	测量值：____V	结果
	标准值为 12 V 左右	正常□　异常□
高压部件及其连接器情况	正常□　异常□	
低压部件及其连接器情况	正常□　异常□	

4．读取故障代码、数据流

作业内容	完成情况
关闭点火开关	是□　否□
将 OBD II 测量线连接至 VCI 设备	是□　否□
连接车辆 OBD 诊断座，VCI 设备电源指示灯亮起	是□　否□
打开点火开关	是□　否□
选择相应车型并读取整车故障代码	故障代码及含义
读取 VCU 相关数据流	数据流名称及数据值

5．检查加速踏板位置传感器与 VCU 之间的线束

作业内容	完成情况		
将开启开关灯置于“OFF”挡	是□　否□		
断开蓄电池负极，并至少等待 90 s	是□　否□		
断开 VCU 线束连接器 CA67	是□　否□		
断开加速踏板线束连接器 IP63	是□　否□		
测量 CA67/99 与 IP63/1 之间的电阻值	测量值：____Ω	标准值	判断
	Ω	＜1 Ω	正常□　异常□

作业内容	完成情况		
测量 CA67/123 与 IP63/5 之间的电阻值	测量值	标准值	判断
	____Ω	＜1 Ω	正常□　　异常□
测量 CA67/112 与 IP63/6 之间的电阻值	测量值	标准值	判断
	____Ω	＜1 Ω	正常□　　异常□
测量 CA67/100 与 IP63/2 之间的电阻值	测量值	标准值	判断
	____Ω	＜1 Ω	正常□　　异常□
测量 CA67/124 与 IP63/3 之间的电阻值	测量值	标准值	判断
	____Ω	＜1 Ω	正常□　　异常□
测量 CA67/111 与 IP63/4 之间的电阻值	测量值	标准值	判断
	____Ω	＜1 Ω	正常□　　异常□
检测分析：			

6．检查加速踏板线束连接器对地短接

作业内容	完成情况		
将启动开关置于“OFF”挡	是□　　否□		
断开蓄电池负极，并至少等待 90s 以上	是□　　否□		
断开 VCU 线束连接器 CA67	是□　　否□		
断开加速踏板线束连接器 IP63	是□　　否□		
测量线束连接器 IP63/1 与车身接地之间的电阻值	测量值	标准值	判断
	____Ω	＜1 Ω	正常□　　异常□
测量线束连接器 IP63/2 与车身接地之间的电阻值	测量值	标准值	判断
	____Ω	＜1 Ω	正常□　　异常□
测量线束连接器 IP63/3 与车身接地之间的电阻值	测量值	标准值	判断
	____Ω	>10 kΩ	正常□　　异常□
测量线束连接器 IP63/4 与车身接地之间的电阻值	测量值	标准值	判断
	____Ω	>10 kΩ	正常□　　异常□
测量线束连接器 IP63/5 与车身接地之间的电阻值	测量值	标准值	判断
	____Ω	>10 kΩ	正常□　　异常□
测量线束连接器 IP63/6 与车身接地之间的电阻值	测量值	标准值	判断
	____Ω	>10 kΩ	正常□　　异常□
检测分析：			

7. 检查加速踏板线束连接器对电源短接

作业内容	完成情况		
连接蓄电池负极	是□　否□		
操作启动开关，使其处于“ON”状态	是□　否□		
测量线束连接器 IP63/1 与车身接地之间的电压值	测量值	标准值	判断
	____V	0 V	正常□　异常□
测量线束连接器 IP63/2 与车身接地之间的电压值	测量值	标准值	判断
	____V	0 V	正常□　异常□
测量线束连接器 IP63/3 与车身接地之间的电压值	测量值	标准值	判断
	____V	0 V	正常□　异常□
测量线束连接器 IP63/4 与车身接地之间的电压值	测量值	标准值	判断
	____V	0 V	正常□　异常□
测量线束连接器 IP63/5 与车身接地之间的电压值	测量值	标准值	判断
	____V	0 V	正常□　异常□
测量线束连接器 IP63/6 与车身接地之间的电压值	测量值	标准值	判断
	____V	0 V	正常□　异常□
检测分析：			

8. 恢复场地

作业内容	完成情况
清洁并整理实训设备并归位	是□　否□
清洁实训场地	是□　否□
收起警示牌	是□　否□
收起安全围挡	是□　否□

五、过程检查

检查项目	权重	自我评价
车辆作业防护符合要求	15	
工具检查规范、全面	15	
场地安全警戒操作正确	10	
绝缘工具检查到位	20	
故障诊断仪的使用正确	10	
VCU 相关数据流读取正确	10	
故障排查思路正确	20	

六、评价反馈

<table>
<tr><td colspan="2" rowspan="2">学生基本信息</td><td>姓名</td><td></td><td>学号</td><td></td><td>班级</td><td colspan="2"></td></tr>
<tr><td>组别</td><td></td><td>时间</td><td></td><td>成绩</td><td colspan="2"></td></tr>
<tr><td colspan="2">步骤及内容</td><td colspan="4">具体内涵</td><td>评分标准</td><td>分值</td><td>得分</td></tr>
<tr><td colspan="2" rowspan="8">专业能力</td><td colspan="4">正确完成环境检查</td><td>10</td><td rowspan="2">20</td><td></td></tr>
<tr><td colspan="4">正确完成防护用具和工具检查</td><td>10</td><td></td></tr>
<tr><td colspan="4">正确连接诊断仪</td><td>5</td><td rowspan="6">50</td><td></td></tr>
<tr><td colspan="4">正确完成上电、下电操作</td><td>10</td><td></td></tr>
<tr><td colspan="4">正确完成信息测试</td><td>10</td><td></td></tr>
<tr><td colspan="4">数据填写正确</td><td>10</td><td></td></tr>
<tr><td colspan="4">能利用相关工具进行故障诊断</td><td>10</td><td></td></tr>
<tr><td colspan="4">正确且规范地完成维修作业后现场恢复及工具归整</td><td>5</td><td></td></tr>
<tr><td colspan="2">具体要求</td><td colspan="7">分成 6 组，每组由 4 ～ 6 名学生组成，每组单次练习时间为 120 min</td></tr>
<tr><td rowspan="3">社会能力</td><td>团队合作</td><td colspan="4">是否和谐，是否积极沟通</td><td>5</td><td rowspan="3">15</td><td></td></tr>
<tr><td>劳动纪律</td><td colspan="4">是否严格遵守</td><td>5</td><td></td></tr>
<tr><td>“6S” 管理</td><td colspan="4">是否严格遵守</td><td>5</td><td></td></tr>
<tr><td rowspan="3">方法能力</td><td>制订计划</td><td colspan="4">是否科学合理</td><td>5</td><td rowspan="3">15</td><td></td></tr>
<tr><td>新技术学习</td><td colspan="4">是否具备学习新技术的能力</td><td>5</td><td></td></tr>
<tr><td>总结能力</td><td colspan="4">能否正确总结</td><td>5</td><td></td></tr>
<tr><td colspan="2">改进与提升</td><td colspan="7"></td></tr>
<tr><td colspan="2">教师签字</td><td colspan="5">结果评价</td><td colspan="2">项目成绩</td></tr>
<tr><td colspan="2"></td><td colspan="5"></td><td colspan="2"></td></tr>
</table>

工单六　制动踏板位置传感器检测实训

一、接受任务

一辆吉利帝豪 EV450 纯电动汽车出现无法上电故障，初步诊断为制动开关信号故障。现需要你对制动开关信号故障进行检测。

二、故障分析——制动开关信号的故障原因

吉利帝豪 EV450 制动开关由一个常闭开关和一个常开开关组成，踩下制动踏板，常闭开关打开，常开开关闭合，吉利帝豪 EV450 制动开关电路图如图 6-1 所示。常闭开关和常开开关分别连接到 VCU 的 CA67/86 和 CA67/96，给 VCU 输入整车减速或制动信号，反映了驾驶人员对整车制动性的需求。VCU 根据制动开关信号对驱动电机实时控制，此外制动开关信号还是 VCU 控制电机控制器 PEU 实施能量回收控制的使能信号。断开 VCU 的 CA67/86 和 CA67/96 端子不影响整车上电控制。

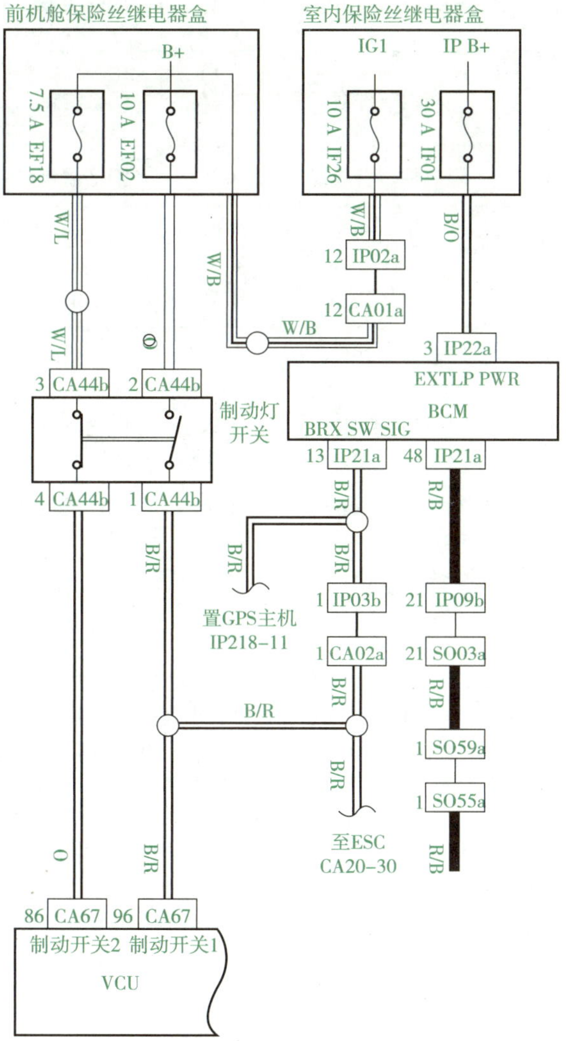

图 6-1　吉利帝豪 EV450 制动开关电路图

制动开关的常开开关还连接到 BCM 的 IP21a/13 和 ESC（电子稳定控制系统）的 CA20-30。制动开关传给 BCM 的制动信号用于控制整车上电，没有该信号车辆将出现无法上电的故障；制动开关传给 ESC 的制动信号主要用于车身稳定控制，若没有该信号则 ABS 故障指示灯点亮。

三、制订计划

根据新能源汽车维修的操作规程，制订维修作业前准备工作行动计划，完成作业流程表。

1. 根据维修作业计划，完成小组成员任务分工

主修人		记录员	
监护人		展示员	

2. 作业前准备：检测设备 / 工具 / 材料

序号	名称	数量	清点
（1）	实训用车	1 辆	□已清点
（2）	个人高压防护用具	1 套	□已清点
（3）	车内三件套	1 套	□已清点
（4）	隔离柱、警戒线	1 套	□已清点
（5）	警示牌	1 套	□已清点
（6）	放电工装	1 套	□已清点
（7）	故障诊断仪	1 个	□已清点
（8）	维修手册	1 本	□已清点
（9）	绝缘万用表	1 个	□已清点

3. 作业流程

序号	作业项目	操作要点
（1）	作业前准备	作业流程按规程进行
（2）	登记车辆基本信息	数据记录
（3）	基本检查	电池电压、线束连接情况
（4）	故障现象判断	仪表等信息
（5）	读取故障代码、数据流	故障诊断仪的使用
（6）	故障范围分析	识读电路图，分析可能的故障原因
（7）	诊断过程	识读电路图，分析可能的故障原因
（8）	恢复场地	“6S”管理规定

4. 作业注意事项

①实训开始前应摘掉饰品，换上实训工装，长头发应挽起固定于脑后；
②严禁违规使用绝缘工具、仪器仪表，注意轻拿轻放、有序操作；
③严格遵守实训规程，按照指导教师要求完成实训操作；
④整车实训时确保点火开关处于“Lock”位置，操作另有要求的除外；
⑤为保证教学安全性，严禁在车辆行驶的条件下进行任何实训测试；
⑥严禁对低压蓄电池进行长时间放电操作，可采用其他低压电源设备替代；
⑦驻车工作时，应施加驻车制动，除非特定操作要求置于其他挡位；
⑧举升车辆时按照规范进行，避免发生意外事故；
⑨若仪器、仪表出现故障问题，请立即停止一切操作，严禁私自拆卸修复

审核		签字
		年　月　日

四、任务实施

1．作业前准备

作业项目	操作内容	完成情况
作业前现场环境检查	规范着装； 拉设安全围挡； 放置警示牌； 检查灭火器； 检查测量终端状态； 铺设防护四件套	是□　否□ 是□　否□ 是□　否□ 是□　否□ 是□　否□ 是□　否□
防护用具检查	检查绝缘手套； 检查护目镜； 检查安全帽； 检查绝缘鞋	是□　否□ 是□　否□ 是□　否□ 是□　否□
仪表工具检查	检查万用表、绝缘检测仪是否正常； 检查故障诊断仪是否正常； 检查绝缘工具是否齐全、正常； 检查放电工装是否正常； 检查维修手册、电路图是否完备	是□　否□ 是□　否□ 是□　否□ 是□　否□ 是□　否□
测量绝缘地垫绝缘电阻	测量值 =______MΩ 标准值 >20 MΩ	正常□ 异常□

2．登记车辆基本信息

项目	填写内容	完成情况
品牌		是□　否□
VIN		是□　否□
生产日期		是□　否□
动力电池		是□　否□
驱动电机	型号：________　额定功率：________	是□　否□
行驶里程	型号：________　额定容量：________	是□　否□

3．基本检查

作业内容	完成情况	
关闭点火开关，安全存放钥匙	是□　否□	
断开蓄电池负极	是□　否□	
测量蓄电池电压	测量值：____V	结果
	标准值为 12 V 左右	正常□　异常□
高压部件及其连接器情况	正常□　异常□	
低压部件及其连接器情况	正常□　异常□	

4. 故障现象判断

<table>
<tr><th>操作步骤</th><th colspan="2">作业内容</th><th>完成情况</th></tr>
<tr><td>踩下制动踏板，打开点火开关</td><td colspan="3">是□　否□</td></tr>
<tr><td rowspan="4">观察仪表现象</td><td>显示</td><td colspan="2">判断</td></tr>
<tr><td></td><td colspan="2">正常□　异常□</td></tr>
<tr><td></td><td colspan="2">正常□　异常□</td></tr>
<tr><td></td><td colspan="2">正常□　异常□</td></tr>
<tr><td>整车能否上电</td><td colspan="3">能□　不能□</td></tr>
</table>

5. 读取故障代码、数据流

<table>
<tr><th>操作步骤</th><th colspan="2">作业内容</th><th>完成情况</th></tr>
<tr><td>第一步</td><td colspan="2">关闭点火开关</td><td>是□　否□</td></tr>
<tr><td>第二步</td><td colspan="2">将 OBD 测量线连接至 VCI 设备</td><td>是□　否□</td></tr>
<tr><td>第三步</td><td colspan="2">连接车辆 OBD 诊断座，VCI 设备电源指示灯亮起</td><td>是□　否□</td></tr>
<tr><td>第四步</td><td colspan="2">打开点火开关</td><td>是□　否□</td></tr>
<tr><td colspan="4">作业内容</td></tr>
<tr><td rowspan="4">选择相应车型并读取故障代码</td><td>故障代码</td><td colspan="2">含义</td></tr>
<tr><td></td><td colspan="2"></td></tr>
<tr><td></td><td colspan="2"></td></tr>
<tr><td></td><td colspan="2"></td></tr>
<tr><td rowspan="4">读取 VCU 相关数据流</td><td>数据流名称</td><td colspan="2">数据值</td></tr>
<tr><td></td><td colspan="2"></td></tr>
<tr><td></td><td colspan="2"></td></tr>
<tr><td></td><td colspan="2"></td></tr>
</table>

6. 故障范围分析

7. 诊断过程

操作步骤	作业内容	完成情况
检查保险丝 EF02 和 EF18	将启动开关置于“OFF”挡	是□ 否□
	断开蓄电池负极	是□ 否□
	拔下保险丝 EF02 和 EF18	是□ 否□
	用万用表测量 EF02 和 EF18	测量值：____Ω 标准值：＜1 Ω 判断：正常□ 异常□
检查保险丝 EF02 和 EF18 线路	用万用表测量保险 EF02 输出端与搭铁电阻	测量值：____kΩ 标准值：>10 kΩ 判断：正常□ 异常□
	用万用表测量保险丝 EF18 输出端与搭铁电阻	测量值：____kΩ 标准值：>10 kΩ 判断：正常□ 异常□
	更换保险丝 EF02	是□ 否□
	更换保险丝 EF18	是□ 否□
检查制动开关供电线束	将启动开关置于“OFF”挡	是□ 否□
	断开蓄电池负极，等待 90 s	是□ 否□
	断开制动开关线束连接器 CA44	是□ 否□
	连接蓄电池负极	是□ 否□
	将启动开关置于“ON”挡	是□ 否□
	用万用表测量 CA44/2 与搭铁电压	测量值：____V 标准值：11 ～ 14 V 判断：正常□ 异常□
	用万用表测量 CA44/3 与搭铁电压	测量值：____V 标准值：11 ～ 14 V 判断：正常□ 异常□
检查制动开关与 VCU 连接线路	将启动开关置于“OFF”挡	是□ 否□
	断开蓄电池负极，等待 90 s	是□ 否□
	断开 VCU 线束连接器 CA67	是□ 否□
	用万用表测量 CA67/86 与 CA44/4 电阻值	测量值：____Ω 标准值：＜1 Ω 判断：正常□ 异常□
	用万用表测量 CA67/96 与 CA44/1 电阻值	测量值：____Ω 标准值：＜1 Ω 判断：正常□ 异常□

操作步骤	作业内容	完成情况
检查制动开关与VCU连接线路	用万用表测量 CA44/1 与搭铁电阻	测量值：____kΩ 标准值：>10 kΩ 判断：正常□　　异常□
	用万用表测量 CA44/4 与搭铁电阻	测量值：____kΩ 标准值：>10 kΩ 判断：正常□　　异常□
	连接蓄电池负极	是□　　否□
	将启动开关置于“ON”挡	是□　　否□
	用万用表测量 CA44/1 与搭铁电压	测量值：____V 标准值：0 V 判断：正常□　　异常□
	用万用表测量 CA44/4 与搭铁电压	测量值：____V 标准值：0 V 判断：正常□　　异常□
检测分析：		

8．恢复场地

作业内容	完成情况
清洁并整理实训设备并归位	是□　　否□
清洁实训场地	是□　　否□
收起警示牌	是□　　否□
收起安全围挡	是□　　否□

五、过程检查

检查项目	权重	自我评价
车辆作业防护符合要求	15	
工具检查规范、全面	15	
场地安全警戒操作正确	10	
绝缘工具检查到位	20	
万用表使用正确	10	
故障诊断仪的使用正确	10	
故障排查思路正确	20	

六、评价反馈

学生基本信息		姓名		学号		班级		
		组别		时间		成绩		
步骤及内容		具体内涵				评分标准	分值	得分
专业能力		正确完成环境检查				10	20	
		正确完成防护用具和工具检查				10		
		正确连接诊断仪				5	50	
		正确完成上电、下电操作				10		
		正确完成信息测试				10		
		数据填写正确				10		
		能利用相关工具进行故障诊断				10		
		正确且规范地完成维修作业后现场恢复及工具归整				5		
具体要求		分成 6 组，每组由 4 ～ 6 名学生组成，每组单次练习时间为 120 min						
社会能力	团队合作	是否和谐，是否积极沟通				5	15	
	劳动纪律	是否严格遵守				5		
	“6S” 管理	是否严格遵守				5		
方法能力	制订计划	是否科学合理				5	15	
	新技术学习	是否具备学习新技术的能力				5		
	总结能力	能否正确总结				5		
改进与提升								
教师签字		结果评价					项目成绩	

工单七　挡位开关的检测实训

一、接受任务

一辆吉利帝豪 EV450 电动汽车换挡手柄在 R\N\D\E 4 个挡位之间进行切换时，仪表面板上无法显示对应的挡位。请你对挡位开关进行检测。

二、故障分析——车辆出现挡位开关故障的原因

吉利帝豪 EV450 挡位开关信号是吉利帝豪 EV450 上电的条件之一，挡位开关信号电路图如图 7-1 所示。挡位开关是一个电子控制单元，挡位开关插接器 IP53 的端子 1、端子 2 分别通过 IF08、IF23 熔丝连接 B+ 和 IG1，给挡位开关供电。挡位开关信号通过 P-CAN 与 VCU 连接通信；挡位开关插接器 IP53 的端子 3 与 VCU 的插接器 CA66 端子 20 连接，通过硬线输出 P 位信号给 VCU。挡位开关通过 P-CAN 给 VCU 发送挡位信息，断开插接器 IP53 的端子 3 不影响整车上电，但挡位开关 P-CAN 通信线故障，车辆会出现无法上电故障。

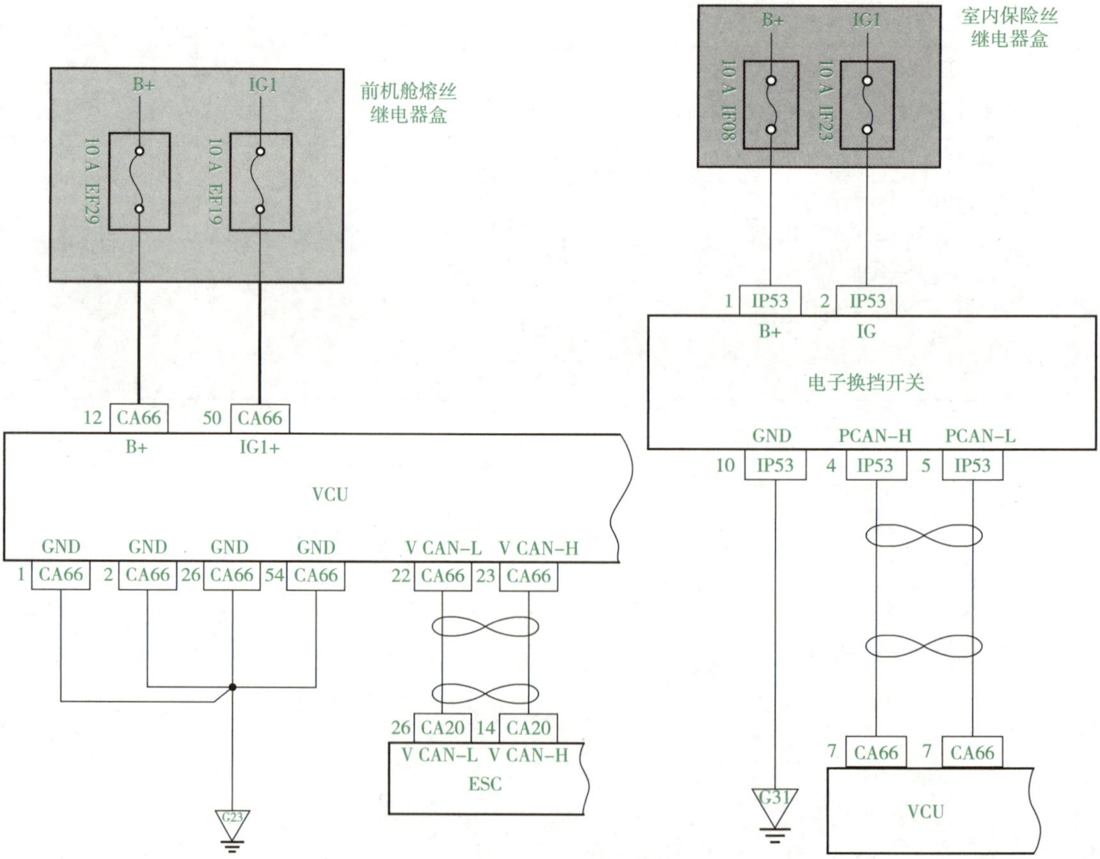

图 7-1　挡位开关信号电路图

三、制订计划

根据新能源汽车维修的操作规程，制订高压作业前准备工作行动计划，完成作业流程表。

1．根据维修作业计划，完成小组成员任务分工

主修人		记录员	
监护人		展示员	

2．作业前准备：检测设备 / 工具 / 材料

序号	名称	数量	清点
（1）	实训用车	1 辆	□已清点
（2）	个人高压防护用具	1 套	□已清点
（3）	车内三件套	1 套	□已清点
（4）	隔离柱、警戒线	1 套	□已清点
（5）	警示牌	1 套	□已清点
（6）	放电工装	1 套	□已清点
（7）	故障诊断仪	1 个	□已清点
（8）	维修手册	1 本	□已清点
（9）	绝缘万用表	1 个	□已清点

3．作业流程

序号	作业项目	操作要点
（1）	作业前准备	作业流程按规程进行
（2）	登记车辆基本信息	数据记录
（3）	基本检查	电池电压、线束连接情况
（4）	故障现象判断	仪表等信息
（5）	读取故障代码、数据流	故障诊断仪的使用
（6）	故障范围分析	识读电路图
（7）	诊断过程	识读电路图，分析可能的故障原因
（8）	恢复场地	“6S”管理规定

4．作业注意事项

①实训开始前应摘掉饰品，换上实训工装，长头发应挽起固定于脑后；
②严禁违规使用绝缘工具、仪器仪表，注意轻拿轻放、有序操作；
③严格遵守实训规程，按照指导教师要求完成实训操作；
④整车实训时确保点火开关处于“Lock”位置，操作另有要求的除外；
⑤为保证教学安全性，严禁在车辆行驶的条件下进行任何实训测试；
⑥严禁对低压蓄电池进行长时间放电操作，可采用其他低压电源设备替代；
⑦驻车工作时，应施加驻车制动，除非特定操作要求置于其他挡位；
⑧举升车辆时按照规范进行，避免发生意外事故；
⑨若仪器、仪表出现故障问题，请立即停止一切操作，严禁私自拆卸修复

审核		签字
		年　月　日

四、任务实施

1．作业前准备

作业项目	操作内容	完成情况
作业前现场环境检查	规范着装； 拉设安全围挡； 放置警示牌； 检查灭火器； 检查测量终端状态； 铺设防护四件套	是□　否□ 是□　否□ 是□　否□ 是□　否□ 是□　否□ 是□　否□
防护用具检查	检查绝缘手套； 检查护目镜； 检查安全帽； 检查绝缘鞋	是□　否□ 是□　否□ 是□　否□ 是□　否□
仪表工具检查	检查万用表、绝缘检测仪是否正常； 检查故障诊断仪是否正常； 检查绝缘工具是否齐全、正常； 检查放电工装是否正常； 检查维修手册、电路图是否完备	是□　否□ 是□　否□ 是□　否□ 是□　否□ 是□　否□
测量绝缘地垫绝缘电阻值	测量值 =______MΩ 标准值 >20 MΩ	正常□ 异常□

2．登记车辆基本信息

项目	填写内容	完成情况
品牌		是□　否□
VIN		是□　否□
生产日期		是□　否□
动力电池		是□　否□
驱动电机	型号:________　额定功率:________	是□　否□
行驶里程	型号:________　额定容量:________	是□　否□

3．基本检查

作业内容	完成情况	
关闭点火开关，安全存放钥匙	是□　否□	
断开蓄电池负极	是□　否□	
测量蓄电池电压	测量值：____V	结果
	标准值为 12 V 左右	正常□　异常□
高压部件及其连接器情况	正常□　异常□	
低压部件及其连接器情况	正常□　异常□	

4．故障现象判断

操作步骤	作业内容		完成情况
踩下制动踏板，打开点火开关	是□　　否□		
观察仪表现象	显示	判断	
		正常□　　异常□	
		正常□　　异常□	
		正常□　　异常□	
整车能否上电	能□　　不能□		

5．读取故障代码、数据流

操作步骤	作业内容	完成情况
第一步	关闭点火开关	是□　　否□
第二步	将 OBD 测量线连接至 VCI 设备	是□　　否□
第三步	连接车辆 OBD 诊断座，VCI 设备电源指示灯亮起	是□　　否□
第四步	打开点火开关	是□　　否□
作业内容		
选择相应车型并读取故障代码	故障代码	含义
读取相关数据流	数据流名称	数据值

6．故障范围分析

7. 诊断过程

操作步骤	作业内容	完成情况
检查保险丝 IF23 和 IF08	将启动开关置于“OFF”挡	是□　否□
	断开蓄电池负极	是□　否□
	拔下保险丝 IF23\IF08	是□　否□
	用万用表测量 IF23 的电阻值	测量值：____Ω 标准值：＜ 1 Ω 判断：正常□　异常□
	用万用表测量 IF08 的电阻值	测量值：____Ω 标准值：＜ 1 Ω 判断：正常□　异常□
检查保险丝 IF23 和 IF08 线路	用万用表测量保险 IF23 输出端与搭铁电阻值	测量值：____kΩ 标准值：>10 kΩ 判断：正常□　异常□
	用万用表测量保险 IF08 输出端与搭铁电阻值	测量值：____kΩ 标准值：>10 kΩ 判断：正常□　异常□
	更换保险丝 IF23	是□　否□
	更换保险丝 IF08	是□　否□
检查 VCU 供电电压	将启动开关置于“OFF”挡	是□　否□
	断开 VCU 线束连接器 CA66	是□　否□
	将启动开关置于“ON”挡	是□　否□
	用万用表测量 CA66/12 与搭铁电压	测量值：____V 标准值：11 ～ 14 V 判断：正常□　异常□
	用万用表测量 CA66/50 与搭铁电压	测量值：____V 标准值：11 ～ 14 V 判断：正常□　异常□
检查 VCU 搭铁端子的导通性	将启动开关置于“OFF”挡	是□　否□
	用万用表测量 CA66/1 与搭铁电阻值	测量值：____Ω 标准值：＜ 1 Ω 判断：正常□　异常□
	用万用表测量 CA66/2 与搭铁电阻值	测量值：____Ω 标准值：＜ 1 Ω 判断：正常□　异常□

操作步骤	作业内容	完成情况
检查 VCU 搭铁端子的导通性	用万用表测量 CA66/26 与搭铁电阻值	测量值：____Ω 标准值：＜1 Ω 判断：正常□ 异常□
	用万用表测量 CA66/54 与搭铁电阻值	测量值：____Ω 标准值：＜1 Ω 判断：正常□ 异常□
检查电子换挡开关 EGSM 供电电压	将启动开关置于“OFF”挡	是□ 否□
	断开 EGSM 线束连接器 IP53	是□ 否□
	将启动开关置于“ON”挡	是□ 否□
	用万用表测量 IP53/1 与搭铁电压	测量值：____V 标准值：11 ～ 14 V 判断：正常□ 异常□
	用万用表测量 IP53/2 与搭铁电压	测量值：____V 标准值：11 ～ 14 V 判断：正常□ 异常□
检查电子挡位开关 EGSM 搭铁端子的导通性	将启动开关置于“OFF”挡	是□ 否□
	用万用表测量 IP53/10 与搭铁电阻值	测量值：____Ω 标准值：＜1 Ω 判断：正常□ 异常□
检查 EGSM 与 VCU 通信线的导通性	将启动开关置于“OFF”挡	是□ 否□
	用万用表测量 IP53/4 与 CA66/8 电阻值	测量值：____Ω 标准值：＜1 Ω 判断：正常□ 异常□
	用万用表测量 IP53/5 与 CA66/7 电阻值	测量值：____Ω 标准值：＜1 Ω 判断：正常□ 异常□
	需更换 VCU	是□ 否□
	需更换 EGSM	是□ 否□
检测分析：		

8．恢复场地

作业内容	完成情况
清洁并整理实训设备并归位	是□ 否□
清洁实训场地	是□ 否□
收起警示牌	是□ 否□
收起安全围挡	是□ 否□

五、过程检查

检查项目	权重	自我评价
车辆作业防护符合要求	15	
工具检查规范、全面	15	
场地安全警戒操作正确	10	
绝缘工具检查到位	20	
万用表使用正确	10	
故障诊断仪的使用正确	10	
故障排查思路正确	20	

六、评价反馈

<table>
<tr><td colspan="2" rowspan="2">学生基本信息</td><td>姓名</td><td></td><td>学号</td><td></td><td>班级</td><td colspan="2"></td></tr>
<tr><td>组别</td><td></td><td>时间</td><td></td><td>成绩</td><td colspan="2"></td></tr>
<tr><th colspan="2">步骤及内容</th><th colspan="4">具体内涵</th><th>评分标准</th><th>分值</th><th>得分</th></tr>
<tr><td colspan="2" rowspan="8">专业能力</td><td colspan="4">正确完成环境检查</td><td>10</td><td rowspan="2">20</td><td></td></tr>
<tr><td colspan="4">正确完成防护用具和工具检查</td><td>10</td><td></td></tr>
<tr><td colspan="4">正确连接诊断仪</td><td>5</td><td rowspan="6">50</td><td></td></tr>
<tr><td colspan="4">正确完成上电、下电操作</td><td>10</td><td></td></tr>
<tr><td colspan="4">正确完成信息测试</td><td>10</td><td></td></tr>
<tr><td colspan="4">数据填写正确</td><td>10</td><td></td></tr>
<tr><td colspan="4">能利用相关工具进行故障诊断</td><td>10</td><td></td></tr>
<tr><td colspan="4">正确且规范地完成维修作业后现场恢复及工具归整</td><td>5</td><td></td></tr>
<tr><td colspan="2">具体要求</td><td colspan="7">分成 6 组，每组由 4 ～ 6 名学生组成，每组单次练习时间为 120 min</td></tr>
<tr><td rowspan="3">社会能力</td><td>团队合作</td><td colspan="4">是否和谐，是否积极沟通</td><td>5</td><td rowspan="3">15</td><td></td></tr>
<tr><td>劳动纪律</td><td colspan="4">是否严格遵守</td><td>5</td><td></td></tr>
<tr><td>“6S”管理</td><td colspan="4">是否严格遵守</td><td>5</td><td></td></tr>
<tr><td rowspan="3">方法能力</td><td>制订计划</td><td colspan="4">是否科学合理</td><td>5</td><td rowspan="3">15</td><td></td></tr>
<tr><td>新技术学习</td><td colspan="4">是否具备学习新技术的能力</td><td>5</td><td></td></tr>
<tr><td>总结能力</td><td colspan="4">能否正确总结</td><td>5</td><td></td></tr>
<tr><td colspan="2">改进与提升</td><td colspan="7"></td></tr>
<tr><td colspan="2">教师签字</td><td colspan="5">结果评价</td><td colspan="2">项目成绩</td></tr>
<tr><td colspan="2"></td><td colspan="5"></td><td colspan="2"></td></tr>
</table>

工单八　冷却水泵控制电路的检测实训

一、接受任务

一辆吉利帝豪 EV450 汽车在行驶 1 km 后，驱动电机过热灯亮和驱动电机功率限制灯亮，动力显示不足。经过检测，故障显示为“电机水泵继电器故障”，初步判断为电机冷却水泵故障，现需对电机冷却水泵及控制电路进行检测与维修。

二、故障分析——冷却水泵控制电路的故障原因

图 8-1 为吉利帝豪 EV450 电机冷却水泵控制电路，当汽车启动时，整车控制器 VCU 通过 CA67/115 控制冷却水泵继电器 ER04 的端子 3 与端子 5 导通，电流从 B+ 经过端子 3 与端子 5，通过电机冷却水泵后与 BV14/1 搭铁构成回路。VCU 对驱动电机冷却系统温度进行监控，VCU 的 CA67/101 与 BV14/2 提供水泵调速控制信号（PWM 信号），对冷却水泵进行调速控制，通过 PWM 信号调节电机水泵流量。通过以上分析，故障排查主要从这些方面开展：检查电机冷却水泵继电器 ER04、检查电机冷却水泵继电器 ER04 线路、检查电机冷却水泵继电器控制信号线路、检查 VCU 线束插接器（端子电压）、检查 VCU 线束插接器（搭铁端子导通性）。

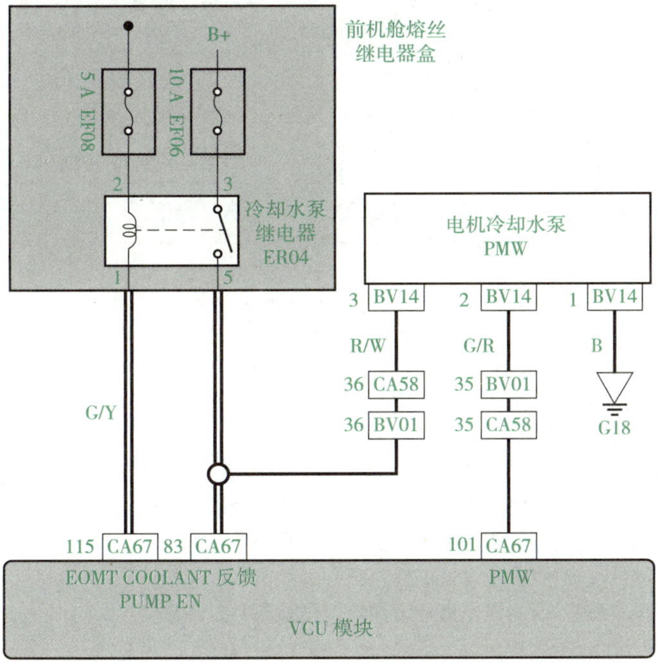

图 8-1　吉利帝豪 EV450 电机冷却水泵控制电路

三、制订计划

根据新能源汽车维修的操作规程，制订高压作业前准备工作行动计划，完成作业流程表。

1．根据维修作业计划，完成小组成员任务分工

主修人		记录员	
监护人		展示员	

2．作业前准备：检测设备 / 工具 / 材料

序号	名称	数量	清点
（1）	实训用车	1 辆	□已清点
（2）	个人高压防护用具	1 套	□已清点
（3）	车内三件套	1 套	□已清点
（4）	隔离柱、警戒线	1 套	□已清点
（5）	警示牌	1 套	□已清点
（6）	放电工装	1 套	□已清点
（7）	故障诊断仪	1 个	□已清点
（8）	维修手册	1 本	□已清点
（9）	绝缘万用表	1 个	□已清点

3．作业流程

序号	作业项目	操作要点
（1）	作业前准备	作业流程按规程进行
（2）	登记车辆基本信息	数据记录
（3）	用诊断仪读取故障码	故障诊断仪的使用
（4）	检查冷却水泵继电器 ER04 及其电路	识读电路图
（5）	检查冷却水泵继电器控制信号线路	识读电路图
（6）	检查 VCU 线束连接器（端子电压）	识读电路图
（7）	检查 VCU 线束连接器（接地端子导通性）	识读电路图
（8）	恢复场地	“6S”管理规定

4．作业注意事项

①实训开始前应摘掉饰品，换上实训工装，长头发应挽起固定于脑后；
②严禁违规使用绝缘工具、仪器仪表，注意轻拿轻放、有序操作；
③严格遵守实训规程，按照指导教师要求完成实训操作；
④整车实训时确保点火开关处于“Lock”位置，操作另有要求的除外；
⑤为保证教学安全性，严禁在车辆行驶的条件下进行任何实训测试；
⑥严禁对低压蓄电池进行长时间放电操作，可采用其他低压电源设备替代；
⑦驻车工作时，应施加驻车制动，除非特定操作要求置于其他挡位；
⑧举升车辆时按照规范进行，避免发生意外事故；
⑨若仪器、仪表出现故障问题，请立即停止一切操作，严禁私自拆卸修复

审核		签字
		年　月　日

四、任务实施

1．作业前准备

作业项目	操作内容	完成情况
作业前现场环境检查	规范着装； 拉设安全围挡； 放置警示牌； 检查灭火器； 检查测量终端状态； 铺设防护四件套	是□　否□ 是□　否□ 是□　否□ 是□　否□ 是□　否□ 是□　否□
防护用具检查	检查绝缘手套； 检查护目镜； 检查安全帽； 检查绝缘鞋	是□　否□ 是□　否□ 是□　否□ 是□　否□
仪表工具检查	检查万用表、绝缘检测仪是否正常； 检查故障诊断仪是否正常； 检查绝缘工具是否齐全、正常； 检查放电工装是否正常； 检查维修手册、电路图是否完备	是□　否□ 是□　否□ 是□　否□ 是□　否□ 是□　否□
测量绝缘地垫绝缘电阻	测量值 =______MΩ 标准值 >20 MΩ	正常□ 异常□

2．登记车辆基本信息

项目	填写内容	完成情况
品牌		是□　否□
VIN		是□　否□
生产日期		是□　否□
动力电池		是□　否□
驱动电机	型号:________　额定功率:________	是□　否□
行驶里程	型号:________　额定容量:________	是□　否□

3．用诊断仪读取故障码

作业内容	完成情况	
关闭点火开关	是□　否□	
将 OBDII 测量线连接至 VCI 设备	是□　否□	
连接车辆 OBD 诊断座，VCI 设备电源指示灯亮起	是□　否□	
打开点火开关	是□　否□	
选择吉利帝豪 EV450 并读取整车故障代码	故障代码	含义

作业内容	完成情况	
读取 VCU 相关数据流	数据流名称	数据值

4．检查冷却水泵继电器 ER04 及其电路

作业内容	完成情况
检查冷却水泵继电器 ER04 是否损坏	是□　　否□
检查冷却水泵继电器 ER04 线路是否有线路短路现象	是□　　否□
进行线路修理，确认没有电路短路现象	是□　　否□
必要时使用同型号继电器替换检查	是□　　否□
检测分析：	

5．检查冷却水泵继电器控制信号线路

作业内容	完成情况		
操作启动开关，至“OFF”挡	是□　　否□		
断开蓄电池负极电缆，并至少等待 90 s 以上	是□　　否□		
断开 VCU 线束连接器 CA67	是□　　否□		
连接蓄电池负极	是□　　否□		
操作启动开关，至“ON”状态	是□　　否□		
测量 CA67/115 与车身接地之间的电压值	测量值	标准值	判断
	____V	11 ～ 14 V	正常□　　异常□
检测分析：			

6．检查 VCU 线束连接器（端子电压）

作业内容	完成情况
操作点火开关，至“OFF”挡	是□　　否□
断开蓄电池负极电缆，并至少等待 90 s 以上	是□　　否□
断开 VCU 线束连接器 CA66	是□　　否□
连接蓄电池负极	是□　　否□
操作启动开关，至“ON”状态	是□　　否□

作业内容	完成情况		
测量 CA66/12 与车身接地之间的电压值	测量值	标准值	判断
	____V	11 ～ 14 V	正常□　异常 □
测量 CA66/50 与车身接地之间的电压值	测量值	标准值	判断
	____V	11 ～ 14 V	正常□　异常 □
检测分析：			

7. 检查 VCU 线束连接器（接地端子导通性）

作业内容	完成情况		
将启动开关置于“OFF”挡	是□　否□		
测量 VCU 线束连接器端子 CA67/1 与车身接地之间的电阻值	测量值	标准值	判断
	____Ω	＜1 Ω	正常□　异常 □
测量 VCU 线束连接器端子 CA67/2 与车身接地之间的电阻值	测量值	标准值	判断
	____Ω	＜1 Ω	正常□　异常 □
测量 VCU 线束连接器端子 CA67/26 与车身接地之间的电阻值	测量值	标准值	判断
	____Ω	＜1 Ω	正常□　异常 □
测量 VCU 线束连接器端子 CA67/54 与车身接地之间的电阻值	测量值	标准值	判断
	____Ω	＜1 Ω	正常□　异常 □
检测分析：			

8. 恢复场地

作业内容	完成情况
关闭车辆启动开关	是□　否□
收起并整理防护四件套	是□　否□
关闭测量平台一体机	是□　否□
关闭测量平台电源开关	是□　否□
清洁并整理测量平台	是□　否□
清洁防护用具并归位	是□　否□
清洁整理仪器设备与工具	是□　否□
清洁实训场地	是□　否□
收起警示牌	是□　否□
收起安全围挡	是□　否□

五、过程检查

检查项目	权重	自我评价
车辆作业防护符合要求	15	
工具检查规范、全面	15	
场地安全警戒操作正确	10	
绝缘工具检查到位	20	
仪表使用正确	10	
故障诊断仪的使用正确	10	
故障排查思路正确	20	

六、评价反馈

<table>
<tr><td colspan="2" rowspan="2">学生基本信息</td><td>姓名</td><td></td><td>学号</td><td></td><td>班级</td><td colspan="2"></td></tr>
<tr><td>组别</td><td></td><td>时间</td><td></td><td>成绩</td><td colspan="2"></td></tr>
<tr><th colspan="2">步骤及内容</th><th colspan="4">具体内涵</th><th>评分标准</th><th>分值</th><th>得分</th></tr>
<tr><td colspan="2" rowspan="8">专业能力</td><td colspan="4">正确完成环境检查</td><td>10</td><td rowspan="2">20</td><td></td></tr>
<tr><td colspan="4">正确完成防护用具和工具检查</td><td>10</td><td></td></tr>
<tr><td colspan="4">正确连接诊断仪</td><td>5</td><td rowspan="6">50</td><td></td></tr>
<tr><td colspan="4">能利用故障诊断仪读取整车控制器数据流</td><td>10</td><td></td></tr>
<tr><td colspan="4">分析故障所处位置</td><td>10</td><td></td></tr>
<tr><td colspan="4">能正确利用工具排查</td><td>10</td><td></td></tr>
<tr><td colspan="4">数据填写正确</td><td>10</td><td></td></tr>
<tr><td colspan="4">正确且规范地完成维修作业后现场恢复及工具归整</td><td>5</td><td></td></tr>
<tr><td colspan="2">具体要求</td><td colspan="7">分成 6 组，每组由 4 ～ 6 名学生组成，每组单次练习时间为 120 min</td></tr>
<tr><td rowspan="3">社会能力</td><td>团队合作</td><td colspan="4">是否和谐，是否积极沟通</td><td>5</td><td rowspan="3">15</td><td></td></tr>
<tr><td>劳动纪律</td><td colspan="4">是否严格遵守</td><td>5</td><td></td></tr>
<tr><td>“6S”管理</td><td colspan="4">是否严格遵守</td><td>5</td><td></td></tr>
<tr><td rowspan="3">方法能力</td><td>制订计划</td><td colspan="4">是否科学合理</td><td>5</td><td rowspan="3">15</td><td></td></tr>
<tr><td>新技术学习</td><td colspan="4">是否具备学习新技术的能力</td><td>5</td><td></td></tr>
<tr><td>总结能力</td><td colspan="4">能否正确总结</td><td>5</td><td></td></tr>
<tr><td colspan="2">改进与提升</td><td colspan="7"></td></tr>
<tr><td colspan="2">教师签字</td><td colspan="5">结果评价</td><td colspan="2">项目成绩</td></tr>
<tr><td colspan="2"></td><td colspan="5"></td><td colspan="2"></td></tr>
</table>

工单九　DC/DC 转换器控制电路检测实训

一、接受任务

一辆吉利帝豪 EV450 汽车，仪表面板显示蓄电池故障与系统故障灯亮起，动力不足。经过维修技师检测，判断为 DC/DC 控制电路故障，该如何对该车进行检修？

二、故障分析——整车控制器出现电源及通信故障的原因

图 9-1 为吉利帝豪 EV450 DC/DC 转换器控制电路，由三部分——前机舱熔丝继电器盒电路、VCU 电路、电机控制器电路组成。前机舱熔丝继电器盒电路有熔丝 EF29、EF19，负责向 VCU 提供 12 V 电源。控制信号通过 CA66/16 发送到电机控制器 BV11/14，电机控制器接收到 VCU 的信号后，执行智能充电、上电、下电等动作。通过以上分析，故障排查主要从这些方面——电机控制器与 VCU 之间的线束、VCU 线束插接器（端子电压）、VCU 线束插接器（搭铁端子导通性）开展。

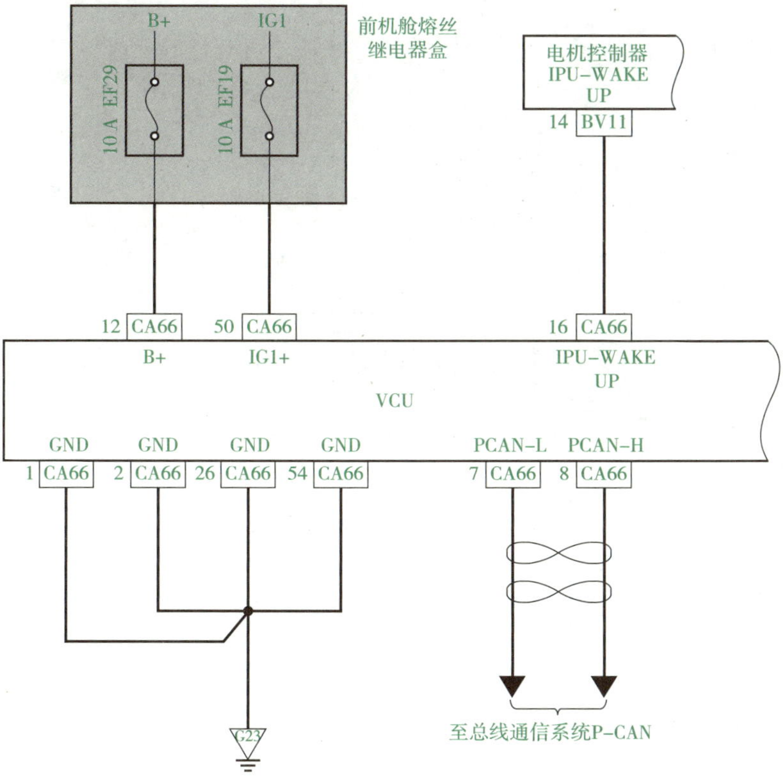

图 9-1　吉利帝豪 EV450 DC/DC 转换器控制电路

三、制订计划

根据新能源汽车维修的操作规程，制订高压作业前准备工作行动计划，完成作业流程表。

1．根据维修作业计划，完成小组成员任务分工

主修人		记录员	
监护人		展示员	

2．作业前准备：检测设备 / 工具 / 材料

序号	名称	数量	清点
（1）	实训用车	1 辆	□已清点
（2）	个人高压防护用具	1 套	□已清点
（3）	车内三件套	1 套	□已清点
（4）	隔离柱、警戒线	1 套	□已清点
（5）	警示牌	1 套	□已清点
（6）	放电工装	1 套	□已清点
（7）	故障诊断仪	1 个	□已清点
（8）	维修手册	1 本	□已清点
（9）	绝缘万用表	1 个	□已清点

3．作业流程

序号	作业项目	操作要点
（1）	作业前准备	作业流程按规程进行
（2）	登记车辆基本信息	数据记录
（3）	用诊断仪读取故障码	故障诊断仪的使用
（4）	检查电机控制器与 VCU 之间的线束	识读电路图
（5）	检查 VCU 线束连接器（端子电压）	识读电路图
（6）	检查 VCU 线束连接器接地端子导通性	识读电路图
（7）	恢复场地	“6S”管理规定

4．作业注意事项

①实训开始前应摘掉饰品，换上实训工装，长头发应挽起固定于脑后；
②严禁违规使用绝缘工具、仪器仪表，注意轻拿轻放、有序操作；
③严格遵守实训规程，按照指导教师要求完成实训操作；
④整车实训时确保点火开关处于“Lock”位置，操作另有要求的除外；
⑤为保证教学安全性，严禁在车辆行驶的条件下进行任何实训测试；
⑥严禁对低压蓄电池进行长时间放电操作，可采用其他低压电源设备替代；
⑦驻车工作时，应施加驻车制动，除非特定操作要求置于其他挡位；
⑧举升车辆时按照规范进行，避免发生意外事故；
⑨若仪器、仪表出现故障问题，请立即停止一切操作，严禁私自拆卸修复

审核		签字
		年　月　日

四、任务实施

1. 作业前准备

作业项目	操作内容	完成情况
作业前现场环境检查	规范着装； 拉设安全围挡； 放置警示牌； 检查灭火器； 检查测量终端状态； 铺设防护四件套	是□　否□ 是□　否□ 是□　否□ 是□　否□ 是□　否□ 是□　否□
防护用具检查	检查绝缘手套； 检查护目镜； 检查安全帽； 检查绝缘鞋	是□　否□ 是□　否□ 是□　否□ 是□　否□
仪表工具检查	检查万用表、绝缘检测仪是否正常； 检查故障诊断仪是否正常； 检查绝缘工具是否齐全、正常； 检查放电工装是否正常； 检查维修手册、电路图是否完备	是□　否□ 是□　否□ 是□　否□ 是□　否□ 是□　否□
测量绝缘地垫绝缘电阻值	测量值 =______MΩ 标准值 >20 MΩ	异常□ 正常□

2. 登记车辆基本信息

项目	填写内容	完成情况
品牌		是□　否□
VIN		是□　否□
生产日期		是□　否□
动力电池		是□　否□
驱动电机	型号：________　额定功率：________	是□　否□
行驶里程	型号：________　额定容量：________	是□　否□

3. 用诊断仪读取故障码

作业内容	完成情况	
关闭点火开关	是□　否□	
将 OBDII 测量线连接至 VCI 设备	是□　否□	
连接车辆 OBD 诊断座，VCI 设备电源指示灯亮起	是□　否□	
打开点火开关	是□　否□	
选择吉利帝豪 EV450 并读取整车故障代码	故障代码	含义

作业内容	完成情况	
读取 VCU 相关数据流	数据流名称	数据值

4. 检查冷却电机控制器与 VCU 之间的线束

作业内容	完成情况		
操作点火开关，至“OFF”挡	是□ 否□		
断开蓄电池负极电缆，并至少等待 90 s 以上	是□ 否□		
断开 VCU 线束连接器 CA66	是□ 否□		
断开电机控制线束连接器 BV11			
操作启动开关，至“ON”状态	是□ 否□		
测量 CA66/16 与 BV11/14 之间的电阻值	测量值	标准值	判断
	____Ω	<1 Ω	正常□ 异常 □
检测分析：			

5. 检查 VCU 线束连接器（端子电压）

作业内容	完成情况		
操作点火开关，至“OFF”挡	是□ 否□		
断开蓄电池负极电缆，并至少等待 90 s 以上	是□ 否□		
断开 VCU 线束连接器 CA66	是□ 否□		
连接蓄电池负极	是□ 否□		
操作启动开关，至“ON”状态	是□ 否□		
测量 CA66/12 与车身接地之间的电压值	测量值	标准值	判断
	____V	11 ～ 14 V	正常□ 异常 □
测量 CA66/50 与车身接地之间的电压值	测量值	标准值	判断
	____V	11 ～ 14 V	正常□ 异常 □
检测分析：			

6. 检查 VCU 线束连接器接地端子导通性

作业内容	完成情况		
将启动开关置于“OFF”挡	是□　否□		
测量 VCU 线束连接器端子 CA66/1 与车身接地之间的电阻值	测量值	标准值	判断
	____Ω	＜1 Ω	正常□　异常□
测量 VCU 线束连接器端子 CA66/2 与车身接地之间的电阻值	测量值	标准值	判断
	____Ω	＜1 Ω	正常□　异常□
测量 VCU 线束连接器端子 CA66/26 与车身接地之间的电阻值	测量值	标准值	判断
	____Ω	＜1 Ω	正常□　异常□
测量 VCU 线束连接器端子 CA66/54 与车身接地之间的电阻值	测量值	标准值	判断
	____Ω	＜1 Ω	正常□　异常□
检测分析：			

7. 恢复场地

作业内容	完成情况
关闭车辆启动开关	是□　否□
收起并整理防护四件套	是□　否□
关闭测量平台一体机	是□　否□
关闭测量平台电源开关	是□　否□
清洁并整理测量平台	是□　否□
清洁防护用具并归位	是□　否□
清洁并整理仪器设备与工具	是□　否□
清洁实训场地	是□　否□
收起警示牌	是□　否□
收起安全围挡	是□　否□

五、过程检查

检查项目	权重	自我评价
车辆作业防护符合要求	15	
工具检查规范、全面	15	
场地安全警戒操作正确	10	
绝缘工具检查到位	20	

检查项目	权重	自我评价
仪表使用正确	10	
故障诊断仪的使用正确	10	
故障排查思路正确	20	

六、评价反馈

<table>
<tr><td colspan="2" rowspan="2">学生基本信息</td><td>姓名</td><td></td><td>学号</td><td></td><td>班级</td><td colspan="2"></td></tr>
<tr><td>组别</td><td></td><td>时间</td><td></td><td>成绩</td><td colspan="2"></td></tr>
<tr><td colspan="2">步骤及内容</td><td colspan="4">具体内涵</td><td>评分标准</td><td>分值</td><td>得分</td></tr>
<tr><td colspan="2" rowspan="8">专业能力</td><td colspan="4">正确完成环境检查</td><td>10</td><td rowspan="2">20</td><td></td></tr>
<tr><td colspan="4">正确完成防护用具和工具检查</td><td>10</td><td></td></tr>
<tr><td colspan="4">正确连接诊断仪</td><td>5</td><td rowspan="6">50</td><td></td></tr>
<tr><td colspan="4">能利用故障诊断仪读取整车控制器数据流</td><td>10</td><td></td></tr>
<tr><td colspan="4">分析故障所处位置</td><td>10</td><td></td></tr>
<tr><td colspan="4">能正确利用工具进行排查</td><td>10</td><td></td></tr>
<tr><td colspan="4">数据填写正确</td><td>10</td><td></td></tr>
<tr><td colspan="4">正确且规范地完成维修作业后现场恢复及工具归整</td><td>5</td><td></td></tr>
<tr><td colspan="2">具体要求</td><td colspan="7">分成 6 组，每组由 4 ～ 6 名学生组成，每组单次练习时间为 120 min</td></tr>
<tr><td rowspan="3">社会能力</td><td>团队合作</td><td colspan="4">是否和谐，是否积极沟通</td><td>5</td><td rowspan="3">15</td><td></td></tr>
<tr><td>劳动纪律</td><td colspan="4">是否严格遵守</td><td>5</td><td></td></tr>
<tr><td>“6S”管理</td><td colspan="4">是否严格遵守</td><td>5</td><td></td></tr>
<tr><td rowspan="3">方法能力</td><td>制订计划</td><td colspan="4">是否科学合理</td><td>5</td><td rowspan="3">15</td><td></td></tr>
<tr><td>新技术学习</td><td colspan="4">是否具备学习新技术的能力</td><td>5</td><td></td></tr>
<tr><td>总结能力</td><td colspan="4">能否正确总结</td><td>5</td><td></td></tr>
<tr><td colspan="2">改进与提升</td><td colspan="7"></td></tr>
<tr><td colspan="2">教师签字</td><td colspan="5">结果评价</td><td colspan="2">项目成绩</td></tr>
<tr><td colspan="2"></td><td colspan="5"></td><td colspan="2"></td></tr>
</table>

工单十　驱动电机控制系统检查实训

一、接受任务

有一辆吉利帝豪 EV450 纯电动汽车，驾驶人员反映车辆起步，踩下加速踏板后，电动车的速度没有明显变化，车辆仍然以怠速车速前行。作为 4S 店的维修技工，请你解释出现这种情况的可能原因，如有必要请开展相应检查工作。

二、故障分析——车辆无法加速的原因

在电动汽车运行过程中踩下加速踏板，车辆无法加速，在确认加速踏板、冷却系统无异常后，根据以下的吉利帝豪 EV450 电机控制系统电路图（图 10-1）分析，原因可能是驱动电机温度异常。驱动电机温度异常可能原因如下：出现了电机温度传感器损坏故障或者温度传感器限速断线。

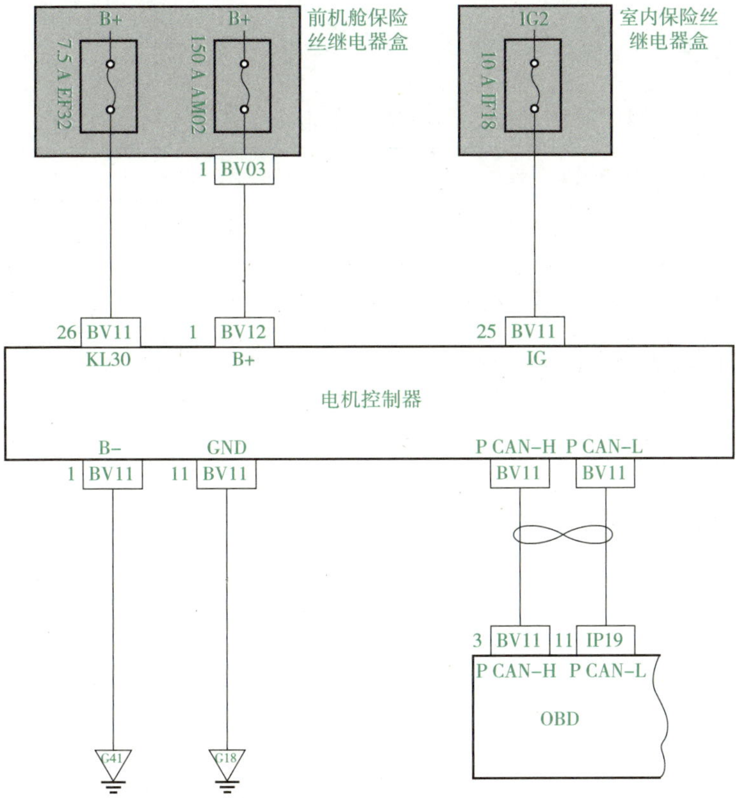

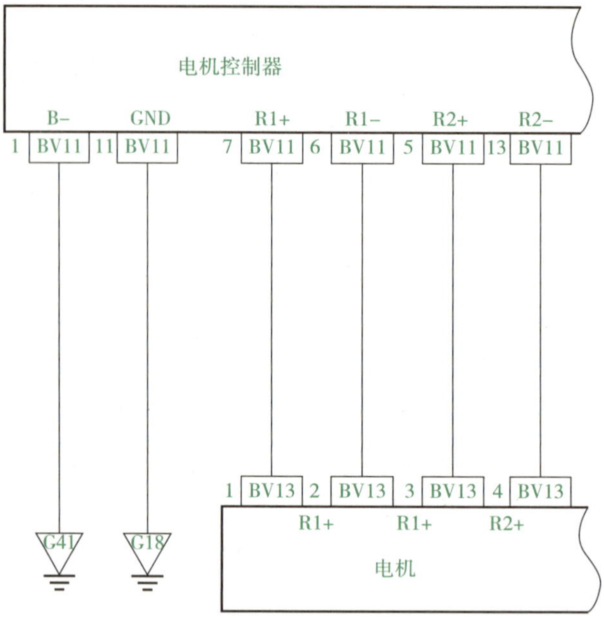

图 10-1　吉利帝豪 EV450 电机控制系统电路图

三、制订计划

根据新能源汽车维修的操作规程，制订高压作业前准备工作行动计划，完成作业流程表。

1. 根据维修作业计划，完成小组成员任务分工			
主修人		记录员	
监护人		展示员	
2. 作业前准备：检测设备 / 工具 / 材料			
序号	名称	数量	清点
（1）	实训用车	1 辆	□已清点
（2）	个人高压防护用具	1 套	□已清点
（3）	车内三件套	1 套	□已清点
（4）	隔离柱、警戒线	1 套	□已清点
（5）	警示牌	1 套	□已清点
（6）	放电工装	1 套	□已清点
（7）	故障诊断仪	1 个	□已清点
（8）	维修手册	1 本	□已清点
（9）	绝缘万用表	1 个	□已清点

3. 作业流程		
序号	作业项目	操作要点
（1）	作业前准备	作业流程按规程进行
（2）	登记车辆基本信息	数据记录
（3）	基本检查	电池电压、线束连接情况
（4）	检查驱动电机控制器供电电压	识读电路图
（5）	检查驱动电机温度传感器电阻值	识读电路图
（6）	检查驱动电机温度传感器信号线	识读电路图
（7）	恢复场地	“6S” 管理规定

续表

4. 作业注意事项		
①实训开始前应摘掉饰品，换上实训工装，长头发应挽起固定于脑后； ②严禁违规使用绝缘工具、仪器仪表，注意轻拿轻放、有序操作； ③严格遵守实训规程，按照指导教师要求完成实训操作； ④整车实训时确保点火开关处于“Lock”位置，操作另有要求的除外； ⑤为保证教学安全性，严禁在车辆行驶的条件下进行任何实训测试； ⑥严禁对低压蓄电池进行长时间放电操作，可采用其他低压电源设备替代； ⑦驻车工作时，应施加驻车制动，除非特定操作要求置于其他挡位； ⑧举升车辆时按照规范进行，避免发生意外事故； ⑨若仪器、仪表出现故障，请立即停止一切操作，严禁私自拆卸修复		
审核		签字 年 月 日

四、任务实施

1．作业前准备

作业项目	操作内容	完成情况
作业前现场环境检查	规范着装； 拉设安全围挡； 放置警示牌； 检查灭火器； 检查测量终端状态； 铺设防护四件套	是□ 否□ 是□ 否□ 是□ 否□ 是□ 否□ 是□ 否□ 是□ 否□
防护用具检查	检查绝缘手套； 检查护目镜； 检查安全帽； 检查绝缘鞋	是□ 否□ 是□ 否□ 是□ 否□ 是□ 否□
仪表工具检查	检查万用表、绝缘检测仪是否正常； 检查故障诊断仪是否正常； 检查绝缘工具是否齐全、正常； 检查放电工装是否正常； 检查维修手册、电路图是否完备	是□ 否□ 是□ 否□ 是□ 否□ 是□ 否□ 是□ 否□
测量绝缘地垫绝缘电阻值	测量值 =______MΩ 标准值 >20 MΩ	正常□ 异常□

2．登记车辆基本信息

项目	填写内容	完成情况
品牌		是□ 否□
VIN		是□ 否□
生产日期		是□ 否□
动力电池		是□ 否□
驱动电机	型号：________ 额定功率：________	是□ 否□
行驶里程	型号：________ 额定容量：________	是□ 否□

3．基本检查

作业内容	完成情况	
关闭点火开关，安全存放钥匙	是□ 否□	
断开蓄电池负极	是□ 否□	
测量蓄电池电压	测量值：____V	结果
	标准值为 12 V 左右	正常□ 异常□
高压部件及其连接器情况	正常□ 异常□	
低压部件及其连接器情况	正常□ 异常□	

4．检查驱动电机控制器供电电压

作业内容	完成情况		
断开蓄电池负极	是□ 否□		
断开驱动电机控制器线束连接器 BV11	是□ 否□		
连接蓄电池负极	是□ 否□		
测量线束连接器 BV11/(26）与接地电压	测量值	标准值	判断
	____V	11 ~ 14 V	正常□ 异常□
打开点火开关	是□ 否□		
测量线束连接器 BV11/(25 ）与接地电压	测量值	标准值	判断
	____V	11 ~ 14 V	正常□ 异常□
检测分析			

5．检查驱动电机温度传感器电阻值

作业内容	完成情况		
关闭点火开关，断开蓄电池负极	是□　　否□		
断开驱动电机线束插头 BV13	是□　　否□		
使用万用表测量 BV13/1 与 BV13/2 电阻值	测量值	标准值	判断
	____Ω	−40 ℃时，正常电阻阻值约为 241 Ω±20 Ω 20 ℃时，正常电阻阻值 13.6 Ω±0.8 Ω 85 ℃时，正常电阻阻值约为 1.6 Ω±0.1 Ω	正常□　　异常□
使用万用表测量 BV13/3 与 BV13/4 电阻值	测量值		判断
	____Ω		正常□　　异常□
检测分析			

6．检查驱动电机温度传感器信号线

作业内容	完成情况		
关闭点火开关，断开蓄电池负极	是□　　否□		
断开驱动电机线束插头 BV13	是□　　否□		
断开电机控制器线束插头 BV11	是□　　否□		
使用万用表测量 BV13/1 与 BV11/7 电阻值	测量值	标准值	判断
	____Ω	＜1 Ω	正常□　　异常□
使用万用表测量 BV13/2 与 BV11/6 电阻值	测量值	标准值	判断
	____Ω	＜1 Ω	正常□　　异常□
使用万用表测量 BV13/3 与 BV11/5 电阻值	测量值	标准值	判断
	____Ω	＜1 Ω	正常□　　异常□
使用万用表测量 BV13/4 与 BV13/13 电阻值	测量值	标准值	判断
	____Ω	＜1 Ω	正常□　　异常□
使用万用表测量 BV13/1 与 BV13/2 电阻值	测量值	标准值	判断
	____Ω	10 kΩ 或更高	正常□　　异常□
使用万用表测量 BV13/3 与 BV13/4 电阻值	测量值	标准值	判断
	____Ω	10 kΩ 或更高	正常□　　异常□

续表

作业内容	完成情况		
使用万用表测量 BV13/1 与车身搭铁电阻值	测量值	标准值	判断
	____Ω	10 kΩ 或更高	正常□　异常□
使用万用表测量 BV13/2 与车身搭铁电阻值	测量值	标准值	判断
	____Ω	10 kΩ 或更高	正常□　异常□
使用万用表测量 BV13/3 与车身搭铁电阻值	测量值	标准值	判断
	____Ω	10 kΩ 或更高	正常□　异常□
使用万用表测量 BV13/4 与车身搭铁电阻值	测量值	标准值	判断
	____Ω	10 kΩ 或更高	正常□　异常□
检测分析：			

7. 恢复场地

作业内容	完成情况
清洁并整理实训设备并归位	是□　否□
清洁实训场地	是□　否□
收起警示牌	是□　否□
收起安全围挡	是□　否□

五、过程检查

检查项目	权重	自我评价
车辆作业防护符合要求	15	
工具检查规范、全面	15	
场地安全警戒操作正确	10	
绝缘工具检查到位	20	
万用表使用正确	10	
故障诊断仪的使用正确	10	
故障排查思路正确	20	

六、评价反馈

<table>
<tr><td colspan="2" rowspan="2">学生基本信息</td><td>姓名</td><td></td><td>学号</td><td></td><td>班级</td><td colspan="2"></td></tr>
<tr><td>组别</td><td></td><td>时间</td><td></td><td>成绩</td><td colspan="2"></td></tr>
<tr><td colspan="2">步骤及内容</td><td colspan="4">具体内涵</td><td>评分标准</td><td>分值</td><td>得分</td></tr>
<tr><td colspan="2" rowspan="8">专业能力</td><td colspan="4">正确完成环境检查</td><td>10</td><td rowspan="2">20</td><td></td></tr>
<tr><td colspan="4">正确完成防护用具和工具检查</td><td>10</td><td></td></tr>
<tr><td colspan="4">正确连接诊断仪</td><td>5</td><td rowspan="6">50</td><td></td></tr>
<tr><td colspan="4">正确完成上电、下电操作</td><td>10</td><td></td></tr>
<tr><td colspan="4">正确完成信息测试</td><td>10</td><td></td></tr>
<tr><td colspan="4">数据填写正确</td><td>10</td><td></td></tr>
<tr><td colspan="4">能利用相关工具进行故障诊断</td><td>10</td><td></td></tr>
<tr><td colspan="4">正确且规范地完成维修作业后现场恢复及工具归整</td><td>5</td><td></td></tr>
<tr><td colspan="2">具体要求</td><td colspan="7">分成 6 组，每组由 4 ～ 6 名学生组成，每组单次练习时间为 120 min</td></tr>
<tr><td rowspan="3">社会能力</td><td>团队合作</td><td colspan="4">是否和谐，是否积极沟通</td><td>5</td><td rowspan="3">15</td><td></td></tr>
<tr><td>劳动纪律</td><td colspan="4">是否严格遵守</td><td>5</td><td></td></tr>
<tr><td>“6S”管理</td><td colspan="4">是否严格遵守</td><td>5</td><td></td></tr>
<tr><td rowspan="3">方法能力</td><td>制订计划</td><td colspan="4">是否科学合理</td><td>5</td><td rowspan="3">15</td><td></td></tr>
<tr><td>新技术学习</td><td colspan="4">是否具备学习新技术的能力</td><td>5</td><td></td></tr>
<tr><td>总结能力</td><td colspan="4">能否正确总结</td><td>5</td><td></td></tr>
<tr><td colspan="2">改进与提升</td><td colspan="7"></td></tr>
<tr><td colspan="2">教师签字</td><td colspan="5">结果评价</td><td colspan="2">项目成绩</td></tr>
<tr><td colspan="2"></td><td colspan="5"></td><td colspan="2"></td></tr>
</table>

工单十一　旋变传感器检测实训

一、接受任务

驾驶人员反映车辆上电正常，挂入 D 挡，松开制动踏板，车辆无法行驶，作为 4S 店的维修技工，请你查明原因并制订检修方案，然后进行检修作业以解决用户问题。

二、故障分析——电机控制系统故障使车辆无法上电的原因

吉利帝豪 EV450 电动汽车上电正常但无法行驶，直接原因是驱动电机没有运行，车辆不动。根据吉利帝豪 EV450 电机控制系统电路图（图 11–1）分析，导致驱动电机无法运行的可能原因：电机控制器辅助电源供电异常、电机旋转变压器阻值异常、旋转变压器输出波形异常、旋转变压器信号线路出现断线、旋转变压器辅助供电电源异常。

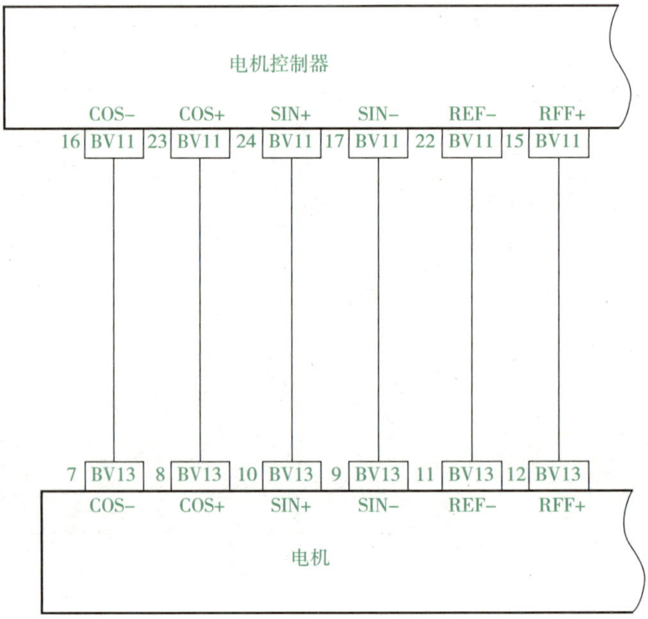

图 11–1　吉利帝豪 EV450 电机控制系统电路图

三、制订计划

根据新能源汽车维修的操作规程，制订高压作业前准备工作行动计划，完成作业流程表。

1. 根据维修作业计划，完成小组成员任务分工			
主修人		记录员	
监护人		展示员	
2. 作业前准备：检测设备 / 工具 / 材料			
序号	名称	数量	清点

3. 作业流程		
序号	作业项目	操作要点
（1）	作业前准备	作业流程按规程进行
（2）	登记车辆基本信息	数据记录
（3）	基本检查	电池电压、线束连接情况

(1)	实训用车	1 辆	□已清点	(4)	检测旋变传感器电阻值	识读电路图、测量工具的使用
(2)	个人高压防护用具	1 套	□已清点	(5)	检测旋变传感器信号波动	识读电路图、测量工具的使用
(3)	车内三件套	1 套	□已清点			
(4)	隔离柱、警戒线	1 套	□已清点			
(5)	警示牌	1 套	□已清点			
(6)	放电工装	1 套	□已清点			
(7)	故障诊断仪	1 个	□已清点			
(8)	维修手册	1 本	□已清点	(6)	恢复场地	“6S”管理规定
(9)	绝缘万用表	1 个	□已清点			
4. 作业注意事项						
①实训开始前应摘掉饰品，换上实训工装，长头发应挽起固定于脑后； ②严禁违规使用绝缘工具、仪器仪表，注意轻拿轻放、有序操作； ③严格遵守实训规程，按照指导教师要求完成实训操作； ④整车实训时确保点火开关处于“Lock”位置，操作另有要求的除外； ⑤为保证教学安全性，严禁在车辆行驶的条件下进行任何实训测试； ⑥严禁对低压蓄电池进行长时间放电操作，可采用其他低压电源设备替代； ⑦驻车工作时，应施加驻车制动，除非特定操作要求置于其他挡位； ⑧举升车辆时按照规范进行，避免发生意外事故； ⑨若仪器、仪表出现故障，请立即停止一切操作，严禁私自拆卸修复						

审核		签字
		年　月　日

四、任务实施

1. 作业前准备

作业项目	操作内容	完成情况
作业前现场环境检查	规范着装； 拉设安全围挡； 放置警示牌； 检查灭火器； 检查测量终端状态； 铺设防护四件套	是□　否□ 是□　否□ 是□　否□ 是□　否□ 是□　否□ 是□　否□
防护用具检查	检查绝缘手套； 检查护目镜； 检查安全帽； 检查绝缘鞋	是□　否□ 是□　否□ 是□　否□ 是□　否□

作业项目	操作内容	完成情况
仪表工具检查	检查万用表、绝缘检测仪是否正常； 检查故障诊断仪是否正常； 检查绝缘工具是否齐全、正常； 检查放电工装是否正常； 检查维修手册、电路图是否完备	是□　否□ 是□　否□ 是□　否□ 是□　否□ 是□　否□
测量绝缘地垫绝缘电阻	测量值 =______MΩ 标准值 >20 MΩ	正常□ 异常□

2. 登记车辆基本信息

项目	填写内容	完成情况
品牌		是□　否□
VIN		是□　否□
生产日期		是□　否□
动力电池		是□　否□
驱动电机	型号：________　额定功率：_______	是□　否□
行驶里程	型号：________　额定容量：_______	是□　否□

3. 基本检查

作业内容	完成情况	
关闭点火开关，安全存放钥匙	是□　否□	
断开蓄电池负极	是□　否□	
测量蓄电池电压	测量值：____V	结果
	标准值为 12 V 左右	正常□　异常□
高压部件及其连接器情况	正常□　异常□	
低压部件及其连接器情况	正常□　异常□	

4. 检测旋变传感器电阻值

作业内容	完成情况		
关闭点火开关，断开蓄电池负极	是□　否□		
断开驱动电机线束插头 BV13	是□　否□		
使用万用表测量 BV13/7 与 BV13/8 电阻值（余弦）	测量值	标准值	判断
	____Ω	14.5 Ω ± 1.5 Ω	正常□　异常□
使用万用表测量 BV13/9 与 BV13/10 电阻值（正弦）	测量值	标准值	判断
	____Ω	13.5 Ω ± 1.5 Ω	正常□　异常□

作业内容	完成情况		
使用万用表测量 BV13/11 与 BV13/12 电阻值（励磁）	测量值	标准值	判断
	____Ω	9.5 Ω ±1.5 Ω	正常□　　异常□
检测分析：			

5．检测旋变传感器信号波形

作业内容	完成情况		
打开点火开关，车辆上电	是□　　否□		
测量驱动电机控制器 BV11/22 与 BV11/15 电压	测量值	标准值	判断
	____V	正弦波，频率为 10 kHz，幅值为 10 V	正常□　　异常□
旋变传感器正弦波形测量（测量对象）：测量驱动电机控制器 BV11/24 与 BV11/17 信号波形	实测波形	标准波形	
检测分析：			
旋变传感器余弦波形测量（测量对象）：测量驱动电机控制器 BV11/16 与 BV11/23 信号波形	实测波形	标准波形	
检测分析：			
旋变传感器励磁波形测量（测量对象）：测量驱动电机控制器 BV11/15 与 BV11/22 信号波形	实测波形	标准波形	
检测分析：			

6. 检测旋变传感器线路通断

<table>
<tr><th>作业内容</th><th colspan="3">完成情况</th></tr>
<tr><td>把启动开关置于“OFF”挡，拆下蓄电池负极</td><td colspan="3">是□　否□</td></tr>
<tr><td>断开驱动电机线束插头 BV13</td><td colspan="3">是□　否□</td></tr>
<tr><td>断开驱动电机控制器线束连接器 BV11</td><td colspan="3">是□　否□</td></tr>
<tr><td rowspan="2">测量线束连接器 BV11/23 与 BV13/8 电阻值</td><td>测量值</td><td>标准值</td><td>判断</td></tr>
<tr><td>____Ω</td><td>小于 1 Ω</td><td>正常□　异常□</td></tr>
<tr><td rowspan="2">测量线束连接器 BV11/16 与 BV13/7 电阻值</td><td>测量值</td><td>标准值</td><td>判断</td></tr>
<tr><td>____Ω</td><td>小于 1 Ω</td><td>正常□　异常□</td></tr>
<tr><td rowspan="2">测量线束连接器 BV11/17 与 BV13/9 电阻值</td><td>测量值</td><td>标准值</td><td>判断</td></tr>
<tr><td>____Ω</td><td>小于 1 Ω</td><td>正常□　异常□</td></tr>
<tr><td rowspan="2">测量线束连接器 BV11/24 与 BV13/10 电阻值</td><td>测量值</td><td>标准值</td><td>判断</td></tr>
<tr><td>____Ω</td><td>小于 1 Ω</td><td>正常□　异常□</td></tr>
<tr><td rowspan="2">测量线束连接器 BV11/22 与 BV13/11 电阻值</td><td>测量值</td><td>标准值</td><td>判断</td></tr>
<tr><td>____Ω</td><td>小于 1 Ω</td><td>正常□　异常□</td></tr>
<tr><td rowspan="2">测量线束连接器 BV11/15 与 BV13/12 电阻值</td><td>测量值</td><td>标准值</td><td>判断</td></tr>
<tr><td>____Ω</td><td>小于 1 Ω</td><td>正常□　异常□</td></tr>
<tr><td colspan="4">检测分析：</td></tr>
</table>

7. 恢复场地

作业内容	完成情况
清洁并整理实训设备并归位	是□　否□
清洁实训场地	是□　否□
收起警示牌	是□　否□
收起安全围挡	是□　否□

五、过程检查

检查项目	权重	自我评价
车辆作业防护符合要求	15	
工具检查规范、全面	15	
场地安全警戒操作正确	10	
绝缘工具检查到位	20	
万用表使用正确	10	
故障诊断仪的使用正确	10	
故障排查思路正确	20	

六、评价反馈

<table>
<tr><td colspan="2" rowspan="2">学生基本信息</td><td>姓名</td><td></td><td>学号</td><td></td><td>班级</td><td colspan="2"></td></tr>
<tr><td>组别</td><td></td><td>时间</td><td></td><td>成绩</td><td colspan="2"></td></tr>
<tr><th colspan="2">步骤及内容</th><th colspan="4">具体内涵</th><th>评分标准</th><th>分值</th><th>得分</th></tr>
<tr><td colspan="2" rowspan="8">专业能力</td><td colspan="4">正确完成环境检查</td><td>10</td><td rowspan="2">20</td><td></td></tr>
<tr><td colspan="4">正确完成防护用具和工具检查</td><td>10</td><td></td></tr>
<tr><td colspan="4">正确连接诊断仪</td><td>5</td><td rowspan="6">50</td><td></td></tr>
<tr><td colspan="4">正确完成上电、下电操作</td><td>10</td><td></td></tr>
<tr><td colspan="4">正确完成信息测试</td><td>10</td><td></td></tr>
<tr><td colspan="4">数据填写正确</td><td>10</td><td></td></tr>
<tr><td colspan="4">能利用相关工具进行故障诊断</td><td>10</td><td></td></tr>
<tr><td colspan="4">正确且规范地完成维修作业后现场恢复及工具归整</td><td>5</td><td></td></tr>
<tr><td colspan="2">具体要求</td><td colspan="7">分成 6 组，每组由 4 ～ 6 名学生组成，每组单次练习时间为 120 min</td></tr>
<tr><td rowspan="3">社会能力</td><td>团队合作</td><td colspan="4">是否和谐，是否积极沟通</td><td>5</td><td rowspan="3">15</td><td></td></tr>
<tr><td>劳动纪律</td><td colspan="4">是否严格遵守</td><td>5</td><td></td></tr>
<tr><td>“6S”管理</td><td colspan="4">是否严格遵守</td><td>5</td><td></td></tr>
<tr><td rowspan="3">方法能力</td><td>制订计划</td><td colspan="4">是否科学合理</td><td>5</td><td rowspan="3">15</td><td></td></tr>
<tr><td>新技术学习</td><td colspan="4">是否具备学习新技术的能力</td><td>5</td><td></td></tr>
<tr><td>总结能力</td><td colspan="4">能否正确总结</td><td>5</td><td></td></tr>
<tr><td colspan="2">改进与提升</td><td colspan="7"></td></tr>
<tr><td colspan="2">教师签字</td><td colspan="5">结果评价</td><td colspan="2">项目成绩</td></tr>
<tr><td colspan="2"></td><td colspan="5"></td><td colspan="2"></td></tr>
</table>

工单十二　电池管理系统不工作故障检修实训

一、接受任务

某新能源汽车服务站的维修技工接到一辆故障车——吉利帝豪 EV450 纯电动汽车，据驾驶人员描述，他晚上将车停在地下车库，第二天去开的时候发现车辆报故障，也没有续航显示。作为一名维修技工，该如何按照正确的操作规程对车辆进行检查？

二、故障分析——造成 BMS 不工作的原因

查阅吉利帝豪 EV450 纯电动汽车维修手册，找到其电池管理系统电路连接示意图（图 12-1），车辆仪表面板上 SOC 值显示异常，没有续航显示，因为 SOC 值基本上是由 BMS 计算出来的，出现以上故障现象一般初步可以判定是电池管理系统故障。具体可能的原因：低压供电异常，如 BMS 电源正极电压异常、BMS 电源搭铁异常等；线束断路，如供电保险丝熔断、BMS 未收到唤醒信号等；BMS 通信线路 CAN 线异常。如上述原因经检查并修复后系统仍存在故障，则可能是 BMS 本身损坏。

在检查和维修过程中，要按照操作规程来进行操作，防止损坏器件或出现高压触电现象。

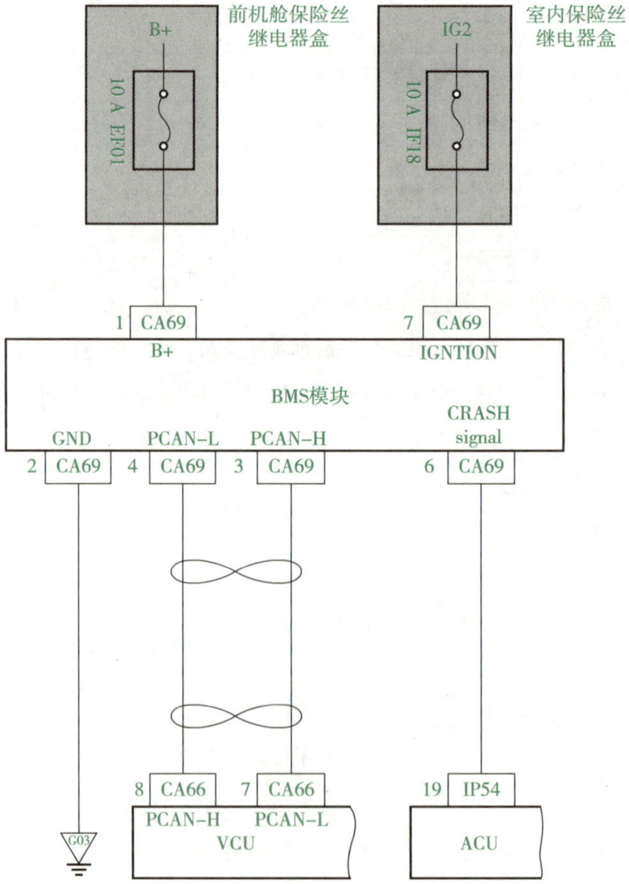

图 12-1　电池管理系统电路连接示意图

三、制订计划

根据新能源汽车维修的操作规程，制订检查维修作业前准备工作行动计划，完成作业流程表。

1．根据维修作业计划，完成小组成员任务分工

主修人		记录员	
监护人		展示员	

2．作业前准备：检测设备 / 工具 / 材料

序号	名称	数量	清点
（1）	吉利帝豪 EV450 实训用车	1 辆	□已清点
（2）	个人高压防护用具	1 套	□已清点
（3）	车内三件套	1 套	□已清点
（4）	隔离柱、警戒线、警示牌	1 套	□已清点
（5）	汽车举升机	1 台	□已清点
（6）	灭火器	1 个	□已清点
（7）	故障诊断仪	1 个	□已清点
（8）	绝缘维修工具	1 套	□已清点
（9）	数字万用表	1 个	□已清点
（10）	配套维修手册	1 本	□已清点

3．作业流程

序号	作业项目	操作要点
（1）	作业前准备	作业流程按规程进行
（2）	登记车辆基本信息	数据记录
（3）	检测蓄电池电压	万用表的使用
（4）	读取故障代码、数据流	故障诊断仪的使用
（5）	数据信息测试	数据流的读取
（6）	恢复场地	“6S”管理规定

4．作业注意事项

①实训开始前应摘掉饰品，换上实训工装，长头发应挽起固定于脑后；
②严禁违规使用绝缘工具、仪器仪表，注意轻拿轻放、有序操作；
③严格遵守实训规程，按照指导教师要求完成实训操作；
④整车实训时确保点火开关处于“Lock”位置，操作另有要求的除外；
⑤为保证教学安全性，严禁在车辆行驶的条件下进行任何实训测试；
⑥严禁对低压蓄电池进行长时间放电操作，可采用其他低压电源设备替代；
⑦驻车工作时，应施加驻车制动，除非特定操作要求置于其他挡位；
⑧举升车辆时按照规范进行，避免发生意外事故；
⑨若仪器、仪表出现故障，请立即停止一切操作，严禁私自拆卸修复

审核		签字
		年　月　日

四、任务实施

1. 作业前准备

作业项目	操作内容	完成情况
作业前现场环境检查	规范着装； 拉设安全围挡； 放置警示牌； 检查灭火器； 检查测量终端状态； 铺设防护四件套	是□　否□ 是□　否□ 是□　否□ 是□　否□ 是□　否□ 是□　否□
防护用具检查	检查绝缘手套； 检查护目镜； 检查安全帽； 检查绝缘鞋	是□　否□ 是□　否□ 是□　否□ 是□　否□
仪表工具检查	检查万用表、绝缘检测仪是否正常； 检查故障诊断仪是否正常； 检查绝缘工具是否齐全、正常； 检查汽车举升机是否正常； 检查维修手册、电路图是否完备	是□　否□ 是□　否□ 是□　否□ 是□　否□ 是□　否□
测量绝缘地垫绝缘电阻值	测量值 =______MΩ 标准值 >20 MΩ	正常□ 异常□

2. 登记车辆基本信息

项目	填写内容	完成情况
品牌		是□　否□
VIN		是□　否□
生产日期		是□　否□
动力电池		是□　否□
驱动电机	型号:_______　额定功率:_______	是□　否□
行驶里程	型号:_______　额定容量:_______	是□　否□

3. 检测蓄电池电压

作业内容	完成情况	
关闭点火开关，安全存放钥匙	是□　　否□	
断开蓄电池负极	是□　　否□	
测量蓄电池电压	测量值：____V	结果
	标准值为 12 V 左右	正常□　　异常□
	若电压出现异常，则蓄电池充电或检查充电系统	

4. 读取故障代码、数据流

操作步骤	作业内容	完成情况
第一步	关闭点火开关	是□　　否□
第二步	将 OBD 测量线连接至 VCI 设备	是□　　否□
第三步	连接车辆 OBD 诊断座，VCI 设备电源指示灯亮起	是□　　否□
第四步	打开点火开关	是□　　否□
作业内容		
选择相应车型并读取故障代码	故障代码	含义
读取电池系统数据流	数据流名称	数据值

5. 数据信息测试

操作步骤	操作内容	数据记录
第一步：检查 BMS 供电电源是否正常	①操作启动开关使电源模式至“OFF”状态，拆卸 BMS 模块低压线束连接器 CA69 插头。再操作启动开关使电源模式至“ON”状态，测量 BMSCA69 端子 1、7 脚与搭铁之间的电压值，正常值应在 12 V 左右。 ②操作启动开关使电源模式至“OFF”挡，测量 BMS 模块低压线束连接器 CA69 端子 2 与搭铁之间的电阻值，正常值应小于 1 Ω。 ③测量保险丝 EF01、IF18 是否烧坏，用万用表测量保险丝电阻正常值应小于 1 Ω	CA69 端子 1 脚与搭铁之间的电压值：______ CA69 端子 7 脚与搭铁之间的电压值：______ CA69 端子 2 脚与搭铁之间的电阻值：______ EF01 测量值：__________ IF18 测量值：__________

操作步骤	操作内容	数据记录
第二步：检查BMS通信线路	①操作启动开关使电源模式至“OFF”状态；将蓄电池负极电缆从蓄电池上断开；断开BMS模块线束连接器CA69；从VCU上断开线束连接器CA66；测量BMS模块线束连接器CA69端子3与VCU线束连接器CA66端子8之间的电阻值；测量BMS模块线束连接器CA69端子4与VCU线束连接器CA66端子7之间的电阻值，正常值应小于1 Ω。 ②检查CAN网络信号电压，测量CA69 3、4脚与搭铁之间的电压，正常3脚—搭铁略高于2.5 V；4脚—搭铁：略低于2.5 V。 ③检查P-CAN网络完整性，测量CA69端子3、4脚之间的电阻值，正常应在120 Ω左右	CA69端子3－CA66端子8脚电阻值：____ CA69端子4－CA66端子7脚电阻值：____ CA69端子3脚－搭铁电压值：____ CA69端子4脚－搭铁电压值：____ CA69端子3－4脚电阻值：____
第三步：更换BMS	如果以上测量全部正常，则故障原因是BMS本身损坏，需更换。 ①更换BMS模块。 ②操作启动开关使电源模式至“ON”状态，确认功能是否正常	故障修复 是□　　否□

6. 恢复场地

作业内容	完成情况
清洁并整理实训设备并归位	是□　　否□
清洁实训场地	是□　　否□
收起警示牌	是□　　否□
收起安全围挡	是□　　否□

五、过程检查

检查项目	权重	自我评价
车辆作业防护符合要求	15	
工具检查规范、全面	15	
场地安全警戒操作正确	10	
绝缘工具检查到位	20	
万用表使用正确	30	
故障诊断仪的使用正确	10	

六、评价反馈

<table>
<tr><td colspan="2" rowspan="2">学生基本信息</td><td>姓名</td><td></td><td>学号</td><td></td><td>班级</td><td colspan="2"></td></tr>
<tr><td>组别</td><td></td><td>时间</td><td></td><td>成绩</td><td colspan="2"></td></tr>
<tr><td colspan="2">步骤及内容</td><td colspan="4">具体内涵</td><td>评分标准</td><td>分值</td><td>得分</td></tr>
<tr><td colspan="2" rowspan="8">专业能力</td><td colspan="4">正确完成环境检查</td><td>10</td><td rowspan="2">20</td><td></td></tr>
<tr><td colspan="4">正确完成防护用具和工具检查</td><td>10</td><td></td></tr>
<tr><td colspan="4">正确连接诊断仪</td><td>5</td><td rowspan="6">50</td><td></td></tr>
<tr><td colspan="4">正确完成上电、下电操作</td><td>10</td><td></td></tr>
<tr><td colspan="4">正确完成信息测试，数据填写正确</td><td>10</td><td></td></tr>
<tr><td colspan="4">会查阅维修手册并进行电路分析</td><td>10</td><td></td></tr>
<tr><td colspan="4">能利用故障诊断仪读取动力电池数据流</td><td>10</td><td></td></tr>
<tr><td colspan="4">正确且规范地完成维修作业后现场恢复及工具归整</td><td>5</td><td></td></tr>
<tr><td colspan="2">具体要求</td><td colspan="7">分成 6 组，每组由 4 ～ 6 名学生组成，每组单次练习时间为 120 min</td></tr>
<tr><td rowspan="3">社会能力</td><td>团队合作</td><td colspan="4">是否和谐，是否积极沟通</td><td>5</td><td rowspan="3">15</td><td></td></tr>
<tr><td>劳动纪律</td><td colspan="4">是否严格遵守</td><td>5</td><td></td></tr>
<tr><td>“6S”管理</td><td colspan="4">是否严格遵守</td><td>5</td><td></td></tr>
<tr><td rowspan="3">方法能力</td><td>制订计划</td><td colspan="4">是否科学合理</td><td>5</td><td rowspan="3">15</td><td></td></tr>
<tr><td>新技术学习</td><td colspan="4">是否具备学习新技术的能力</td><td>5</td><td></td></tr>
<tr><td>总结能力</td><td colspan="4">能否正确总结</td><td>5</td><td></td></tr>
<tr><td colspan="2">改进与提升</td><td colspan="7"></td></tr>
<tr><td colspan="2">教师签字</td><td colspan="5">结果评价</td><td colspan="2">项目成绩</td></tr>
<tr><td colspan="2"></td><td colspan="5"></td><td colspan="2"></td></tr>
</table>

工单十三　动力电池系统绝缘故障检修实训

一、接受任务

某新能源汽车服务站的维修技工，接到一辆故障车——吉利帝豪 EV450 纯电动汽车，据驾驶人员描述，因下了大雨，开车时有涉水过深现象，第二天准备行驶时发现仪表报故障，高压不上电，车辆无法行驶。作为一名维修技工，该如何按照正确的操作规程对车辆进行检查？

二、故障分析——造成绝缘故障可能的原因

查阅吉利帝豪 EV450 纯电动汽车维修手册，找到其动力电池系统及高压部件连接电路示意图（图 13-1），仪表报故障，高压不上电，车辆无法行驶，结合车辆有涉水过深现象，出现以上故障现象一般初步可以判定是动力电池及相关高压系统出现绝缘故障。具体可能的原因：绝缘破损、电池进水、电池内部老化漏液、加热垫破损、电池监测单元损坏等。

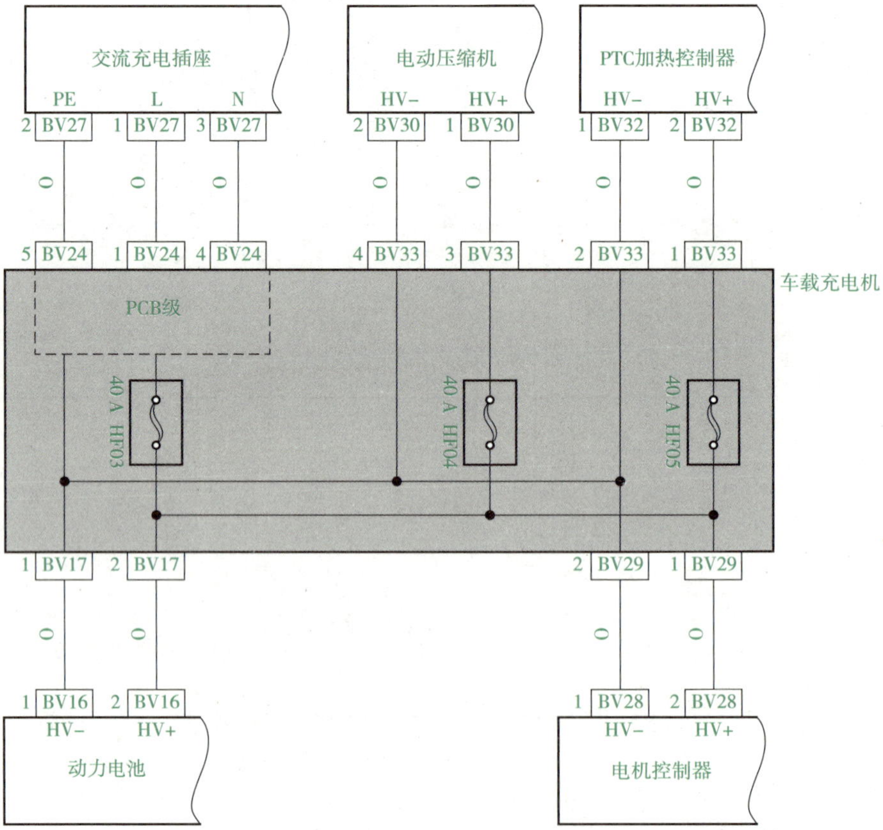

图 13-1　动力电池系统及高压部件连接电路示意图

三、制订计划

根据新能源汽车维修的操作规程，制订检查维修作业前准备工作行动计划，完成作业流程表。

1．根据维修作业计划，完成小组成员任务分工

主修人		记录员	
监护人		展示员	

2．作业前准备：检测设备 / 工具 / 材料

序号	名称	数量	清点
（1）	吉利帝豪 EV450 实训用车	1 辆	□已清点
（2）	个人高压防护用具	1 套	□已清点
（3）	车内三件套	1 套	□已清点
（4）	隔离柱、警戒线、警示牌	1 套	□已清点
（5）	汽车举升机	1 台	□已清点
（6）	灭火器	1 个	□已清点
（7）	故障诊断仪	1 个	□已清点
（8）	绝缘维修工具	1 套	□已清点
（9）	数字万用表	1 个	□已清点
（10）	配套维修手册	1 本	□已清点
（11）	绝缘测试仪	1 台	□已清点

3．作业流程

序号	作业项目	操作要点
（1）	作业前准备	作业流程按规程进行
（2）	登记车辆基本信息	数据记录
（3）	检测蓄电池电压	万用表的使用
（4）	读取故障代码、数据流	故障诊断仪的使用
（5）	数据信息测试	绝缘测试仪的使用
（6）	恢复场地	“6S”管理规定

4．作业注意事项

①实训开始前应摘掉饰品，换上实训工装，长头发应挽起固定于脑后；
②严禁违规使用绝缘工具、仪器仪表，注意轻拿轻放、有序操作；
③严格遵守实训规程，按照指导教师要求完成实训操作；
④整车实训时确保点火开关处于“Lock”位置，操作另有要求的除外；
⑤为保证教学安全性，严禁在车辆行驶的条件下进行任何实训测试；
⑥严禁对低压蓄电池进行长时间放电操作，可采用其他低压电源设备替代；
⑦驻车工作时，应施加驻车制动，除非特定操作要求置于其他挡位；
⑧举升车辆时按照规范进行，避免发生意外事故；
⑨若仪器、仪表出现故障，请立即停止一切操作，严禁私自拆卸修复

审核		签字
		年　月　日

四、任务实施

1. 作业前准备

作业项目	操作内容	完成情况
作业前现场环境检查	规范着装； 拉设安全围挡； 放置警示牌； 检查灭火器； 检查测量终端状态； 铺设防护四件套	是□　否□ 是□　否□ 是□　否□ 是□　否□ 是□　否□ 是□　否□
防护用具检查	检查绝缘手套； 检查护目镜； 检查安全帽； 检查绝缘鞋	是□　否□ 是□　否□ 是□　否□ 是□　否□
仪表工具检查	检查万用表、绝缘检测仪是否正常； 检查故障诊断仪是否正常； 检查绝缘工具是否齐全、正常； 检查汽车举升机是否正常； 检查维修手册、电路图是否完备	是□　否□ 是□　否□ 是□　否□ 是□　否□ 是□　否□
测量绝缘地垫绝缘电阻值	测量值 =______MΩ 标准值 >20 MΩ	正常□ 异常□

2. 登记车辆基本信息

项目	填写内容	完成情况
品牌		是□　否□
VIN		是□　否□
生产日期		是□　否□
动力电池		是□　否□
驱动电机	型号:________　额定功率:________	是□　否□
行驶里程	型号:________　额定容量:________	是□　否□

3. 检测蓄电池电压

<table>
<tr><th>作业内容</th><th colspan="2">完成情况</th></tr>
<tr><td>关闭点火开关，安全存放钥匙</td><td colspan="2">是□　否□</td></tr>
<tr><td>断开蓄电池负极</td><td colspan="2">是□　否□</td></tr>
<tr><td rowspan="3">测量蓄电池电压</td><td>测量值：____V</td><td>结果</td></tr>
<tr><td>标准值为 12 V 左右</td><td>正常□　异常□</td></tr>
<tr><td colspan="2">若电压出现异常，则对蓄电池进行充电或检查充电系统</td></tr>
</table>

4. 读取故障代码、数据流

操作步骤	作业内容		完成情况
第一步	关闭点火开关		是□　否□
第二步	将 OBD 测量线连接至 VCI 设备		是□　否□
第三步	连接车辆 OBD 诊断座，VCI 设备电源指示灯亮起		是□　否□
第四步	打开点火开关		是□　否□
作业内容			
选择相应车型并读取故障代码	故障代码	含义	
读取电池系统数据流	数据流名称	数据值	

5. 数据信息测试

操作步骤	操作内容	数据记录
第一步：高压部件外观检查	①目视检查所有高压系统部件外观是否有明显损坏或存在可能导致故障的情况	检查情况： 正常□　异常□ 部位：__________
第二步：断电及验电	①操作启动开关使电源模式至“OFF”状态，断开蓄电池负极，并做好绝缘处理。 ②等待 5 min 后，使用绝缘手套拆卸动力电池母线。 ③用万用表测量动力电池母线端子及高压分线盒端子残余电压，正常为 0 V	DTC 及含义：__________ 测量值：__________V
第三步：检测动力电池供电绝缘电阻值	①断开直流母线（动力电池侧）线束连接器 BV16。 ②用绝缘电阻测试仪测试 BV16 的 1 号端子与车身接地之间的绝缘电阻值，标准值应大于或等于 20 MΩ。 ③用绝缘电阻测试仪测试 BV16 的 2 号端子与车身接地之间的绝缘电阻值，标准值应大于或等于 20 MΩ	1 脚—搭铁测量值：__________ 2 脚—搭铁测量值：__________

操作步骤	操作内容	数据记录
第四步：检测其他高压部件侧绝缘电阻值	依次断开电机控制器（BV28）、PTC 加热器（BV32）、电动压缩机（BV30）、交流充电接口（BV27）侧线束连接器，用绝缘电阻测试仪测试各连接器正极、负极对地绝缘电阻，标准值应大于或等于 20 MΩ	BV28：1 脚—搭铁测量值：__________ 2 脚—搭铁测量值：__________ BV32：1 脚—搭铁测量值：__________ 2 脚—搭铁测量值：__________ BV30：1 脚—搭铁测量值：__________ 2 脚—搭铁测量值：__________ BV27：L 脚—搭铁测量值：__________ N 脚—搭铁测量值：__________ PE 脚—搭铁测量值：__________
第五步：检测车载充电机侧动力电池绝缘电阻值	①断开直流母线（车载充电机）线束连接器 BV17。 ②用绝缘电阻测试仪测试 BV17 的 1 号端子与车身接地之间的绝缘电阻值，标准值应大于或等于 20 MΩ。 ③用绝缘电阻测试仪测试 BV17 的 2 号端子与车身接地之间的绝缘电阻值，标准值应大于或等于 20 MΩ	1 脚—搭铁测量值：__________ 2 脚—搭铁测量值：__________

6．恢复场地

作业内容	完成情况
清洁并整理实训设备并归位	是□　　否□
清洁实训场地	是□　　否□
收起安全警示牌	是□　　否□
收起安全围挡	是□　　否□

五、过程检查

检查项目	权重	自我评价
车辆作业防护符合要求	15	
工具检查规范、全面	15	
场地安全警戒操作正确	10	
绝缘工具检查到位	20	
万用表使用正确	30	
故障诊断仪的使用正确	10	

六、评价反馈

<table>
<tr><td rowspan="2">学生基本信息</td><td>姓名</td><td></td><td>学号</td><td></td><td>班级</td><td></td></tr>
<tr><td>组别</td><td></td><td>时间</td><td></td><td>成绩</td><td></td></tr>
</table>

<table>
<tr><th colspan="2">步骤及内容</th><th>具体内涵</th><th>评分标准</th><th>分值</th><th>得分</th></tr>
<tr><td colspan="2" rowspan="8">专业能力</td><td>正确完成环境检查</td><td>10</td><td rowspan="2">20</td><td></td></tr>
<tr><td>正确完成防护用具和工具检查</td><td>10</td><td></td></tr>
<tr><td>正确连接诊断仪</td><td>5</td><td rowspan="6">50</td><td></td></tr>
<tr><td>正确完成上电、下电操作</td><td>10</td><td></td></tr>
<tr><td>正确完成信息测试，数据填写正确</td><td>10</td><td></td></tr>
<tr><td>会查阅维修手册并进行电路分析</td><td>10</td><td></td></tr>
<tr><td>能利用故障诊断仪读取动力电池数据流</td><td>10</td><td></td></tr>
<tr><td>正确且规范地完成维修作业后现场恢复及工具归整</td><td>5</td><td></td></tr>
<tr><td colspan="2">具体要求</td><td colspan="4">分成 6 组，每组由 4 ～ 6 名学生组成，每组单次练习时间为 120 min</td></tr>
<tr><td rowspan="3">社会能力</td><td>团队合作</td><td>是否和谐，是否积极沟通</td><td>5</td><td rowspan="3">15</td><td></td></tr>
<tr><td>劳动纪律</td><td>是否严格遵守</td><td>5</td><td></td></tr>
<tr><td>“6S”管理</td><td>是否严格遵守</td><td>5</td><td></td></tr>
<tr><td rowspan="3">方法能力</td><td>制订计划</td><td>是否科学合理</td><td>5</td><td rowspan="3">15</td><td></td></tr>
<tr><td>新技术学习</td><td>是否具备学习新技术的能力</td><td>5</td><td></td></tr>
<tr><td>总结能力</td><td>能否正确总结</td><td>5</td><td></td></tr>
<tr><td colspan="2">改进与提升</td><td colspan="4"></td></tr>
<tr><td colspan="2">教师签字</td><td colspan="2">结果评价</td><td colspan="2">项目成绩</td></tr>
<tr><td colspan="2"></td><td colspan="2"></td><td colspan="2"></td></tr>
</table>

工单十四　慢充系统检测实训

一、接受任务

一辆累计行驶里程约为 50 000 km 的 2018 款吉利帝豪 EV450 纯电动汽车，出现交流慢充无法充电故障，请你对该故障进行诊断与排除。

二、故障分析——车辆出现无法慢充故障的原因

根据吉利帝豪 EV450 纯电动汽车充电系统电气原理示意图（图 14-1），结合交流慢充过程、交流慢充口和车载充电机线路连接电路图（图 14-2）综合进行故障分析。导致该故障的可能原因：慢充充电枪故障、慢充接口故障、车载充电机供电及搭铁电路故障、车载充电机与 BMS 的 CAN 通信故障及车载充电机本体故障等。

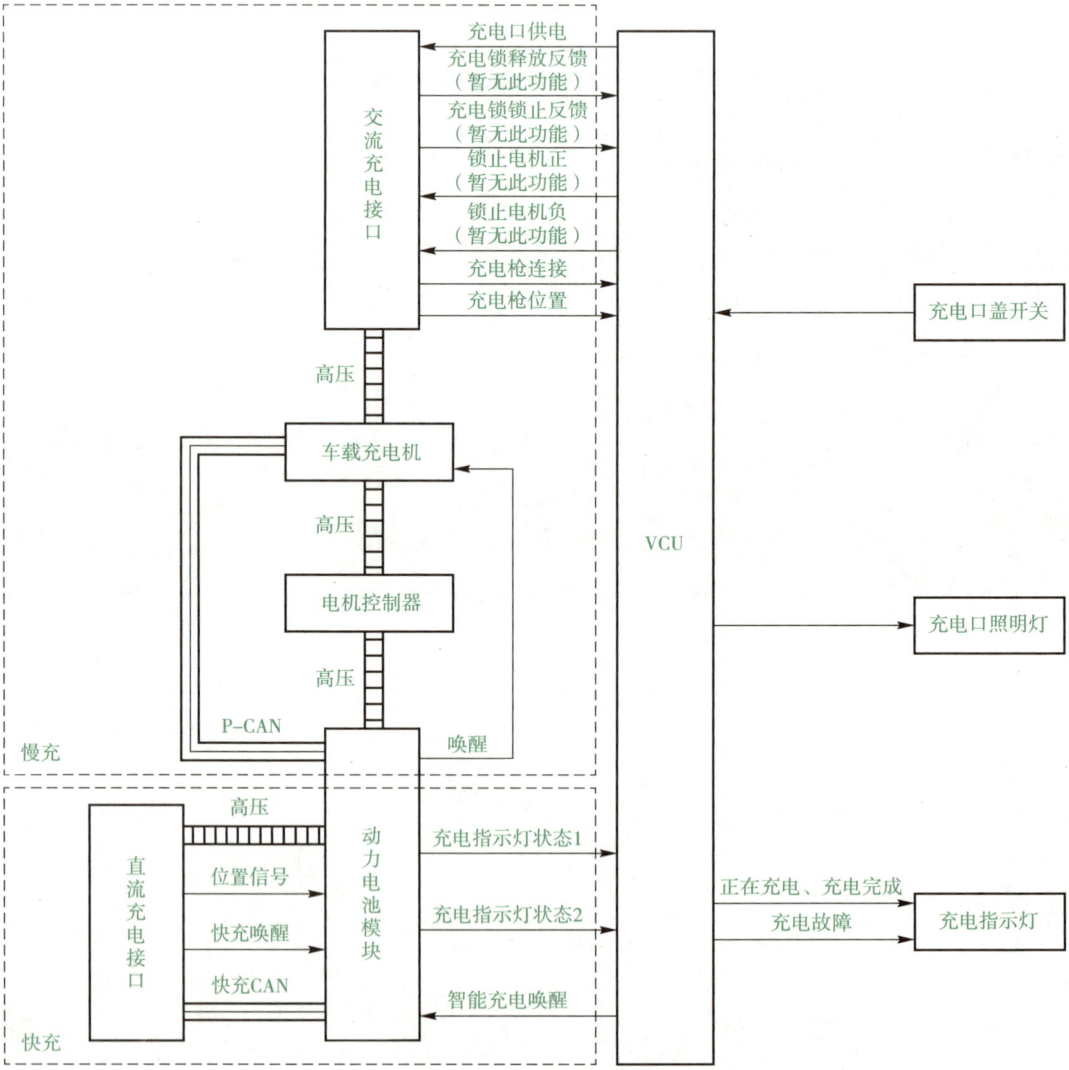

图 14-1　吉利帝豪 EV450 纯电动汽车充电系统电气原理示意图

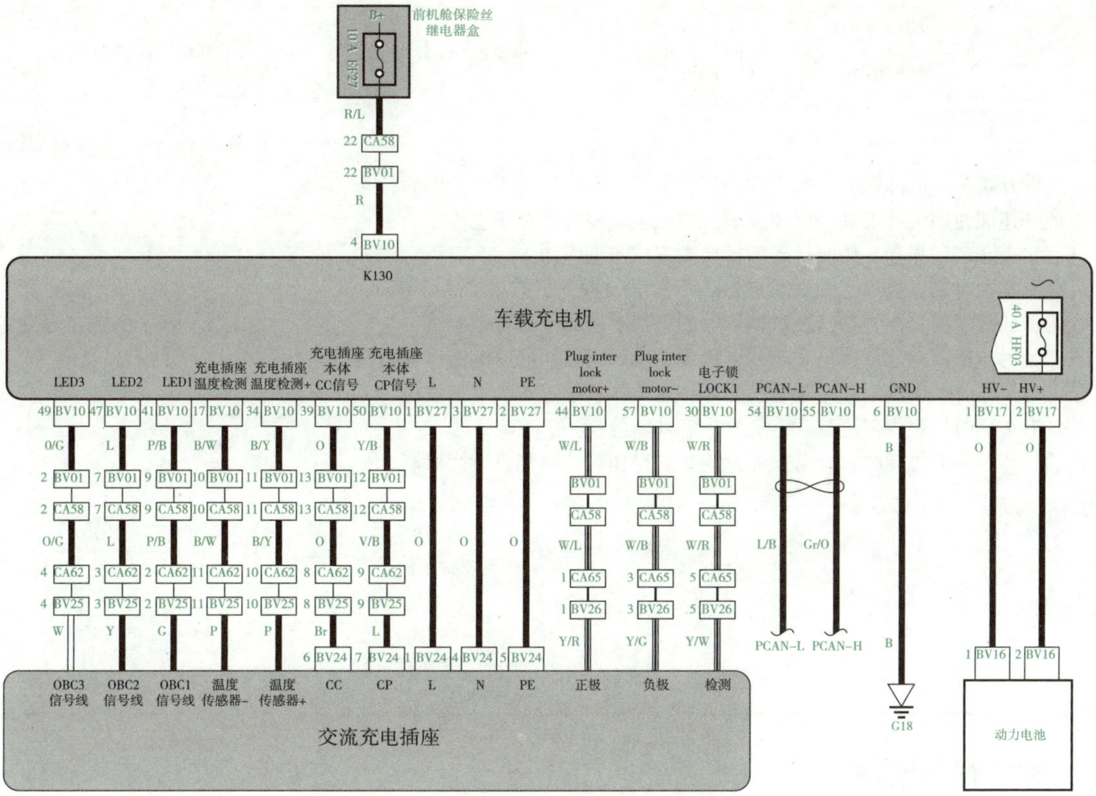

图 14-2　车载充电机线路连接电路图

三、制订计划

根据新能源汽车维修的操作规程，制订高压作业前准备工作行动计划，完成作业流程表。

1．根据维修作业计划，完成小组成员任务分工			
主修人		记录员	
监护人		展示员	
2．作业前准备：检测设备 / 工具 / 材料			
序号	名称	数量	清点
（1）	实训用车	1 辆	□已清点
（2）	个人高压防护用具	1 套	□已清点
（3）	车内三件套	1 套	□已清点
（4）	隔离柱、警戒线	1 套	□已清点
（5）	警示牌	1 套	□已清点
（6）	放电工装	1 套	□已清点
（7）	故障诊断仪	1 个	□已清点

3．作业流程		
序号	作业项目	操作要点
（1）	作业前准备	作业流程按规程进行
（2）	登记车辆基本信息	数据记录
（3）	基本检查	电池电压、线束连接情况
（4）	故障现象判断	仪表等信息
（5）	读取故障代码、数据流	故障诊断仪的使用
（6）	故障范围分析	分析可能的故障原因
（7）	诊断过程	逐一排查故障原因

（8）	维修手册	1本	□已清点	（8）	恢复场地	“6S”管理规定
（9）	绝缘万用表	1个	□已清点			
4．作业注意事项						
①实训开始前应摘掉饰品，换上实训工装，长头发应挽起固定于脑后； ②严禁违规使用绝缘工具、仪器仪表，注意轻拿轻放、有序操作； ③严格遵守实训规程，按照指导教师要求完成实训操作； ④整车实训时确保点火开关处于“Lock”位置，操作另有要求的除外； ⑤为保证教学安全性，严禁在车辆行驶的条件下进行任何实训测试； ⑥严禁对低压蓄电池进行长时间放电操作，可采用其他低压电源设备替代； ⑦驻车工作时，应施加驻车制动，除非特定操作要求置于其他挡位； ⑧举升车辆时按照规范进行，避免发生意外事故； ⑨若仪器、仪表出现故障，请立即停止一切操作，严禁私自拆卸修复						
审核						签字 年　月　日

四、任务实施

1．作业前准备

作业项目	操作内容	完成情况
作业前现场环境检查	规范着装； 拉设安全围挡； 放置警示牌； 检查灭火器； 检查测量终端状态； 铺设防护四件套	是□　否□ 是□　否□ 是□　否□ 是□　否□ 是□　否□ 是□　否□
防护用具检查	检查绝缘手套； 检查护目镜； 检查安全帽； 检查绝缘鞋	是□　否□ 是□　否□ 是□　否□ 是□　否□
仪表工具检查	检查万用表、绝缘检测仪是否正常； 检查故障诊断仪是否正常； 检查绝缘工具是否齐全、正常； 检查放电工装是否正常； 检查维修手册、电路图是否完备	是□　否□ 是□　否□ 是□　否□ 是□　否□ 是□　否□
测量绝缘地垫绝缘电阻值	测量值 =______MΩ 标准值 >20 MΩ	正常□ 异常□

2. 登记车辆基本信息

项目	填写内容	完成情况
品牌		是□ 否□
VIN		是□ 否□
生产日期		是□ 否□
动力电池	型号：________ 额定容量：________	是□ 否□
驱动电机	型号：________ 额定功率：________	是□ 否□
行驶里程		是□ 否□

3. 基本检查

作业内容	完成情况	
关闭点火开关，安全存放钥匙	是□ 否□	
断开蓄电池负极	是□ 否□	
测量蓄电池电压	测量值：____V	结果
	标准值为 12 V 左右	正常□ 异常□
高压部件及其连接器情况	正常□ 异常□	
低压部件及其连接器情况	正常□ 异常□	

4. 故障现象判断

操作步骤	作业内容	完成情况
关闭点火开关	是□ 否□	
检查慢充口	正常□ 异常□	
连接便携式充电线缆电源	是□ 否□	
插入慢充充电枪	是□ 否□	
观察仪表	显示	判断
	充电连接指示灯	正常□ 异常□
	充电指示灯	正常□ 异常□
	充电电量显示	正常□ 异常□

5. 读取故障代码、数据流

操作步骤	作业内容	完成情况
第一步	关闭点火开关	是□ 否□
第二步	将 OBD 测量线连接至 VCI 设备	是□ 否□
第三步	连接车辆 OBD 诊断座，VCI 设备电源指示灯亮起	是□ 否□
第四步	打开点火开关	是□ 否□

<table>
<tr><th colspan="3">作业内容</th></tr>
<tr><td rowspan="4">选择相应车型并读取故障代码</td><td>故障代码</td><td>含义</td></tr>
<tr><td></td><td></td></tr>
<tr><td></td><td></td></tr>
<tr><td></td><td></td></tr>
<tr><td rowspan="4">读取相关数据流</td><td>数据流名称</td><td>数据值</td></tr>
<tr><td></td><td></td></tr>
<tr><td></td><td></td></tr>
<tr><td></td><td></td></tr>
</table>

6．故障范围分析

7．诊断过程

<table>
<tr><th>操作步骤</th><th colspan="2">相关检测数据记录</th><th>完成情况</th></tr>
<tr><td rowspan="4">检查便携式充电枪是否正常</td><td rowspan="2">测量充电枪 CC 与 PE 端子电阻值（松开机械锁）</td><td>测量值：____Ω</td><td rowspan="2">正常□　　异常□</td></tr>
<tr><td>标准值为 1.5 kΩ</td></tr>
<tr><td rowspan="2">测量充电枪 CC 与 PE 端子电阻值（按下机械锁）</td><td>测量值：____Ω</td><td rowspan="2">正常□　　异常□</td></tr>
<tr><td>标准值为 3.3 kΩ</td></tr>
<tr><td rowspan="6">检查慢充接口 CC 与 PE 间电压</td><td rowspan="2">未插枪</td><td>测量值：____V</td><td rowspan="2">正常□　　异常□</td></tr>
<tr><td>标准值在 3.3 V 左右</td></tr>
<tr><td rowspan="2">插枪并按下机械锁</td><td>测量值：____V</td><td rowspan="2">正常□　　异常□</td></tr>
<tr><td>标准值在 2.6 V 左右</td></tr>
<tr><td rowspan="2">插枪并松开机械锁</td><td>测量值：____V</td><td rowspan="2">正常□　　异常□</td></tr>
<tr><td>标准值在 2.0 V 左右</td></tr>
<tr><td>检查 OBC 与慢充接口 CC 连接线路</td><td colspan="2"></td><td>正常□　　异常□</td></tr>
</table>

操作步骤	相关检测数据记录	完成情况
检查控制确认 CP 线路		正常□　异常□
检查车载充电机低压供电保险丝 EF27 及其线路		正常□　异常□
检查车载充电机低压供电电压		正常□　异常□
检查车载充电机搭铁端子是否导通		正常□　异常□
检查车载充电机与 BMS 数据通信线		正常□　异常□
检测分析：		

8. 恢复场地

作业内容	完成情况
清洁并整理实训设备并归位	是□　否□
清洁实训场地	是□　否□
收起安全警示牌	是□　否□
收起安全围挡	是□　否□

五、过程检查

检查项目	权重	自我评价
车辆作业防护符合要求	15	
工具检查规范、全面	15	
场地安全警戒操作正确	10	
绝缘工具检查到位	20	
万用表使用正确	10	
故障诊断仪的使用正确	10	
故障排查思路正确	20	

六、评价反馈

学生基本信息	姓名		学号		班级	
	组别		时间		成绩	

步骤及内容		具体内涵	评分标准	分值	得分
专业能力		正确完成环境检查	10	20	
		正确完成防护用具和工具检查	10		
		正确连接诊断仪	5	50	
		正确完成上电、下电操作	10		
		正确完成信息测试	10		
		数据填写正确	10		
		能利用相关工具进行故障诊断	10		
		正确且规范地完成维修作业后现场恢复及工具归整	5		
具体要求		分成 6 组，每组由 4 ～ 6 名学生组成，每组单次练习时间为 120 min			
社会能力	团队合作	是否和谐，是否积极沟通	5	15	
	劳动纪律	是否严格遵守	5		
	“6S” 管理	是否严格遵守	5		
方法能力	制订计划	是否科学合理	5	15	
	新技术学习	是否具备学习新技术的能力	5		
	总结能力	能否正确总结	5		
改进与提升					

教师签字	结果评价	项目成绩

工单十五　快充系统检测实训

一、接受任务

一辆累计行驶里程约为 50 000 km 的 2018 款吉利帝豪 EV450 纯电动汽车，出现交流慢充充电正常，但使用直流快充充电时，仪表面板上没有显示充电连接，无法用直流快充充电的故障现象。请你对该故障进行诊断与排除。

二、故障分析——车辆出现快充故障的原因

根据吉利帝豪 EV450 纯电动汽车充电系统电气原理示意图（图 14-1）、吉利帝豪 EV450 直流充电插座电路连接图（图 15-1），结合直流快充过程综合进行故障分析。导致该故障发生的可能原因：直流充电桩及直流充电枪故障、直流充电口端子松动故障、直流充电插座与 BMS 通信故障、CC2 线路故障、低压辅助电源 A+ 和 A− 线路故障等。

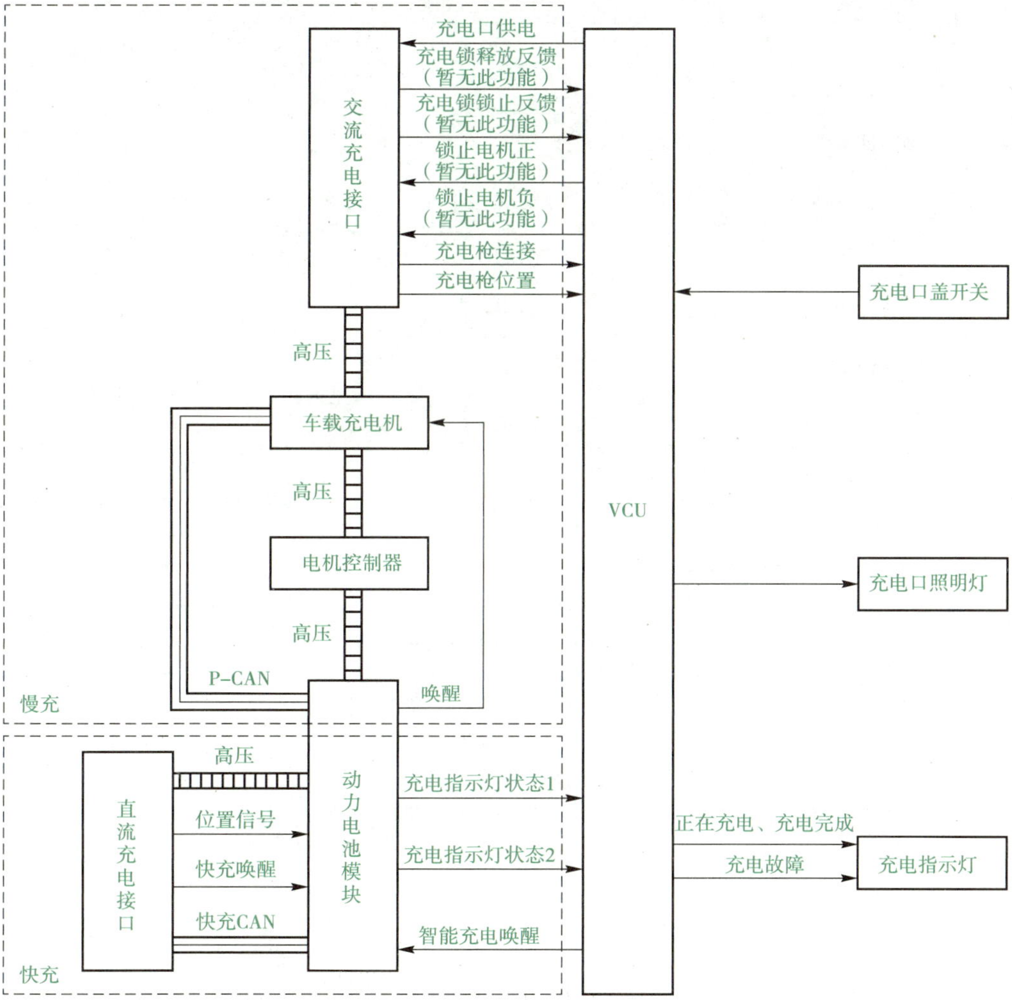

图 15-1　吉利帝豪 EV450 直流充电插座电路连接图

三、制订计划

根据新能源汽车维修的操作规程，制订高压作业前准备工作行动计划，完成作业流程表。

1. 根据维修作业计划，完成小组成员任务分工

主修人		记录员	
监护人		展示员	

2. 作业前准备：检测设备 / 工具 / 材料

序号	名称	数量	清点
（1）	实训用车	1 辆	□已清点
（2）	个人高压防护用具	1 套	□已清点
（3）	车内三件套	1 套	□已清点
（4）	隔离柱、警戒线	1 套	□已清点
（5）	警示牌	1 套	□已清点
（6）	放电工装	1 套	□已清点
（7）	故障诊断仪	1 个	□已清点
（8）	维修手册	1 本	□已清点
（9）	绝缘万用表	1 个	□已清点

3. 作业流程

序号	作业项目	操作要点
（1）	作业前准备	作业流程按规程进行
（2）	登记车辆基本信息	数据记录
（3）	基本检查	电池电压、线束连接情况
（4）	故障现象判断	仪表等信息
（5）	读取故障代码、数据流	故障诊断仪的使用
（6）	故障范围分析	分析可能的故障原因
（7）	诊断过程	逐一排查故障原因
（8）	恢复场地	“6S”管理规定

4. 作业注意事项

①实训开始前应摘掉饰品，换上实训工装，长头发应挽起固定于脑后；
②严禁违规使用绝缘工具、仪器仪表，注意轻拿轻放、有序操作；
③严格遵守实训规程，按照指导教师要求完成实训操作；
④整车实训时确保点火开关处于“Lock”位置，操作另有要求的除外；
⑤为保证教学安全性，严禁在车辆行驶的条件下进行任何实训测试；
⑥严禁对低压蓄电池进行长时间放电操作，可采用其他低压电源设备替代；
⑦驻车工作时，应施加驻车制动，除非特定操作要求置于其他挡位；
⑧举升车辆时按照规范进行，避免发生意外事故；
⑨若仪器、仪表出现故障，请立即停止一切操作，严禁私自拆卸修复

审核		签字
		年　月　日

四、任务实施

1. 作业前准备

作业项目	操作内容	完成情况
作业前现场环境检查	规范着装； 拉设安全围挡； 放置警示牌； 检查灭火器； 检查测量终端状态； 铺设防护四件套	是□　否□ 是□　否□ 是□　否□ 是□　否□ 是□　否□ 是□　否□
防护用具检查	检查绝缘手套； 检查护目镜； 检查安全帽； 检查绝缘鞋	是□　否□ 是□　否□ 是□　否□ 是□　否□
仪表工具检查	检查万用表、绝缘检测仪是否正常； 检查故障诊断仪是否正常； 检查绝缘工具是否齐全、正常； 检查放电工装是否正常； 检查维修手册、电路图是否完备	是□　否□ 是□　否□ 是□　否□ 是□　否□ 是□　否□
测量绝缘地垫绝缘电阻值	测量值 =______MΩ 标准值 >20 MΩ	正常□ 异常□

2. 登记车辆基本信息

项目	填写内容	完成情况
品牌		是□　否□
VIN		是□　否□
生产日期		是□　否□
动力电池		是□　否□
驱动电机	型号：________　额定功率：________	是□　否□
行驶里程	型号：________　额定容量：________	是□　否□

3. 基本检查

作业内容	完成情况	
关闭点火开关，安全存放钥匙	是□　否□	
断开蓄电池负极	是□　否□	
测量蓄电池电压	测量值：_____V	结果
	标准值在 12 V 左右	正常□　异常□
高压部件及其连接器情况	正常□　异常□	
低压部件及其连接器情况	正常□　异常□	

4．故障现象判断

操作步骤	作业内容		完成情况
关闭点火开关	是□　否□		
检查快充口	正常□　异常□		
插入快充充电枪	是□　否□		
观察仪表	显示	判断	
	充电连接指示灯	正常□　异常□	
	充电电量显示	正常□　异常□	

5．读取故障代码、数据流

操作步骤	作业内容		完成情况
第一步	关闭点火开关		是□　否□
第二步	将 OBD 测量线连接至 VCI 设备		是□　否□
第三步	连接车辆 OBD 诊断座，VCI 设备电源指示灯亮起		是□　否□
第四步	打开点火开关		是□　否□
作业内容			
选择相应车型并读取故障代码	故障代码	含义	
读取相关数据流	数据流名称	数据值	

6．故障范围分析

7. 诊断过程

操作步骤	相关检测数据记录	完成情况
检查快充枪是否正常		正常□　异常□
检查辅助电源 A+ 线路		正常□　异常□
检查辅助电源 A- 线路		正常□　异常□
检查充电连接，确认 CC2 线路		正常□　异常□
检查 S+ 通信线路		正常□　异常□
检查 S- 通信线路		正常□　异常□
检查 BMS 数据通信线路		正常□　异常□
检测分析：		

8. 恢复场地

作业内容	完成情况
清洁并整理实训设备并归位	是□　否□
清洁实训场地	是□　否□
收起警示牌	是□　否□
收起安全围挡	是□　否□

五、过程检查

检查项目	权重	自我评价
车辆作业防护符合要求	15	
工具检查规范、全面	15	
场地安全警戒操作正确	10	
绝缘工具检查到位	20	
万用表使用正确	10	
故障诊断仪的使用正确	10	
故障排查思路正确	20	

六、评价反馈

<table>
<tr><td colspan="2" rowspan="2">学生基本信息</td><td>姓名</td><td></td><td>学号</td><td></td><td>班级</td><td colspan="2"></td></tr>
<tr><td>组别</td><td></td><td>时间</td><td></td><td>成绩</td><td colspan="2"></td></tr>
<tr><th colspan="2">步骤及内容</th><th colspan="4">具体内涵</th><th>评分标准</th><th>分值</th><th>得分</th></tr>
<tr><td colspan="2" rowspan="8">专业能力</td><td colspan="4">正确完成环境检查</td><td>10</td><td rowspan="2">20</td><td></td></tr>
<tr><td colspan="4">正确完成防护用具和工具检查</td><td>10</td><td></td></tr>
<tr><td colspan="4">正确连接诊断仪</td><td>5</td><td rowspan="6">50</td><td></td></tr>
<tr><td colspan="4">正确完成上电、下电操作</td><td>10</td><td></td></tr>
<tr><td colspan="4">正确完成信息测试</td><td>10</td><td></td></tr>
<tr><td colspan="4">数据填写正确</td><td>10</td><td></td></tr>
<tr><td colspan="4">能利用相关工具进行故障诊断</td><td>10</td><td></td></tr>
<tr><td colspan="4">正确且规范地完成维修作业后现场恢复及工具归整</td><td>5</td><td></td></tr>
<tr><td colspan="2">具体要求</td><td colspan="7">分成 6 组，每组由 4 ～ 6 名学生组成，每组单次练习时间为 120 min</td></tr>
<tr><td rowspan="3">社会能力</td><td>团队合作</td><td colspan="4">是否和谐，是否积极沟通</td><td>5</td><td rowspan="3">15</td><td></td></tr>
<tr><td>劳动纪律</td><td colspan="4">是否严格遵守</td><td>5</td><td></td></tr>
<tr><td>“6S”管理</td><td colspan="4">是否严格遵守</td><td>5</td><td></td></tr>
<tr><td rowspan="3">方法能力</td><td>制订计划</td><td colspan="4">是否科学合理</td><td>5</td><td rowspan="3">15</td><td></td></tr>
<tr><td>新技术学习</td><td colspan="4">是否具备学习新技术的能力</td><td>5</td><td></td></tr>
<tr><td>总结能力</td><td colspan="4">能否正确总结</td><td>5</td><td></td></tr>
<tr><td colspan="2">改进与提升</td><td colspan="7"></td></tr>
<tr><td colspan="2">教师签字</td><td colspan="5">结果评价</td><td colspan="2">项目成绩</td></tr>
<tr><td colspan="2"></td><td colspan="5"></td><td colspan="2"></td></tr>
</table>

工单十六　电动转向系统检测实训

一、接受任务

一辆吉利帝豪 EV450 纯电动汽车出现 EPS 指示灯常亮故障，该如何进行故障诊断与排除？

二、故障分析——EPS 指示灯常亮的故障原因

电动助力转向系统常见故障如图 16-1 所示。

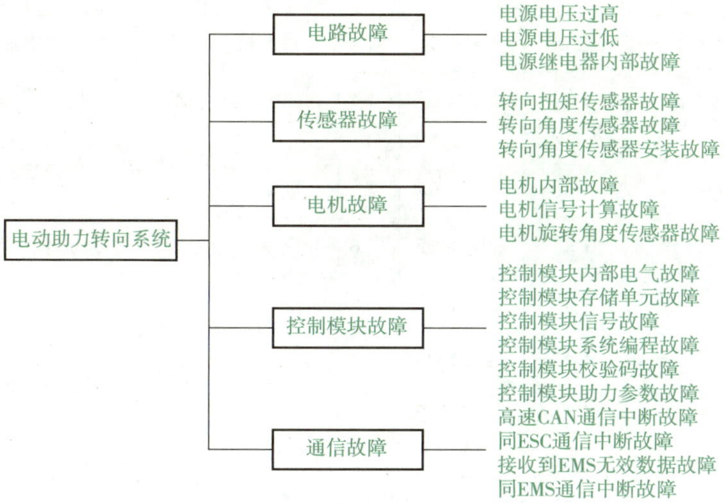

图 16-1　电动助力转向系统常见故障

EPS 指示灯简易电路图如图 16-2 所示。

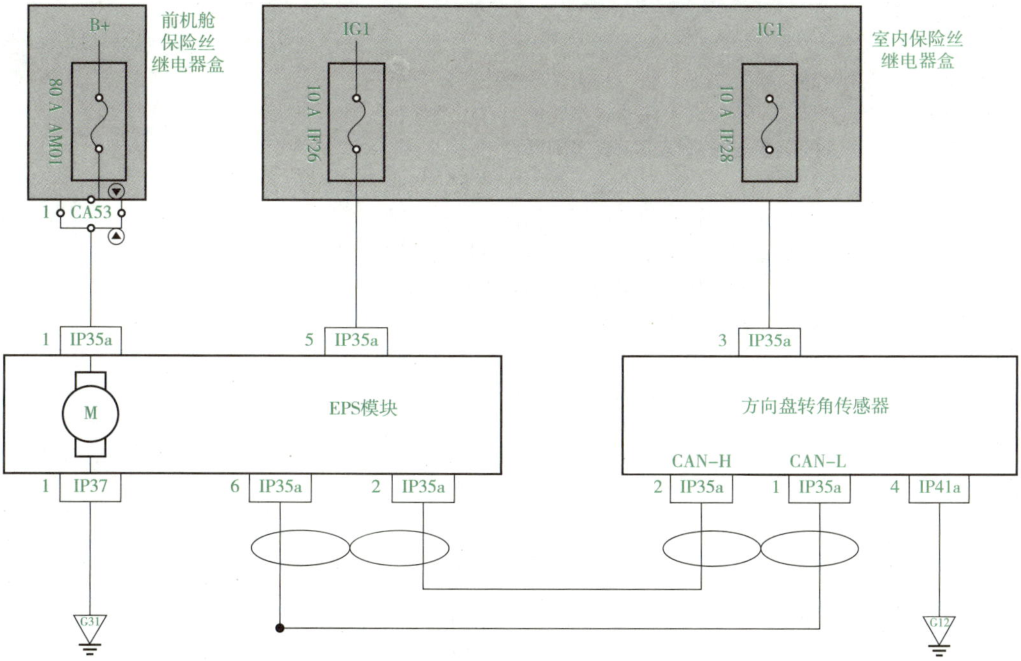

图 16-2　EPS 指示灯简易电路图

三、制订计划

根据新能源汽车维修的操作规程，制订高压作业前准备工作行动计划，完成作业流程表。

1．根据维修作业计划，完成小组成员任务分工

主修人		记录员	
监护人		展示员	

2．作业前准备：检测设备 / 工具 / 材料

序号	名称	数量	清点
（1）	实训用车	1 辆	□已清点
（2）	个人高压防护用具	1 套	□已清点
（3）	车内三件套	1 套	□已清点
（4）	隔离柱、警戒线	1 套	□已清点
（5）	警示牌	1 套	□已清点
（6）	放电工装	1 套	□已清点
（7）	故障诊断仪	1 个	□已清点
（8）	维修手册	1 本	□已清点
（9）	绝缘万用表	1 个	□已清点

3．作业流程

序号	作业项目	操作要点
（1）	作业前准备	作业流程按规程进行
（2）	登记车辆基本信息	数据记录
（3）	基本检查	电池电压、线束连接情况
（4）	故障现象判断	仪表等信息
（5）	读取故障代码、数据流	故障诊断仪的使用
（6）	故障范围分析	分析可能的故障原因
（7）	诊断过程	逐一排查故障原因
（8）	恢复场地	“6S”管理规定

4．作业注意事项

①实训开始前应摘掉饰品，换上实训工装，长头发应挽起固定于脑后；
②严禁违规使用绝缘工具、仪器仪表，注意轻拿轻放、有序操作；
③严格遵守实训规程，按照指导教师要求完成实训操作；
④整车实训时确保点火开关处于“Lock”位置，操作另有要求的除外；
⑤为保证教学安全性，严禁在车辆行驶的条件下进行任何实训测试；
⑥严禁对低压蓄电池进行长时间放电操作，可采用其他低压电源设备替代；
⑦驻车工作时，应施加驻车制动，除非特定操作要求置于其他挡位；
⑧举升车辆时按照规范进行，避免发生意外事故；
⑨若仪器、仪表出现故障，请立即停止一切操作，严禁私自拆卸修复

审核		签字
		年　月　日

四、任务实施

1. 作业前准备

作业项目	操作内容	完成情况
作业前现场环境检查	规范着装； 拉设安全围挡； 放置警示牌； 检查灭火器； 检查测量终端状态； 铺设防护四件套	是□　否□ 是□　否□ 是□　否□ 是□　否□ 是□　否□ 是□　否□
防护用具检查	检查绝缘手套； 检查护目镜； 检查安全帽； 检查绝缘鞋	是□　否□ 是□　否□ 是□　否□ 是□　否□
仪表工具检查	检查万用表、绝缘检测仪是否正常； 检查故障诊断仪是否正常； 检查绝缘工具是否齐全、正常； 检查放电工装是否正常； 检查维修手册、电路图是否完备	是□　否□ 是□　否□ 是□　否□ 是□　否□ 是□　否□
测量绝缘地垫绝缘电阻值	测量值 =______MΩ 标准值 >20 MΩ	正常□ 异常□

2. 登记车辆基本信息

项目	填写内容	完成情况
品牌		是□　否□
VIN		是□　否□
生产日期		是□　否□
动力电池		是□　否□
驱动电机	型号：________　额定功率：________	是□　否□
行驶里程	型号：________　额定容量：________	是□　否□

3. 基本检查

作业内容	完成情况	
关闭点火开关，安全存放钥匙	是□　否□	
断开蓄电池负极	是□　否□	
测量蓄电池电压	测量值：____V	结果
	标准值在 12 V 左右	正常□　异常□
高压部件及其连接器情况	正常□　异常□	
低压部件及其连接器情况	正常□　异常□	

4．故障现象判断

操作步骤	作业内容		完成情况
踩下制动踏板，打开点火开关	是□　否□		
观察仪表	显示	判断	
		正常□　异常□	
		正常□　异常□	
		正常□　异常□	
整车能否上电	能□　不能□		

5．读取故障代码、数据流

操作步骤	作业内容		完成情况
第一步	关闭点火开关		是□　否□
第二步	将 OBD 测量线连接至 VCI 设备		是□　否□
第三步	连接车辆 OBD 诊断座，VCI 设备电源指示灯亮起		是□　否□
第四步	打开点火开关		是□　否□
作业内容			
选择相应车型并读取故障代码	故障代码	含义	
读取相关数据流	数据流名称	数据值	

6．故障范围分析

7．诊断过程

操作步骤	相关检测数据记录	完成情况
检查熔断丝 IF26 和 AM01 是否熔断		正常□　异常□
检查 EPS 控制单元电源		正常□　异常□
检查 EPS 控制单元接地		正常□　异常□
检查 EPS 控制单元 IG1 电路电压		正常□　异常□
检查 V-CAN 网络完整性		正常□　异常□
检修 EPS 控制单元 CAN 线路是否出现故障		正常□　异常□
检修组合仪表控制单元 CAN 线路是否出现故障		正常□　异常□
检测分析：		

8．恢复场地

作业内容	完成情况
清洁并整理实训设备并归位	是□　否□
清洁实训场地	是□　否□
收起安全警示牌	是□　否□
收起安全围挡	是□　否□

五、过程检查

检查项目	权重	自我评价
车辆作业防护符合要求	15	
工具检查规范、全面	15	
场地安全警戒操作正确	10	
绝缘工具检查到位	20	
万用表使用正确	10	
故障诊断仪的使用正确	10	
故障排查思路正确	20	

六、评价反馈

<table>
<tr><td colspan="2" rowspan="2">学生基本信息</td><td>姓名</td><td></td><td>学号</td><td></td><td>班级</td><td colspan="2"></td></tr>
<tr><td>组别</td><td></td><td>时间</td><td></td><td>成绩</td><td colspan="2"></td></tr>
<tr><th colspan="2">步骤及内容</th><th colspan="4">具体内涵</th><th>评分标准</th><th>分值</th><th>得分</th></tr>
<tr><td colspan="2" rowspan="8">专业能力</td><td colspan="4">正确完成环境检查</td><td>10</td><td rowspan="2">20</td><td></td></tr>
<tr><td colspan="4">正确完成防护用具和工具检查</td><td>10</td><td></td></tr>
<tr><td colspan="4">正确连接诊断仪</td><td>5</td><td rowspan="6">50</td><td></td></tr>
<tr><td colspan="4">正确完成上电、下电操作</td><td>10</td><td></td></tr>
<tr><td colspan="4">正确完成信息测试</td><td>10</td><td></td></tr>
<tr><td colspan="4">数据填写正确</td><td>10</td><td></td></tr>
<tr><td colspan="4">能利用相关工具进行故障诊断</td><td>10</td><td></td></tr>
<tr><td colspan="4">正确且规范地完成维修作业后现场恢复及工具归整</td><td>5</td><td></td></tr>
<tr><td colspan="2">具体要求</td><td colspan="7">分成 6 组，每组由 4 ～ 6 名学生组成，每组单次练习时间为 120 min</td></tr>
<tr><td rowspan="3">社会能力</td><td>团队合作</td><td colspan="4">是否和谐，是否积极沟通</td><td>5</td><td rowspan="3">15</td><td></td></tr>
<tr><td>劳动纪律</td><td colspan="4">是否严格遵守</td><td>5</td><td></td></tr>
<tr><td>“6S”管理</td><td colspan="4">是否严格遵守</td><td>5</td><td></td></tr>
<tr><td rowspan="3">方法能力</td><td>制订计划</td><td colspan="4">是否科学合理</td><td>5</td><td rowspan="3">15</td><td></td></tr>
<tr><td>新技术学习</td><td colspan="4">是否具备学习新技术的能力</td><td>5</td><td></td></tr>
<tr><td>总结能力</td><td colspan="4">能否正确总结</td><td>5</td><td></td></tr>
<tr><td colspan="2">改进与提升</td><td colspan="7"></td></tr>
<tr><td colspan="2">教师签字</td><td colspan="5">结果评价</td><td colspan="2">项目成绩</td></tr>
<tr><td colspan="2"></td><td colspan="5"></td><td colspan="2"></td></tr>
</table>

工单十七　电动空调系统检测实训

一、接受任务

顾客想看一下电动汽车空调的性能，请你对电动汽车空调的各个部件进行介绍，并对电动汽车空调进行正确操作和性能检测。

二、故障分析——不会使用空调系统

新能源汽车空调制冷系统与传统汽车的区别是压缩机驱动方式发生了变化。新能源汽车空调压缩机采用电驱动的方式，而传统汽车绝大多数采用发动机传动带（皮带）驱动。另外，在暖风实现的形式上，新能源汽车通常利用电加热的方式来产生暖风。电加热的方式有两种：一种是通过加热冷却液，再经过循环为暖风水箱提供热量；另一种是直接加热经过蒸发箱的空气而得到暖风。新能源汽车与传统汽车不太一样。所以，当对新能源汽车空调系统不熟悉时，就有可能不清楚面板上各个按键的作用，也就不会操作面板来控制空调系统。

三、制订计划

根据新能源汽车维修的操作规程，制订高压作业前准备工作行动计划，完成作业流程表。

1. 根据维修作业计划，完成小组成员任务分工			
主修人		记录员	
监护人		展示员	

2. 作业前准备：检测设备 / 工具 / 材料			
序号	名称	数量	清点
（1）	实训用车	1 辆	□已清点
（2）	个人高压防护用具	1 套	□已清点
（3）	车内三件套	1 套	□已清点
（4）	隔离柱、警戒线	1 套	□已清点
（5）	警示牌	1 套	□已清点
（6）	放电工装	1 套	□已清点
（7）	故障诊断仪	1 个	□已清点
（8）	维修手册	1 本	□已清点
（9）	绝缘万用表	1 个	□已清点

3. 作业流程		
序号	作业项目	操作要点
（1）	作业前准备	作业流程按规程进行
（2）	登记车辆基本信息	数据记录
（3）	基本检查	电池电压、线束连接情况
（4）	故障现象判断	仪表等信息
（5）	读取故障代码、数据流	故障诊断仪的使用
（6）	故障范围分析	分析可能的故障原因
（7）	诊断过程	逐一排查故障原因
（8）	恢复场地	“6S”管理规定

4. 作业注意事项		
①实训开始前应摘掉饰品，换上实训工装，长头发应挽起固定于脑后； ②严禁违规使用绝缘工具、仪器仪表，注意轻拿轻放、有序操作； ③严格遵守实训规程，按照指导教师要求完成实训操作； ④整车实训时确保点火开关处于“Lock”位置，操作另有要求的除外； ⑤为保证教学安全性，严禁在车辆行驶的条件下进行任何实训测试； ⑥严禁对低压蓄电池进行长时间放电操作，可采用其他低压电源设备替代； ⑦驻车工作时，应施加驻车制动，除非特定操作要求置于其他挡位； ⑧举升车辆时按照规范进行，避免发生意外事故； ⑨若仪器、仪表出现故障，请立即停止一切操作，严禁私自拆卸修复		
审核		签字 年　月　日

四、任务实施

1. 作业前准备

作业项目	操作内容	完成情况
作业前现场环境检查	规范着装； 拉设安全围挡； 放置警示牌； 检查灭火器； 检查测量终端状态； 铺设防护四件套	是□　否□ 是□　否□ 是□　否□ 是□　否□ 是□　否□ 是□　否□
防护用具检查	检查绝缘手套； 检查护目镜； 检查安全帽； 检查绝缘鞋	是□　否□ 是□　否□ 是□　否□ 是□　否□
仪表工具检查	检查万用表、绝缘检测仪是否正常； 检查故障诊断仪是否正常； 检查绝缘工具是否齐全、正常； 检查放电工装是否正常； 检查维修手册、电路图是否完备	是□　否□ 是□　否□ 是□　否□ 是□　否□ 是□　否□
测量绝缘地垫绝缘电阻值	测量值 =______MΩ 标准值 >20 MΩ	正常□ 异常□

2. 登记车辆基本信息

项目	填写内容	完成情况
品牌		是□　否□
VIN		是□　否□
生产日期		是□　否□
动力电池		是□　否□
驱动电机	型号：________　额定功率：________	是□　否□
行驶里程	型号：________　额定容量：________	是□　否□

3. 认知电动空调系统部件

操作步骤	相关检测数据记录	完成情况
找到电动压缩机总成	电动压缩机性能参数： 型号： 工作电压： 绝缘阻值： 转速范围：	正常□　异常□
找到冷凝器总成		是□　否□
找到空调压力开关		是□　否□
找到制冷管路电磁阀		是□　否□
找到热交换器管路电磁阀		是□　否□
找到热交换器电路膨胀阀		是□　否□
找到鼓风机电机		是□　否□
找到鼓风机电机调速模块		是□　否□
找到空调控制器		是□　否□
找到风向调节电机		是□　否□
找到温度调节电机		是□　否□
找到内外循环调节电机		是□　否□
找到蒸发器温度传感器		是□　否□
找到阳光传感器		是□　否□
找到室外温度传感器		是□　否□
找到空调控制面板		是□　否□

4. 空调控制面板功能操作

操作步骤	相关检测数据记录	完成情况
将启动开关置于“ON”挡		是□　否□
按下 AC 开关		是□　否□
调节风速到 2 挡		是□　否□
调节温度到 18 ℃		是□　否□
选择内循环模式		是□　否□
设置出风模式为双向（吹面和吹脚）		是□　否□
按下“AUTO”键，选择自动调节模式，设置温度为 26 ℃		是□　否□

5. 恢复场地

作业内容	完成情况
清洁并整理实训设备并归位	是□　否□
清洁实训场地	是□　否□
收起安全警示牌	是□　否□
收起安全围挡	是□　否□

五、过程检查

检查项目	权重	自我评价
车辆作业防护符合要求	15	
工具检查规范、全面	15	
场地安全警戒操作正确	10	
绝缘工具检查到位	20	
学生在实施过程中参与度	20	
安全防护与“6S”操作	20	

六、评价反馈

学生基本信息	姓名		学号		班级	
	组别		时间		成绩	

步骤及内容		具体内涵	评分标准	分值	得分
专业能力		正确完成环境检查	10	20	
		正确完成防护用具和工具检查	10		
		正确连接诊断仪	5	50	
		正确完成上电、下电操作	10		
		正确完成信息测试	10		
		数据填写正确	10		
		能利用相关工具进行故障诊断	10		
		正确且规范地完成维修作业后现场恢复及工具归整	5		
具体要求		分成6组，每组由4～6名学生组成，每组单次练习时间为120 min			
社会能力	团队合作	是否和谐，是否积极沟通	5	15	
	劳动纪律	是否严格遵守	5		
	“6S”管理	是否严格遵守	5		
方法能力	制订计划	是否科学合理	5	15	
	新技术学习	是否具备学习新技术的能力	5		
	总结能力	能否正确总结	5		
改进与提升					
教师签字		结果评价		项目成绩	